人物叢書

新装版

松平定信《まつだいらさだのぶ》

高澤憲治

日本歴史学会編集

吉川弘文館

松平定信像（福島県立博物館所蔵）

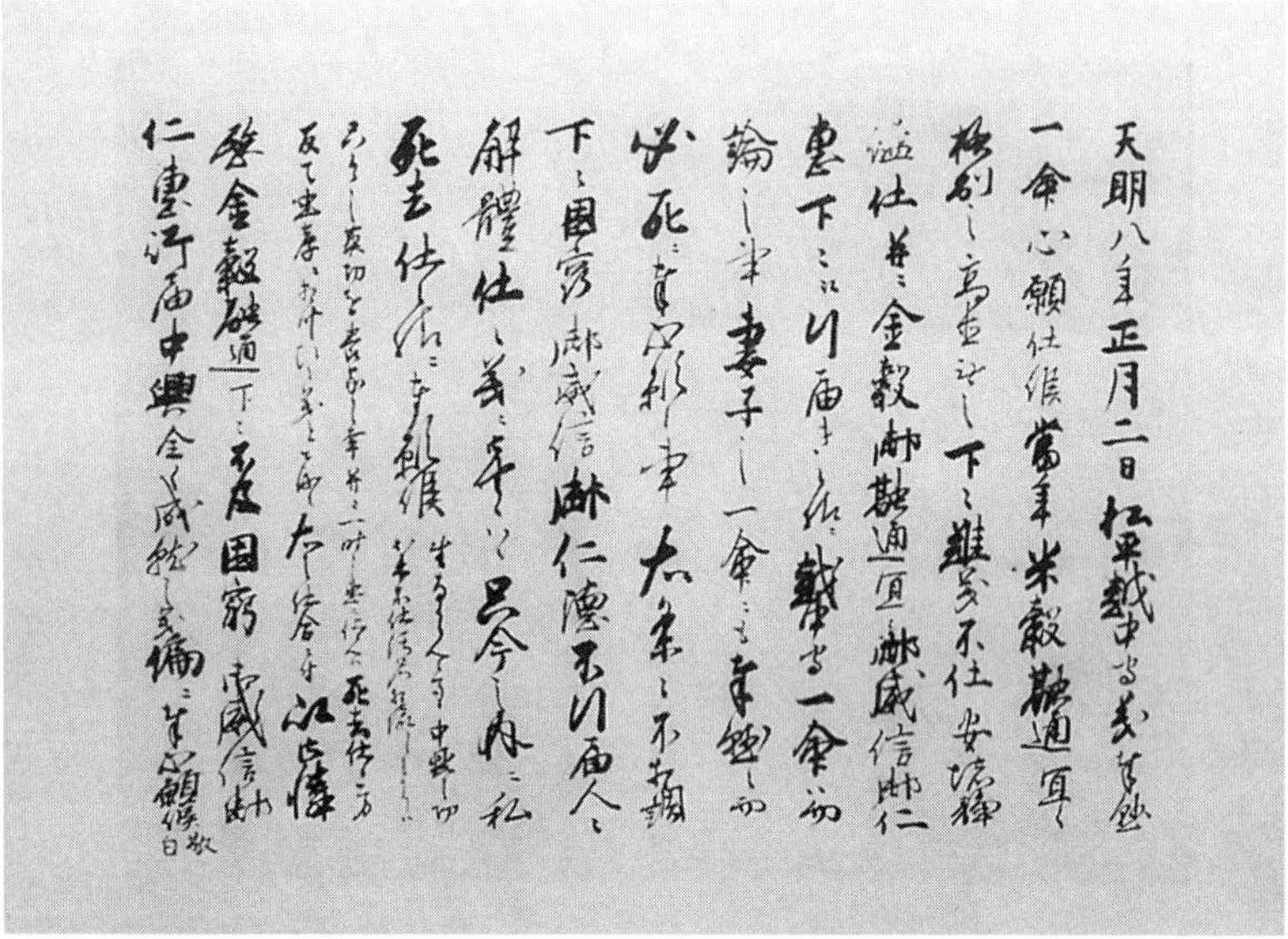

松平定信自筆願文（鎮国守国神社所蔵）

はしがき

最近まで、松平定信に対する世間一般のイメージは、清廉潔白、「仁政」を行った儒教的、または理想的政治家、偉人などというものでした。

こうしたイメージは、直接的には昭和一二年（一九三七）に楽翁公遺徳顕彰会が、渋沢栄一氏の著書として刊行した『楽翁公伝』により作りだされたものと思われます。同書は、当時有名な歴史学者であった平泉澄氏が編纂し、それをほかの学者や渋沢氏が校閲して修訂したものです。そして同書は、定信自身の著作物や、彼が家臣に編纂させた自分の伝記、または一部の家臣が彼を賞賛するため、自主的に作成した書物を多用しています。

実は、定信は自分の伝記を家臣に書かせ、後世に儒教的政治家であったことや、伝統文化の保護や継承に努めたことなどを、伝えようとしていたのです。そのため、そこでは彼自身や自家にとって不都合なことは、ことごとく隠蔽させています。家臣が彼を賞賛するために作成した書物もほぼ同様です。

おそらく、彼ほど死後にいたるまでの世間の評価を意識して、イメージ作りに努め、それが成功した人物は、いないのではないでしょうか。ところが、第二次大戦後になると学問の自由が保障され、学術が発展を遂げました。その結果、歴史学や国文学などの研究者により、隠されていた部分が、徐々に明らかにされてきました。

本書は、そうした研究成果にもとづき、彼のまとっていた厚いベールを多少なりとも剝がし、実像に迫ろうとしたものです。

最近世間では、強力な政治主導の必要性や、情報管理の重要性、さらには世論操作に対する警戒などが、話題となっています。もちろん、現在の政治や社会のしくみと、江戸時代のそれとは全く異なります。とはいえ彼の行動は、こうしたことを考える際、多少参考になるかもしれません。

松平家に伝わってきた多数の史料は、第二次大戦後に奈良県天理市にある天理大学附属天理図書館に移されています。なお、ここには家臣であった服部半蔵（正礼）の、膨大な日記も収蔵されています。さらに、定信が藩祖である定綱を祀るために設けた霊廟を前身とする、三重県桑名市の鎮国守国神社にも、多くの史料が収められています。

このほか東京の国立国会図書館には、家臣であった駒井忠兵衛（乗邨）が、主に諸書を筆写して編纂した「鶯宿雑記」が収蔵されています。そこには、藩政関係の史料が多数含まれています。東京大学史料編纂所にも、定信に関する史料が収められています。

しかし、本書の執筆に際しては、史料によっては閲覧に制約があるため、彼の伝記や家臣が賞賛するために作成した書物なども、用いざるをえませんでした。

また、著書・雑誌論文・自治体史などとして発表された、多くの方々の研究成果を、利用させていただきました。しかし、紙数の都合により、本文中に書名や論文名を明記できなかったうえ、主要参考文献のところにも、一部しか、載せられませんでした。

そこで、皆々様には厚く御礼を申し上げますとともに、右の点を御諒解いただきたいと思います。とはいえ、そうした研究成果を、正確に吸収することができたかどうか、はなはだ自信がありません。もし誤りが有りますならば、御叱正を賜りたいと存じます。

なお、意気込んで執筆に着手したものの、彼のとくに藩政や文化に関する行動に、解明すべき事柄が非常に多いことが判明しました。そこで、今後はそれらの解明に努めたいと考えています。

次に、史料の閲覧を御許可いただいた、天理大学附属天理図書館をはじめとする諸機関に、謝意を表したいと思います。

筆者は、今年の春まで、中高一貫校に勤務し、執筆に行き詰まるたびに、小山譽城氏はじめ友人諸氏から励まされました。また根岸茂夫先生からは、大学という研究の持続にとって最適の環境を授かりました。末筆ながら御礼申し上げます。

二〇一二年七月

高澤憲治

目次

略　年　譜 …………………………………………………………………………三一九

主要參考文獻 ………………………………………………………………………三三四

口　絵

松平定信像

松平定信自筆願文

挿　図

第一　誕生から藩政改革へ

一　松平家への養子決定

父田安宗武

八代将軍徳川吉宗の第二子として生まれた宗武は英明であったうえに、兄の家重に身体的な障害があったことから、周囲の人々から次期将軍への就任を期待されていた。ところが、吉宗は家重を九代将軍に就任させ、宗武と四男の宗尹《むねただ》のほうは江戸城内に設けた田安邸と一橋邸にそれぞれ住まわせている。これは、庶子たちを分家独立させていては際限がないので、生涯にわたって部屋住とさせ、適当な大名家があれば養子に送り込むためであった。

この田安・一橋両家と、家重がのちに自らの次男である重好に設けさせた清水家は、合わせて御三卿と呼ばれて領知を一〇万石ずつ与えられている。しかし、御三卿はあくまでも将軍の家族の一員としての待遇を受けている。

ところが、宗武は将軍就任を密かに望んでいたため、家重の欠点を列挙し諫奏している。その結果、大御所の吉宗から咎められて、延享四年（一七四七）から三年間にわたり謹慎させられている。その一方で、宗武は国学に造詣が深いうえ、歌人として万葉風の和歌を尊んだほか、服飾や能楽、さらには楽曲の故実にも通じ、これらに関する著作も多い。

宗武の妻子

宗武は関白近衛家久の娘である正室の森姫や側室たちとの間に、一五名の子女を儲けている。このうち男子は長男から四男までが夭折したため、正室から生まれた五男の治《はる》察《さと》が嫡子となっている。六男の定国と、それより一歳下である七男の定信は、ともに側室のとやから生まれて正室に養われている。

女子のほうは、誠姫が陸奥仙台藩主伊達宗村の嫡子である重村と婚約しているが結婚前に死去している。淑姫は肥前佐賀藩主の鍋島重茂《しげもち》に、仲姫は因幡鳥取藩主の池田重寛に嫁している。また、節姫は長門萩藩主の毛利重就の嫡子である治元に、脩姫は出羽鶴岡藩主の酒井忠徳に、それぞれ嫁いでいる。さらに、種姫は将軍家治の養女となって紀伊徳川家の養嗣子である治宝《はるとみ》に嫁ぎ、定姫は越前福井藩主松平重富の嫡子である治好の妻となっており、ほかに一名が夭折している。

生母の素性

「木曽考続貂」などによれば、とやの実家である山村氏の本家は、尾張藩の家臣として木曽を支配しつつ、幕府から同地にある福島関所を預かってきた。京都にある分家の子孫である山村三安は近衛家に仕え、子の三演は采女《うねめ》と称して本家の厄介になっている。采女の娘であるとやは、本家の良啓《たかひら》の養女となっていたが、良啓のあとの本家は天明元年（一七八一）に彼女の義兄にあたる良由《たかよし》（号は蘇門）が継ぐことになる。彼女の祖父が近衛家に仕えたうえに、宗武の正室が近衛家の出身であった。さらに、良啓の実父である良考《たかひろ》が一時宗武に付属していたこともあって、彼女は田安家に仕え、宗武の寵愛を受けたのであろう。

田沼意次の台頭

ところで、定信が生まれた宝暦八年（一七五八）は、幕政にとって一つの画期ともいうべき年である。すなわち、一八世紀後半になると、百姓一揆の発生数が増加してゆく。それればかりか、規模も拡大して藩領全域、または複数の支配領域にまたがる場合もあった。そのうえ、闘争方法も激化してゆく。

こうしたなかで、美濃郡上《ぐじょう》藩主の金森頼錦《よりかね》による年貢増徴に対して起きた農民闘争などが、幕府の評定所において審理されることになった。これは、幕府の要人たちが金森から依頼されて、農民たちを押さえつけてきたからである。そこで、九月三日に将軍の側近である御側御用取次の田沼意次《おきつぐ》が、将軍家重から評定所への出座を命じられ、加増されて一万石となって大名に列している。そして、田沼はこの郡上藩宝暦騒動の吟味を主導して、金森や前西丸若年寄の本多忠央《ただなか》を改易するなど関係者を厳しく処罰している。それればかりか、裁判の終了後も出座を続け、幕政に対する影響力を徐々に強めてゆくのである。

誕生

さて、定信は宗武の四四歳の時の子として、定信の伝記である「守国公御伝記」によれば、この年の一二月二六日の亥の半刻（午後一〇時頃）に誕生したとする。田安徳川家の「系譜」ではそれを一二月二七日とし、同家の記録である「田藩事実」は一二月二八日とし、翌宝暦九年の正月九日に賢丸《まさまる》と命名されたとする。ともあれ、とやは文化九年（一八一二）に八五歳で死去しているので、賢丸を三一歳の時に生んだことになる。

幼少期は多病

次いで、宝暦一二年二月一二日には田安邸が焼失したことから、賢丸は江戸城の本丸に一時居住することを許されている。翌一三年、六歳の時には病により危篤となり、治療により一命を取り留めている。このように、幼少期は多病であったため、侍女が本所にある吉祥院に祈願し、松平家の養子となってからも彼女にそこを代拝させている。

この間の宝暦一一年から、田安領のうち武蔵の多摩郡などの農民たちが増税に反対し、江戸城の目安箱に箱訴しただけでなく町奉行に越訴《おっそ》している。その結果、同一三年に担当の郡《こおり》奉行は改易されたものの、農民側は十数名の牢死者を出して屈服させられている。こうして、宝暦・天明期（一七五一―八九）に活発化してゆく民衆闘争は、幼少の定信の周辺においても発生しているのである。

文武の研鑽

明和元年（一七六四）には、家臣の大塚孝綽《たかやす》を師として儒学と書道を学びはじめ、同二年には八歳となっている。彼はのちにこの年から、将来は天下のために、「輔位の賢相」、すなわち将軍を補佐する賢明な宰相になりたい、と心願していたと述べている。これは、おそらく父が将軍就任をめざしたものの、叶わなかったことを知って、幕政への関与を夢として抱きはじめたのであろう。

明和五年（一七六八）には「鈴鹿山」と題する和歌を詠んでいる。また「雨後」と「七夕」の詩を作るなど、この頃から文才が兆《きざ》しており、翌六年には猿楽を観世元清に学んでいる。

このうち和歌については、父がそれに秀でていたうえ、嫡母の森姫は公家の娘であり、さらに一六歳となった安永二年（一七七三）からは幕臣の萩原貞辰《さだとき》（宗固）に学んでいる。それに加えて、萩原の実子である水野為長が側近を勤めたこともあって、若年から才能を発揮している。

この明和五年には弓術を家臣の常見文左衛門に習いはじめている。剣術は新陰流を木村佐左衛門に、槍術は大島流を小南《こなみ》一郎兵衛、松平家との養子縁組後は風伝流の小河内《おごうち》弥内《やない》に、馬術は大坪流の諏訪部文九郎に、それぞれ学んでいる。

次いで明和七年、一三歳の時には五倫の道など人君の励むべき事柄を記した「自教鑑」を著している。翌年清書して父に見せたところ、賞されて「史記」を与えられている。この頃には、役人に話を聞いたり、政治について質問している。のみならず、同年からは狩野栄川院から絵を学び、のちには家臣の山本又三郎（源鸞卿《らんきょう》）から、入念な写生と鮮やかな色彩を特徴とする沈南蘋《しんなんぴん》の画法を習い、安永九年（一七八〇）には「柳に白鷺図」、天明元年（一七八一）には「花鳥図」を、それぞれ描いている。天明四年の「達磨図」や同七年の「酔李白図」になると、濃厚な色合いのうえ陰影法を取り入れている。

ところが、一四歳となった明和八年六月四日に父が五七歳で死去したため、森姫は宝蓮院、とやは香詮院と、それぞれ剃髪して改名し、兄の治察が相続している。

さて、一七歳となった安永三年三月一五日、将軍家治の命により陸奥白河藩主である松平定邦の婿養子となることが決まっている。治察は自分に子がいなかったため、これを望まなかったものの、これを機に賢丸の運命が大きく変わってゆく。

のち寛政二年（一七九〇）に、一橋治済《はるさだ》は定信の談話を尾張家の徳川宗睦と水戸家の徳川治保に伝えさせている。そこには、白河藩主松平家では代々溜詰《たまりづめ》への昇格を望んできた。そのため、松平定邦がその実現をめざして、田沼意次の助力をえ、田安家の反対を退けて安永三年に定信を養子に迎えたとある。

田安宗武の墓（寛永寺，東京都台東区）

白河藩主松平家の祖先は菅原氏を出自と称する久松家である。天正年間（一五七三―九二）に尾張の阿久比城主であった俊勝は松平家に属し、於大（のちの伝通院）と結婚して定勝らの子を儲けている。実は彼女は三河の刈谷城主であった水野忠政の娘で、松平広忠に嫁いで元康（のちの徳川家康）を生んだものの、離別されていたのである。

そこで、のちに家康は定勝らが異父弟にあたるため、松平姓を与えている。そののち戦功により定勝は伊勢桑名一一万石に封じられ、そこは死後に嫡男の定行が継承している。定行は、寛永一二年（一六三五）に加増され、伊予松山に転じて一五万石を統治している。代わって、美濃大垣で六万石を与えられていた三男である定綱が、一一万石に加増されて伊勢桑名に入っている。このような久松松平家は、大名を分類する際には譜代とするが、家康との関係から家門とすることもある。

ところで、江戸幕府が大名を格づけし統制する際には、官位や殿席が用いられていた。このうち官位は官職と位階のことであり、ともに将軍の許可をえたのちに朝廷から与えられていた。そして、江戸城で行われる儀礼の際に将軍に謁見する位置は、これらにもとづいて決められていた。

次に殿席とは、将軍に謁見する際の控えの間のことで、大廊下席・溜詰・大広間席・帝鑑間席・柳間席・雁間詰・菊間詰がある。そして、それぞれについて年始・八朔・五節句・月次《つきなみ》などの式日に将軍に拝謁する際の座席である、御礼席が決められていた。白河藩主の松平家は、譜代大名が属する殿席の一つである帝鑑間席であった。

臣下に与えられた最高の座席とされるのが溜詰であり、ここに列するには侍従以上の官位が条件となっていた。溜詰は、帝鑑間席などの大名の御礼席に将軍が出御《しゅつぎょ》する際に着座したり、毎月二日ずつ彼らだけが将軍の御機嫌をうかがうために登城したり、将軍が先祖の廟所を参詣する際には先導を行ったりした。しかし、それだけでなく老中から幕政について説明を受けるという、政治顧問的な任務があった。また、ここにはまず近江彦根の井伊家、陸奥会津の松平家、讃岐高松の松平家のように、代々が必ず溜詰となる〝常溜《じょうだまり》〟と称される家格の者がいた。このほかには、「代々のうち溜詰に補せられるべき家格」、すなわち〝飛溜《とびだまり》〟と称される家格の者で、他席をへて溜詰に昇格した者がいた。なお、〝常溜〟の家格の者の世子は、登城の面で特別の扱いを受けている。

家格上昇への期待

実は伊予松山藩主の松平家は、同家の伝承によれば定勝や定行が溜詰に列したとすることを根拠にして、五代あとの定喬から〝飛溜〟となっている。その二代あとの定静《さだきよ》は、明和五年（一七六八）に田安家から定国を婿養子として迎えたあとの同八年に、帝鑑間席から溜詰に昇格している。定国は安永八年（一七七九）に遺領を継いで帝鑑間席となり、すぐに溜詰に昇格したため、溜詰が二代続くことになった。その一方で、定行から三代あとの定直の襲封に対する将軍への謝礼からは、家臣四名が拝謁を許されていた。これに対して、白河藩は桑名在城の頃からずっと帝鑑間席であったうえ、襲封に対する将軍への謝礼に際して拝謁を許された家臣は二名であった。

当時平和が続くなかで戦功による加増が期待できないため、大名たちのなかには家格の上昇をめざして競い合い、幕府の要人に働きかける者もいた。そのなかで、定邦は明和七年の襲封に対する将軍への謝礼として家老が拝謁する際、一一万石以上の大名では三‐四名が許されているとして、幕府に対して増員を請願したものの、却下されている。もっとも定邦の最終目標は、あくまでも〝常溜〟への昇格であった。そこで、まずは松山藩主と同じ〝飛溜〟への昇格をめざし、それを実現するために、定静に倣って田安家から定信を婿養子に迎えたのであろう。

定信に改名

さて安永三年四月二五日に、賢丸は定邦から贈られた定信に名前を改めている。この名は、定綱が将軍家綱の名を憚って一時改めたものの、幕府から不必要とされたものだという。次いで、五月一八日には養家に引き移る儀式を催しているが、実際は以後も田安家に居住している。また、この年には「後漢書」を読んで感動し、以後は和漢の書籍、とりわけ徳川家康や名臣の伝記類を読んでいる。

兄田安治察の死

こうしたなかで、病弱であるうえに子がいなかった兄の田安治察が、七月に病に倒れて八月二八日に二二歳で死去している。ところが、すぐ下の弟である定国はすでに伊予松山藩主松平家の養子となっていた。そこで、宝蓮院は幕府に対して田安家に居住して

定邦が発病

いた定信の相続を願っている。これに対して、御側御用取次の稲葉正明から九月七日に、将軍吉宗の「御議定」には、御三卿の領知は部屋住料として与え、無嗣であれば収公するとあるため、願いは却下すると返答があった。しかし翌日、領知はそのまま田安領としたうえ、付人たちは田安付とすると、伝えられている。ところが、定信は子孫のために記したとする自伝の「宇下人言《うげのひとこと》」において、治察の臨終に際して宝蓮院が稲葉から、定信の田安家相続に対する協力を取り付けたが、治察の死後に田沼意次らが約束を破ったと記している。

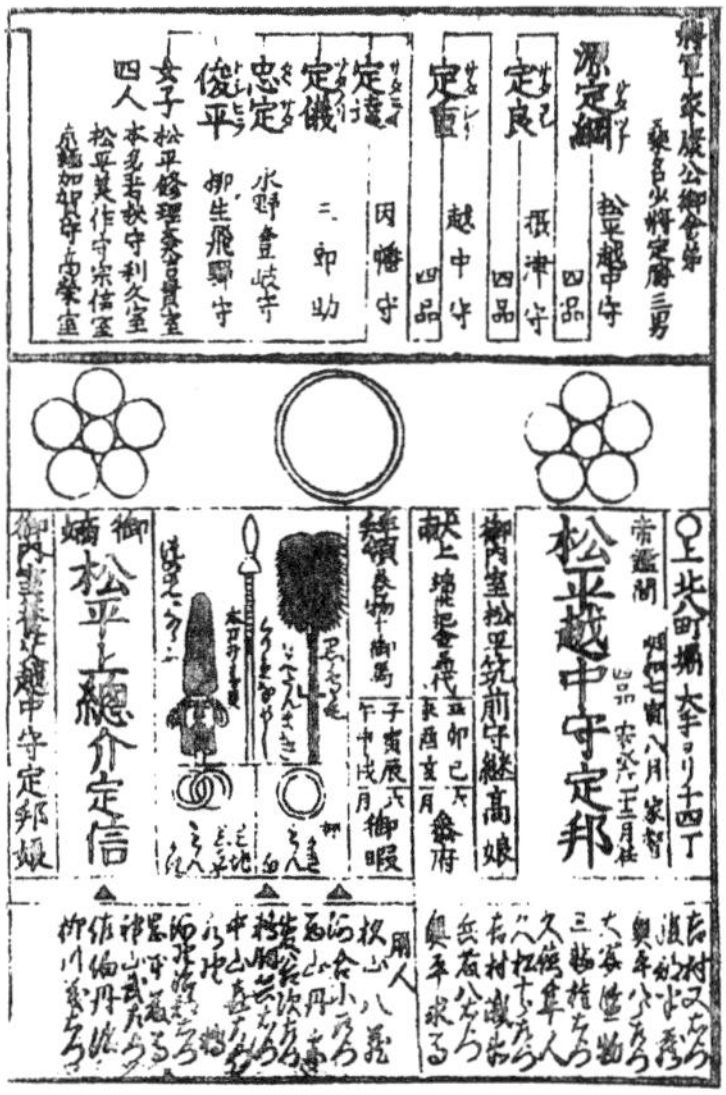

「武鑑」安永９年

一方、翌四年には定邦が白河において花見の際に中風を発病し、参府したものの体調が悪かった。その結果、定信は養家から早く移居するように求められている。そのため、一一月二〇日には田安家において、水野為長（左内）ら五名の家臣を定信の付人と定め、水野を頭取に任命している。水野は、以後養家において孤立しがちな定信を、晩年まで支え続けてゆく。

将軍家治に拝謁

閏一二月朔日に定信は、松平家の養嗣子として将軍にはじめて拝謁を許され、一五日には従五位下上総介に叙任している。二二日には八丁堀の上屋敷に移って、そのなかにある新殿と称される建物に居住し、以後養父母に対して孝養を尽くしている。

とはいえ、実家を継げなかったことに対する定信の不満は残っている。それは、安永八年に将軍世子の家基が急死したあと、田沼意次が当時癒着していた一橋治済《はるさだ》の子息である豊千代（家斉）を、世子に擁立したことにより増幅されたことであろう。しかし、一方で定信は安永七年に宝蓮院に対して、子息の多い一橋治済の子のうちの一人を将軍の養子にしたうえで、田安家を継がせることを勧めて了解をえている。それを、のちに一橋治済に対して懇請し、将軍の養子という形はとらないものの実現している。そうしたことから、「宇下人言」のなかでは養父や養家を批判できないため、田沼意次のみを標的にして批判したのであろう。

松平家の所領

松平家は、定重の代の宝永七年（一七一〇）に、家臣に対する過酷な処罰を幕府に咎められて、越後高田に転封させられている。次いで定輝の代の享保七年（一七二二）には、越後頸城《くびき》郡の幕領において質地騒動が発生し、同九年にはその一部地域を領地に編入されたため、一揆勢を徹底的に鎮圧していた。そののち幕府は寛保元年（一七四一）に、播磨姫路藩主の榊原政永を父である政岑の不行跡により高田に移すと、定賢《さだよし》を陸奥白河に転封している。

所領の内訳

白河藩の表高《おもてだか》は陸奥・越後両国において、合わせて一一万石であったものの、打出《うちだし》込高《こみだか》と新田を加えた実高《じつだか》は一六万四二二六石余りとなっている。領地の内訳は、陸奥と越後にそれぞれ八万二〇〇〇石余ずつである。このうち奥州領分は、白河・岩瀬・石川の各郡のうちの六万一五一三石余りと、飛び地である信夫・伊達の両郡のうちの二万〇五二〇石余りとに分かれている。後者の信達分領を支配するため、伊達郡に保原《ほばら》陣屋を置いている。

越後領分のほうは刈羽・三島・蒲原・魚沼・岩船の各郡にわたる、比較的肥沃な場所をえている。そして、日本海に面した港町であるだけでなく、北国街道が通る宿場町でもあった柏崎町に陣屋を設けている。そこでは、柏崎郡代に分領を支配させ、属吏である代官に民政を扱わせている。

家臣団

家臣団は、禄を世襲できたうえ、公務や私家の儀式に際して槍を立て、馬に乗ることができた書院格を最上層とする。そして、その下にあって禄を世襲することができた舞台格、さらにその下で一代限り仕える無格の、三つの層により構成されていた。

家臣のうちもっとも上に位置するのは、定綱の弟の子孫にあたる松平対馬と、有名な半蔵正成の嫡男であり、定綱の姉婿となった正就の子孫にあたる服部丹後の二家である。これらの御家族の下に位置するのが、門閥から就任する月番と老分《ろうぶん》であり、あわせて十数家があった。月番とは家老を意味する職名であり、多くは政治顧問的な存在である老分から就任し、辞任後は老分に戻っている。定邦は病により安永八年（一七七九）まで五年間も滞府を続け、同九年と天明二年（一七八二）のみ帰国していることから、藩政は重臣たちに委ねがちであったものと思われる。

藩の財政

財政は、越後高田に左遷されてから悪化したため、蔵米知行の者の禄を最高で八分引きとし、以下は逓減している。しかし、白河に移った直後の延享元年（一七四四）から三六年後の安永九年には領内のうち、陸奥の白河・石川・岩瀬三郡の人口が一〇・九％も減少している。そのためもあって、宝暦・明和（一七五一―七二）の頃にはさらに財政が悪化したうえ、家中も窮乏して武具などを手放した者も多かった。

藩では主に領内の豪農商のうちから、必要な商品の調達や御用金を上納させる者を御用達に任じている。また、財政に密着させて経済援助を担わせる者には、御内用達《ごないようたし》の名称を与えている。そして、双方からは御用金を上納させたほかに、年貢米やその売却金を引当てとし、通常は年一割、または月一割の高利により調達金を借りている。時期は不明であるが、柏崎においては年貢米のうち入札払米は三万俵ほどであり、残りの五万俵ほどが調達金の返済に充てられている。

二　世子当時の政治と社会

松平家の環境

安永四年（一七七五）には「禿筆《とくひつ》余興」という随筆を著し、田安宗武や治察、さらに江戸城内の吹上御庭など幼時の思い出について触れている。また、この頃には烏丸家の秘伝である「御聞書」などのほかに、堂上歌人の歌書を盛んに転写している。この背景には、二名の藩主が烏丸家の娘を継室に迎え、定邦自身も和歌を嗜むという松平家の環境が存在していたのである。

一方、八丁堀の上屋敷の門前にある掘割に架かる越中殿橋を渡ると、庶民の居住地が広がっていた。さらに、日本橋の魚市場はすぐ近くであり、しばらく歩いた葺屋町には歌舞伎を演じる市村座があり、彼ははじめて庶民の生活や文化に接したことであろう。

「築地八町堀 日本橋南絵図」安永４年

なお、明敏であるものの短気であったが、大塚や水野の諫言や自らの反省により、この頃から次第に変わっていったという。

　安永五年には一九歳となったが、年頭御礼の際にはじめて出仕する大名は、先輩に贈り物をして作法の指導を受けるという慣習があった。しかし、これに抵抗し、独力により勤めており、ここから現状に対する不満の一端がうかがえる。この年には将軍の日光東照宮の参詣に際して、下野に隣接した白河において病身の定邦に代わって警固を勤めるため、三月にはじめて白河へ赴いて小峰城に入城している。そこでは、役人たちに尋問したり、家中の武術を親閲して師範の者を召し、五月に江戸へ帰る際には「霞の友」という紀行文を著している。

峯姫と結婚

そして、この月に元服して定邦の娘である峯姫と結婚したが、その際には彼女に対して「難波江」という女性道徳の書を著して贈っている。また、この頃には学問と武術に励み、朝から読書したあとに剣術と弓馬を学び、夜には昼に読んだ書を抄録している。小姓の南合《なんごう》彦左衛門（義之）と読書量を競ったこともあり、自ら記した「読書功課録」によれば、安永七年には合わせて三八部、四六四冊も読んでいる。

本多忠籌らとの交友

こうしたなかで安永八年二月二四日には、将軍世子の家基が一八歳で急死している。安永の末頃にははじめて友人を得ている。それは一九歳も年長である陸奥泉藩主の本多忠籌《ただかず》であり、ともに帝鑑間席であるばかりか奥州を統治している。そのうえ、忠籌の祖先の忠義が白河に在城していたことなどもあって、話題が共通したものと思われ、倹約や備荒貯蓄などについて教示をえている。後年定信は忠籌の死去を聞いて、「自分が今あるのは彼のおかげである。自分が二〇歳の頃は四書五経のみを学んだために頑なであり、人情にも疎かったが、営中において彼の人柄に感銘を受けて屋敷をたびたび訪れた。彼は文才こそ乏しいものの、大変意思が固いうえに人情の機微に通じていた」と記している。

忠籌との交友を機に以後、同族である播磨山崎藩主の本多忠可《ただよし》、さらに美濃大垣藩主の戸田氏教・豊前中津藩主の奥平昌男らとも親交を結んでいる。天明三年（一七八三）正月には本多忠籌および伊予大洲藩主の加藤泰候《やすとき》との間で、同等の立場で交際する両敬を約している。さらにその頃には、当時世上において〝名君〟として名高かった肥後熊本藩主の細川重賢《しげかた》や、出羽米沢藩主の上杉治憲《はるのり》（鷹山《ようざん》）の人柄をも慕っている。そこで、時々彼らの屋敷を訪問して経済などについて語り合っている。

細川重賢と上杉治憲

このうち細川は、宝暦（一七五一―六四）の頃から財政や政治運営ばかりか司法の改革、藩校である時習館の設置、刑政などに努めて成果をあげている。当時白河藩の儒者である本田龍蔵（東陵）は、時習館の初代教授で朱子学者であった秋山玉山の弟子であり、明和八年に松平家へ召し抱えられている。そして、細川が天明四年五月、すなわち初入部する直前の定信に対して送ったものと推定される書状では、求めに応じて下屋敷内を探したところ、疫病除とされるものがあったので一〇〇枚を贈ると伝えている。

また上杉の場合は、この年の一〇月と推測される定信宛ての書状で、定信の入部中における「徳化」（徳をもって人を導くこと）を領民が喜んでいると聞いている、として讃えている。

定信の著作と仁政

これに先だつ安永八年正月に定信は、襲封後に家臣から諫言を求めるため、中国の諸書から事績を集めた「求言録」を著している。天明三年にはこれの上梓を命じているが、伊予宇和島藩主の伊達村候《むらとき》らが、それに序文を贈っている。

天明元年正月には、民を養うことこそが治国の基本であるとする「仁政」思想にもとづき、藩祖の定綱が著した「牧民後判」を読んでいる。そして、大変感動し、そこに定綱の業績を継承したいと奥書している。八月には同書に触発されて、民が国の本であるとしつつ、君主の収奪を戒めるなど理想的な大名像を論じた「国本論」や、備荒貯蓄や租税などに関する「国本論付録」を、それぞれ著している。

「天明元年由緒書」の提出

また、三月には定邦に願って家臣から由緒書を提出させている。これは「天明元年由緒書」と呼ばれ、かつて藩の主導で作成されていた「享保由緒」を継承したものである。このたびは、来たるべき襲封に先だち、提出を通じて家臣に対して彼らの先祖の主君、さらには徳川家に対する奉公ぶりを再認識させる。それにより、彼ら自身の忠誠心を涵養するとともに、彼ら個人や家についての情報を把握しようとしたのであろう。しかし一一月には峯姫が死去したため、藩内において孤立感を深めたものと思われる。

徂徠学的な思考

天明二年には道徳や学問、民衆、政治などについて「修身録」を著している。これは、前年には峯姫が死去したうえ、口中の腫物に苦しみ続けたために落胆し、遺書のつもりで書いたという。もともと儒学において君主は、自ら備えた徳により治める徳治によって「仁政」の実現をめざすべきとされ、朱子学はその傾向が強かった。これに対して荻生徂徠は、「仁政」は政治制度や政策にもとづいて行うべきであり、儒学はその方法を提供する学問であると唱えている。

定信は、「修身録」のなかで儒学の諸派を批判しつつ、政策決定権を握る君主は民衆を統治する際に、流派にこだわらず利用すべきことを述べていることから、徂徠学的な思考を抱いていたとされている。そして、襲封後には政策決定者として学問を利用するという、徂徠学的な実践に努めている。その一方で、民衆の統治に関わる家臣団の育成に際しては、朱子学を用いるなど、双方を使い分けている。入閣後にはこれを幕政にまで拡大し、幕臣団を育成するために朱子学の強化を図るのである。

この年には、飢饉対策や経済について「政事録」を著しており、ここで述べている飢饉対策が、翌年に一定の効果を発揮したものと推測される。

この年の八月頃には、幕臣の鈴木清兵衛から起倒流の柔術を学びはじめている。これは、田沼意次の子で、意次の党派に属していた水野忠友の養子となっていた水野忠徳や、豊前中津藩主の奥平昌男などから勧められていたことである。そして定信は晩年に、自分は幼時から体が弱かったので短命であろうと予想し、一二歳の頃から、死後に「神」となって日本を守りたいと考えていた。そうしたところ、鈴木から呼吸の調整により天人合一の境地を得る「神武の道」なるものを伝授された。そこで、それを自らを健康にし、「神」になるための修練として捉え、晩年まで修行を続けたと述懐している。彼が一二歳であったのは明和六年である。とすれば、彼が日本を守りたいと願った背景には、百姓一揆の激化が存在していたのではなかろうか。

天明三年三月八日からは、小峰城において本田龍蔵から家臣に対して、従来の「孟子」に代えて、新たに「求言録」を講釈させている。しかし、このような政治に対する積極的な姿勢に対して、現状維持を望む大多数の家臣たちは警戒感を強めていったことであろう。

こうして、定信は襲封に備えて着々と研鑽に励んでいたが、この時期は現在では宝暦・天明期とか、田沼期、または田沼時代と呼ばれている。

田沼意次の栄進

田沼意次は、紀州藩の家臣から幕臣となった者の子として生まれている。将軍が家重から家治に交代すると、今度は家治からの信頼を背景にして、幕政に対する影響力をいっそう強めていった。明和四年（一七六七）には側用人、明和六年には老中格、明和九年に

田沼意次像（勝林寺所蔵）

は将軍側近としてはじめて正規の老中にまで進んでいる。そして、以後も奥勤め、すなわち側近職を兼ね、政策の立案と執行の責任者としての役割とともに、将軍の判断を補佐する役割をあわせ持っている。こうして、強力な政治力を獲得している。次いで、安永八年（一七七九）には、老中首座であるうえに勝手掛を担当していた松平武元が没している。さらに、天明元年には、後任となった松平輝高が死去したため、存分に政治を動かせるようになった。

田沼の人脈作り

この間には、自分と同じ紀州藩出身者の子弟や、有力な大名たちと姻戚関係を重ねている。そのうえ、彼らを要職に抜擢することにより、幕閣を自派で固めている。のみならず、大奥へも影響力をおよぼし、さらに一橋豊千代（家斉）を父の治済と結託して天明元年に将軍世子に擁立している。このような〝成り上がり者〟である田沼は、加増を重ねて天明五年には五万七〇〇〇石に達している。

商品経済と幕藩財政

一方、宝暦・天明期には、商品生産が発展するなかで地主制が拡大し、豪農となる者も出現している。しかし没落する農民が増加し、小作農となって地主と対立したり、都市へ流出したため手余り地が拡大し、幕藩領主の財政が悪化している。また、都市においても住民の階層分化が進むなかで、農村からの流入者が加わることにより下層民が増加し、上層民との対立を激化させている。

諸藩が財政を改善するため、畿内などの中央市場に大量の米を売り込んだことにより、米価が低落している。また、加工業が広まるなかで、生産者価格が中央市場の価格を引き上げたり、株仲間に加入していない商人や在郷商人の台頭もあり、米以外の諸物価が高騰している。

幕府の経済政策

幕府は財政の悪化に対処しようとしたが、年貢の増徴が限界を迎えていた。そのため、大名に負担を転嫁したり、倹約令を発している。さらに、商品生産や流通、金融、各種事業の請け負いなどから運上・冥加金を徴収し、代わりに株仲間の結成や会所の設置を積極的に許可している。このほかに、銅座や人参座などを設けて専売制を推進している。こうして、幕府が自分の利益をなりふりかまわず追求したために、多方面にしわよせがおよんでいる。さらに、商業資本が幕府役人と癒着して賄賂が流行したばかりか、商業資本が価格を操作するようになっていった。

南鐐二朱判の発行

当時、江戸を中心とする東日本では金貨を、大坂を中心とする西日本では銀貨を、それぞれ決済に使っていた。そこで、幕府は銀安を是正するとともに、江戸を中心にした金遣い経済圏に、銀遣い経済圏を包み込むことにより国内市場の統一を図ろうとしている。そのため、安永年間（一七七二―八一）に丁銀《ちょうぎん》や豆板銀《まめいたぎん》を吹き替えて南鐐《なんりょう》二朱判《にしゅはん》の鋳造をはじめている。これは銀貨でありながら、金貨として通用させるものであったが、天明年間（一七八一―八九）になると江戸では金貨の価値が低下して物価が上昇している。また、明和年間（一七六四―七二）に鋳造した真鍮四文銭や、鉄銭の増鋳によって銭相場が下落し、庶民が物価高に苦しんでいる。

一揆・打ちこわしの多発

こうしたなかで、一揆や打ちこわしが多発したが、商品生産や商品流通の展開により、広範囲にわたるものが出現している。すなわち、明和元年には助郷村の拡大に反対して、武蔵など四ヵ国の七―八万人が参加した伝馬騒動が起きている。天明元年には絹糸貫目改《あらため》会所の設置に対して、上野などの農民が蜂起した上州絹一揆が発生して、撤回させている。この時には、当時老中首座であった松平輝高の上野高崎城にまで押しかけ、彼の死去はその心労によるといわれている。のみならず畿内では、特権商人たちの独占に対して摂津などの農民が国訴《こくそ》を行っている。こうした民衆闘争の高揚のなかで、幕府は明和六年正月には上方筋における強訴《ごうそ》に対して、近隣の幕領と私領に対して出兵を命じている。二月には一揆勢を鎮圧する際、鉄砲の使用を藩を限定して許可している。次いで、明和七年四月には高札により徒党や強訴、逃散《ちょうさん》を禁じるとともに、密告を奨励するなど弾圧を強めている。

藩政改革と幕藩対立

ところが、幕府が宝暦から明和にかけて米切手の発行を制限したことにより、諸藩は融資先を確保しにくくなっていった。さらに、幕府は国役普請の工事費の負担を大大名たちに転嫁している。明和元年には秋田藩領にある阿仁《あに》銅山の収公を計画したものの、同藩に抵抗されて失敗に終わっている。次いで六年には、尼崎藩領のうち生産力の高い兵庫と西宮などを収公したうえ、同八年には諸藩に対する拝借金を大幅に制限するなどしている。こうして幕府は、諸藩との対立を深めていったのである。

諸藩も幕府と同じく財政が窮乏したため、藩政改革を行っている。そこでは、徹底した倹約とともに、農村の復興、殖産興業と専売制を導入した商品生産の成果の獲得、藩校設立などによる家臣教育に努めた場合が多い。そして、肥後熊本藩主の細川重賢や出羽米沢藩主の上杉治憲らは、業績を残したが、御家騒動が起きた場合も多かった。

　また、幕府を支えるべき幕臣団は退廃化し、贈収賄が横行したり、犯罪を起こす者が増えている。のみならず、就職難による不満などから、幕府に対する忠誠心を失ったり、文芸活動に打ち込んで政治を風刺する者も現われたのである。

宝暦事件と明和事件

　朝廷は幕藩制国家において、元号の制定のほかに、将軍や東照大権現の権威づけや、官位の叙任を通じて身分の編成に関わるなどの役割があった。そして、京都所司代の監視のもとで、摂政または関白を勤める摂家を中心に、両役と称される武家伝奏と議奏とにより運営されてきた。

　ところが、天皇が学問に励めば、万民がその徳に服して天皇を慕い、将軍も政権を返上しようと唱えていた神道家の竹内式部の門人である公家たちが、桃園天皇に対して「日本書紀」を進講していた。そのため宝暦八年（一七五八）には、幕藩関係の悪化とともに、天皇の側近が朝廷の実権をにぎることを恐れる摂家たちが、公家たちを処罰している。竹内も幕府により京都から追放されているが、これらは宝暦事件と呼ばれている。

　次いで明和四年（一七六七）には、天皇が君であり、武士は臣であるから、幕府の存在を否定してもとに戻すべきであると説いていた軍学者の山県大弐が、死刑に処せられた明和事件が発生している。こうして、公儀として全国を統治する幕府に対する、世上の信頼感が揺らいでゆくなかで、天皇に対して政治の主体として期待する者が現われつつあったのである。

ロシアの接近

一方、ロシアは、ラッコの毛皮を清に輸出するなかでシベリア開発をはじめ、そこでの食料や日用品を入手するため、安永年間に松前藩に対して通商を求めている。そこで仙台藩医の工藤平助は、蝦夷地で金銀を採掘し、ロシアに輸出すれば日本を豊かにできる、という内容の「赤蝦夷風説考」を天明元―三年頃に著し、田沼意次に献上している。このように、幕藩制国家は宝暦・天明期になると、内外ともにさまざまな問題を抱え込んでいたが、これに追い討ちをかけたのが天明の飢饉である。

三　襲封の背景

白河藩領の実情

白河藩領においても宝暦・天明期頃から貨幣経済が浸透したうえ、藩からの御用金などの賦課や天候不順などが加わって農民の階層分化が進んでいる。とくに、白河周辺では潰れ百姓が増えるとともに、堕胎や間引が盛んとなったため、人口が減って手余り地が拡大していた。

天明の飢饉発生

奥州においては天明二年（一七八二）から大凶作となり、翌三年にはそれが激化していったが、越後のほうは山間部を除いて、比較的被害が少なかった。この天明三年に藩主の松平定邦は、病により五月の発駕を延期していたにもかかわらず、重臣たちの屋敷への御成《おなり》と称する訪問と、そこでの饗応に耽っていた。そのため、江戸にいた定信は白河の家臣に対して、それが幕府の忌避に触れることへの不安を伝えている。

ところが、白河における米価は、七月中旬には一〇両につき二〇俵八分にまで上がり、付近の藩ではすでに盆過ぎから穀留《こくどめ》を行っている。そこで、白河藩では八月一六日に家中に対して、世上一統が凶作となって米価がいっそう高騰したために穀留を行うように命じた。しかし、他領の穀留により米が調達できないため、禄米の支給が遅滞すると達している。実際のところは、盆の前後から白河では勝手役人の不手際により買米が進捗しないなかで、富裕な家臣や町人の貯えた大量の米が他所へ売却されている。その直後に買米の不足が発覚したことにより、勘定方役人が自分たちに都合よく処置したとの噂が流れた。そこで、困窮した家臣たちが憤激したばかりか、御用達商人の関東屋市郎治などが多量の米を隠匿しているとか、町内からの援助依頼を渋ったなどという風聞も流布している。

白河で打ちこわし発生

こうしたなかで、米屋たちが協議して米価の引き上げを企てた。そのため、八月二二日の夜に六—七〇〇名が富商である桜町の柏屋善左衛門、本町の米屋小兵衛、中町の桑名屋清兵衛を打ちこわしているものの、町年寄の説得により収まっている。二三日の夜には町奉行所が、次の襲撃対象と噂されていた関東屋の周辺を厳重に警備し、二五—六日には隠し米を多量に摘発している。当時、三名の郡代の不手際を非難した狂歌のあとに、「めでたく〳〵の久松サマヨ、米も払ふて命も取る、ハアヨイ〳〵」と記した落書が流布していたほど、藩当局に対する人々の不信感が強かったのである。

飢饉対策と家中の不満

そこで藩では白河の米屋に対して、一日につき一人三合ずつの割合で米を販売するように命じているが、関東屋などの富商は襲撃を遁れるため

現在の白河城（福島県白河市）

に米金を拠出している。次いで九月朔日には、服部正就の弟の末裔にあたる半蔵（正礼）らの組頭たちから月番に対して上書し、組中の困窮を救うために九月分の禄米を早急に支給するように督促している。なお、軍事組織である組は一二あり、組頭は主に老分や月番、またはその子弟が勤めている。

一方、定邦は前月の二八日に白河を発って、九月三日に江戸へ着いている。四日には白河において、禄米は二回に分けて支給する予定であるが、今後の支給時期は未定であると達している。六日には江戸において、留守居の日下部武右衛門から会津藩に対して、白河藩の江戸扶持米を与える代わりに、会津藩米を白河城下に緊急に移入することを依頼して了承されている。そして、一二月までに合計六〇〇〇俵を会津藩から入手している。また、これとは別に越後領分の収穫米を、会津領を経由して白河へ送る際の協力を取り付けている。定信はのちに担当者を賞して、自ら描いた大黒天像を染め出した羽織を下賜している。さらに、他藩や上方からも米の購入を図る一方で、九月八日には江戸から服部半蔵を暫定的に月番に任命している。このように定邦の着府直後から飢饉対策が積極化していったのは、定信が助言したからである。

次いで、月番のうちの長老である吉村又右衛門を出府させている。吉村は定邦に対して、家督相続費を確保するためとして、中・上両屋敷の作事後に予定していた隠居の前倒しを建議している。次いで、一〇月朔日に定邦は病気を理由にして隠居の内意を発表している。しかし、この月の白河における米価は、金一〇両につき一四俵にまで上昇してゆく。

「人別扶持」の導入

こうしたなかで、一一日には同藩としてはじめて「人別扶持」を導入することを通達している。これは、①家中の全員分の禄米が調達できないので、飢えを凌がせるために一一月から来年一〇月までの期間限定とする。②御家族以下一律に、米を男には一日に五合ずつ、女には三合ずつの割合で、家族と奉公人の総人数分を与え、金方も半額ずつ渡す、などという内容である。これは面扶持とも称され、同じ奥州にある一関藩においても天明三年にはじめて導入し、三春藩も天明四年正月から寛政六年まで採り入れている。

門閥家臣の反発

ところが松平対馬らの門閥たちが服部に対して、老分衆と組頭衆とが協議して作成したとする、一七ヵ条の覚書を手渡して詰問している。おそらく彼らは、「人別扶持」の導入に際して、相談されなかったうえに、自分たちまでも対象にされたことに反発したものと思われる。同時に、改革を志向していた定信と、彼に抜擢された服部の牽制を狙ったのであろう。

定信は郡代に対して、領民を飢渇におよばせないように指示している。一〇月一二日には、月番から町奉行に対して一〇〇両を渡し、米穀を購入して難渋のはなはだしい者たちに支給させている。一五日には御内用達の豪農商のうち、須賀川の内藤平右衛門には、代官を再勤させたうえで米二〇〇〇俵と金二〇〇〇両を、鏡沼村の郷士である常松次郎右衛門には米一〇〇〇俵と金一〇〇〇両を、白河町の郷士格である会沢市郎次には米一〇〇〇俵と金一〇〇〇両を、それぞれ「調儀」するように命じている。

豪農商への依存

このように、豪農商に拠出させた資金を活用して、困窮者の救済に充てようとしている。この時期に施行《せぎょう》を行った者たちに対しては、善行を後世に伝えさせ、将来彼らの子孫にも救恤を行わせようとしている。そこで、感状を板に記した「感札」を与え、これを門戸に掲げさせている。

同月には、信達分領にある保原の八幡宮に農民たちが集まって、安石代の実施を嘆願していた。そこで、藩ではそれを許すとともに海草や干し魚などを配給したため、騒ぎはようやく収まっている。さらに一二月には柏崎陣屋から藩当局に対して、近くの幕領と高田藩領において農民の騒擾が起きたことから、足軽七名の派遣を要請している。

なお、一〇月には幕府に対して、一〇万六二五九石の損毛があったことを届けようとしているが、これは表高の実に九六％にあたるのである。

以上は、当時白河にいた服部の日記にもとづいている。また会津藩の記録には、白河藩領の須賀川付近に二〇〇〇名ほどの農民が屯集したが、富豪の施行や米の安売りにより解散したとある。一方、下野の藤原宿の住民も、白河や大田原辺で打ちこわしが多発し、急に「乱世」のようになったと記している。

天明三年の経験

ともあれ、定信は飢饉のなかで天明三年に、近領ばかりか自領においても発生した民衆蜂起や、家中に生じた亀裂から大きな衝撃を受けた。その結果、倹約による備荒貯蓄の整備や藩主の積極的な政治指導、商業資本の統制、風聞の流布による人心の動揺に対する警戒、家中の武備の充実と団結などの必要性を痛感したのである。そして、以後藩政において、これらの実現を図るだけではなく、のちにはそれを幕政にまで拡大しようとするのである。

定信襲封

さて、彼は一〇月一六日に家督を相続すると、一九日には歴代の当主が用いてきた越中守に官名を改め、定邦のほうは隠居して木工頭《もくのかみ》を称すことになった。隠居と家督相続には一五四七両余りを要したという。実はこの時に、襲封に対する将軍への謝礼に際して、拝謁する家老の増員を願おうとの意見があった。しかし、領分の飢饉対策が焦眉の課題であったために、請願を断念している。

ともあれ、襲封直後には家臣に対して、今後は藩邸内にある御用所と勘定所にも時々赴く、また月番と用人や横目の当番を毎日呼ぶとともに、月番と用人に役威がなかったために何も行えなかったので役威を付けたい、などと伝えている。一方、非常時に備えて厳しい倹約を命じただけでなく、自ら衣食を質素にして率先垂範し、さらに勘定所と台所にある帳簿を毎日親閲する、また倹約中は諸役に対する手当の支給を中止する、などの意向を表明している。これらから逆に、これまでの藩政運営の実態がうかがえる。

改革への意欲

次いで、一二月には、「白河家政録」と称される役職ごとの心得書を作成して月番に与えている。そこでは、高禄の者が勝手役人を介して行う金融や、郡代の農民に対する強圧的な姿勢などを改善する必要性を唱えている。さらに、政治の目標の第一は食料の確保にあり、それと倹約により窮民を救済できることや、郡代は農民をわが子のように愛し、農民から親のように慕われるべきことなどを述べている。しかし、家中、とりわけ月番など門閥の家臣たちは、現状の変革に着手しようとする定信に対して強く抵抗することになる。

官位昇進と贈賄

これに先だつ一一月二六日に、彼は松平家の家例を破って四〇歳未満でありながら四位に昇進することが内定している。これは、田安・一橋両家の出身者は家督相続した時には、みなが四位に昇っているので、定信も昇進させてほしいという、田安家からの請願を公的な根拠にして、例格としないという条件付きであった。大名が与えられる、もっとも下の位階は従五位下であったが、松山藩主の松平家ではほとんどの当主が従四位下まで進んでいた。これに対して、白河藩主のほうは藩祖である定綱と、二代あとの定重、さらに四代あとの定賢、および次の定邦のみであったから、このたびの定信で三代続くことになるのである。

実はこのたびの昇進には贈賄が威力を発揮しており、彼は昇進の直前に家臣に対して、「自分は権門に対する贈賄は嫌いである。しかし、今の風潮であるから行わないのは愚かである。みなが出世を願っているのであるから、悪いのは受け取る側である。自分は、このたびの官位昇進のために贈っているが、それは御家のためだから正当である」と語っている。このように、彼は藩主の立場となることにより、それまでの贈収賄を拒否する頑なな姿勢を改めざるをえなくなり、受納者側に責任を負わせているが、入閣後は収賄を禁じるのである。

また、定邦に対しては充分な生活費を確保するとともに、定綱の施政方針の継承を標榜している。これには、養家を尊重する姿勢を示すことにより、改革に対する家中の不満を緩和する狙いがあったのである。

四　藩政改革の着手

窮民の実情と救済

さて、一二月一四日には政策を推進する際の尖兵とするため、服部を正式に月番に任じている。直後の一八日には従四位下に昇叙しているが、これには総額で四〇〇両を要している。

翌四年正月には、月番が密かに在方に派遣していた者たちが戻り、北郷のうちには餓死しそうな者たちが所々にいたと報告したため、郡代に対して彼らの救済を命じている。しかし、彼らの派遣前や視察していない場所において、餓死していた者がいたと思われる。そこで、他領とは異なり自藩の対処が行き届いたため、餓死者が出なかったという「宇下人言」の記述には疑問がある。

本多忠籌との情報交換

一方、彼は困窮者の救済や疫病予防のための灸の奨励などに努めているが、本多忠籌は国許《もと》から彼に宛てた天明四年と推測される書状のなかで、次のように述べている。すなわち、①近領の者が、白河藩の飢饉対策が奥羽においては類を見ないほど適切である、と評していると聞いて喜んでいる、②救い米や種代、塩や味噌などの支給状況まで心配する「御仁政」に感銘したので、その際の金品の捻出方法や、篤実ならざる民風の矯正方法を知りたい、③去年予想なさった通りに疫病が流行したが、そちらでは対策を講じていたために患者が少ないであろう、④自領では春中に苗が育たなかったり、夫食《ぶじき》に差支える村があるので、それを与えたが、今後は稗や粟を植えさせたい、などと伝えている。

ここから、ともに領地が飢饉により大打撃を受けるなかで、定信が忠籌から学びつつ情報交換をしていたことがうかがえる。このように、定信は藩内における政治的立場の脆弱さを、大名たちとの交友を持続することにより補おうとしていたのである。

外患への危機感

また、彼は白河藩主として北方鎮護の任を自負していた。そのため、外様大名の反乱だけではなく、外国が民衆蜂起に乗じて日本に触手を伸ばすことも恐れている。そうでなくとも、奥州領分が飢饉により大打撃を受けているところへ、ロシアの動向が街道沿いに伝わっただけで人心がさらに動揺しかねない。そのうえ、越後領分のほうは海辺にあるため、異国船が接近すれば年貢米の販売や移出にまで支障が生じる。

　民衆闘争や財政窮乏という国内における心配事を内憂、外国からこうむる心配事を外患と、それぞれ呼ぶ。定信は自領の統治を通して、双方が結合しかねない状況に対して危機感を抱いたのであろう。

塩竈明神の代参

　そのため、天明四年には陸奥一の宮であり、北方鎮護の社でもある塩竈《しおがま》明神に、小姓頭の河合甚五右衛門を代参させて国家の安泰を祈らせている。実は、その際に神職に対して蝦夷地と仙台藩に関する情報の提供を依頼させ、以後毎年はじめに家臣を派遣している。なお、定信はこれについて側近に対し、突然派遣すれば世間の疑惑を招いて風説が流布しかねないので、毎年代参させることにしたと語っている。

藩祖崇拝

　ところで、京都所司代の牧野「越中守」貞長が、五月一一日に老中に昇進している。定信は、慣例に従って官名を改めるべきところ、幕府に対して先祖の定綱が将軍秀忠から拝命し、子孫代々用いてきたとして継続使用を請い、認めさせている。これは松山藩主の定喬が、延享二年（一七四五）に「隠岐守」の継続使用を認めさせていた先例に倣ったのであろう。そして、この請願は家中に対しては藩祖を尊ぶ姿勢を、〝新参成り上がり者〟である田沼意次に対しては自らの家柄を、それぞれ誇示する狙いがあったものと思われる。

初入部

七月朔日に主従ともに質素な出で立ちで初入部すると、家中に対して武芸を奨励するとともに、非常事態に備えて番頭や物頭を城に宿衛させている。さらに、領内外の各所に散在していた定綱の遺品を収集させる一方、桑名の長寿院に安置されていた定綱の木像を譲り請けている。そして、城内にある北小路の付近に、家中に対して資材などを寄進させつつ霊廟を建設させ、一一月に竣工すると定綱像を安置している。一二月にはそれを御霊屋、その場所を朝陽山、門を朝陽門とそれぞれ命名している。それらは定信の号である旭峯とともに、領内にある旭ケ嶽にちなんでいる。

御霊屋と祭礼

以後、家中に対して御霊屋を拝礼させるとともに、組の一つを御霊屋から、武術の演習場として新設した和党曲輪《くるわ》へ行進させ、備えを立てさせる武備の祭りを挙行している。しかし、当時は具足の所持者が少なかったため麻裃を着用させ、武器は持たせていない。さらに、毎年二月と八月のうち二四日と二五日の両日には、この祭りとともに、弓・馬・剣・槍・銃の技を競わせる武芸の祭りを、ともに挙行している。一方、神納と称して家中から金穀を奉納させ、それを貯蓄して非常事態に備えようとしている。

こうした霊廟を設けて家祖を祀り、家中の精神的支柱とすることは、幕府における日

白河城内朝陽山に建立の鎮国大明神
（不破直幹氏所蔵「寛政十二年九月　白河鎮国大明神御祭の記」より）

光東照宮だけでなく、一部の大名家においても藩政改革の際などに行われていた。定信は、定綱が桑名の照源寺に東照宮の霊廟を造営して祀り、武備の充実を図った志を継承したと述べている。

そして側近に対して、武備の祭りを挙行することにより、家臣を武具の着用に慣れさせるとともに、参加者を一揆の鎮圧にすぐに向かわせることができる。のみならず、霊廟の造営により白河を永く統治する方針を誇示することもできる、と語っている。後者については、民衆が離村するのは、松平家が以前から桑名復領を望み、施政に対して消極的であったからであり、それを改めれば領民から信頼されて、間引の抑止にも効果があろう。さらに白河は実収が桑名時代と比べて遜色がないうえ、北方には外様大名が並ぶ奥州の押さえの地であるとして、先代まで続けてきた復領願の提出を中止する、と述べている。しかし、御霊屋を設けた最大の目的は、藩祖定綱の権威を借りて家臣団、それも門閥層を自分の講じる諸施策に従わせることにあったのである。実際、竣工前の九月一六日の通達のなかでも、「祖廟（定綱）も、各自の先祖も、みな質素であったから、それに従うのが道である」と述べている。

目安箱を設置

また天明四年八月からは、城内にある月番のなかで一定期間、中心となって業務を処理する用番宅と、郡代宅、江戸藩邸内にある下横目会所、柏崎陣屋にある勘定所などに、それぞれ目安箱を設置している。これは投書により、領民の藩に対する不満の緩和と役人の牽制を図ったのである。

学問所を設置

さらに、それまで家臣は各自の師匠の塾に通って学んでいたが、はじめて藩立の学問所を城内の会津町に設立している。そればかりか、学問を志す者を城に集めて、自ら月に二回「大学」を講じている。そのうえこの年には、家臣の家格の違いを明確にするため服装を規定している。なお、この頃には細川重賢の影響を受けて、農村部においては罪人に対して追放刑を廃止し、眉毛を剃るか剃髪させて家に置かせている。

「大名かたぎ」執筆と苦悩

こうしたなかで、天明四年の暮には江戸庶民の用いる〝べらんめえ調〟を駆使しつつ、「大名かたぎ」と題した戯作を書いている。前半は、名君をめざして武芸一点ばりの主君に困惑した家臣が、儒者を用いて儒学に方向転換させると、今度はそれに傾倒したため、家臣たちは侍医から主君に対して「通人散」なる薬を処方させる。その結果、主君は芝居に入れあげて屋敷に舞台を造らせ、芝居の声色を用いて指示を伝えたため、家臣たちが困惑する。後半は、芝居の稽古で疲れて眠る主君の夢枕に、唐人の装束を着た老人が現れて諫言し、誠の通とは君は君、臣は臣の分を行うことにあると諭したところで夢から覚める、という内容である。前半は同年に刊行された岸田杜芳の作で、人気絵師の北尾政美が絵を描いた「狂言好野暮大名」という黄表紙の模倣である。ともあれ、この「大名かたぎ」では、身近にいた家臣などの偽善をえぐり出しているだけでなく、大名生活や武芸に入れ込んでいた自身を風刺している。

彼は天明五年二月に、国許において見聞したことを江戸にいた姉の淑姫（鍋島重茂夫人）に伝えようとして、「関の秋風」という随想を書いている。ここからは、初入部の直前に側室が死去していたことに加えて、方言に悩まされるなどしてホームシックに罹り、さらに自己の力の限界を知り、絶望的になっていたことがうかがえる。

幕政改革への意欲

幕府は天明の飢饉に際して、享保の飢饉の時とは異なった対応をしている。それは、天明三－四年に将軍の膝元である江戸への米穀の流通に努めつつも、天明三年に大名と旗本への拝借金をすべて不許可とし、奥羽地方の大名の救済には消極的であったのである。定信は、そうしたこともあって宝暦・天明期の幕政や社会のあり方に対して危機感を強め、田沼政権の打倒と改革の断行をめざした。同時に、幕府が自藩と同じ施策を採用するばかりか、世上に対してもそれを命じるならば、藩政にとって追い風となると考えたものと思われる。

さて、この天明五年には四月に岩瀬郡の湯本村を視察したあと、六月の参府直前には家中に対して、着服をはじめとする質素倹約については、自分を手本とするように達している。また、孝行な家臣を賞しているが、以後家中だけでなく領民の孝行者も賞している。

隼姫と再婚

参府後の六月二九日には、加藤泰武の娘であり、泰候の叔母にあたる隼姫と再婚し、翌六年には女子が生まれたため、以前よりは孤独感が和らいだことであろう。この間の天明五年一〇月からは、御霊屋の宝蔵に定綱の遺品を収蔵しはじめ、その際には日本を守る神になることを志向している自身に関わる品々をも加えている。これは、藩祖の権威に便乗して、将来自分を神として祀らせるための下準備に着手したのである。

藩の財政改革

こうしたなかで一一月朔日には、後述するように幕府から彼一代の間のみ溜間に詰めることを許されると、そのことを藩政運営に利用しようとしている。直後の一二月には、月番のなかに勝手方御内用掛を新設して服部と奥平八郎左衛門を任じ、政治の根本は財政であるから、「志のある者」を充てたと両名に対して述べている。これは、改革の推進が家中の抵抗により思うに任せないなかで、財政を中心とした藩政全般に対する自らの意思の貫徹を図ったのである。

ところで、天明五年の「天明五巳年月々払帳」にある経常支出の合計は、金四万五二〇一両余りである。「巳年不時御入用帳」にある臨時支出のそれは、米四六五一俵余り、金九三〇二両余り、銭一二九貫文余りで、ほかに稗が少量あった。柏崎での蔵米相場は、金一〇両につき三二俵ほどであったから、仮に一両につき三俵として経常・臨時両支出を合わせると、おおよそ五万六〇八五両となる。

これに対して、天明六年の予算を記した「午年御入用大概積帳」には、合計で米三万一一四四俵余り・金二万七〇一九両余り・銀一二匁・銭六貫文余りとある。ほかに臨時費として合計で金七〇〇〇両ほど、別に米一〇二〇俵とあるので、経常・臨時両収入を合わせると、おおよそ四万四七四二両となる。このように、支出を前年より約二〇%も削ろうとしているが、その成否は判然としない。一方、「午歳御借用帳」によれば借金が合計で二万一一八二両余りあり、この利子二〇五八両余りを合わせると、二万三二四〇両余りとなることがうかがえる。ここでは、調達金が多くを占めていたものと思われる。また、これらの前後の支出や収入は不明であるものの、予算制度を導入したのは、おそらく天明六年がはじめてであると思われる。

記録の整備

次いで天明六年四月からは、藩政の先例を把握するためとして、自ら松平定輝の代の日記から調べはじめ、必要部分を小姓に書き抜かせている。七月には月番に対して、自分の留守中にそれを継続するように命じている。対象は、公儀に対する御手伝、御届書・願書、役人に対する通達、倹約の触書などであり、とりわけ倹約令にともなう削減の内容を詳しく書き抜かせ、それぞれを部門別に編集させている。

各種の規定を作成

そして、記録役を設置して藩の基準とすべき事項などを編集させたばかりか、養子・縁組願・衣服・座席の規定などを定めている。そのうえ、諸役人の奉職心得を一役ごとに作成させ、さらに藩主のほかに世子・隠居などの心得までも、それぞれ定めている。また、諸役人に各自の職務内容を把握させるとともに、後任に先例を継承させることを目的とした役格帳を、役ごとに作成させている。

こうして、記録を整備することにより、それを改革の推進に役立てるとともに、自身やその一族だけでなく、家臣全体に対して、職務や生活に規準を設けて、各自の恣意的な行為を抑制しようとしている。これらをこの時期に行ったのは、かねて必要性を痛感していたこともあろうが、幕政への参画が実現すれば、藩政に傾注できなくなるにもかかわらず、世上に対して模範を示す必要が生じるからであろう。

第二　幕政改革へ向けて

一　溜詰昇格運動

田沼意知殺害事件

田沼意次《おきつぐ》は、老中首座である松平輝高の死後、天明元年（一七八一）一二月一五日に嫡子の意知《おきとも》を奏者番に任じ、同三年一一月朔日には若年寄に昇進させている。こうして、父子で要職を勤めていたこともあり、世間から強い反発を招いていた。しかし、翌四年三月に意知が旗本の佐野善左衛門（政言《まさこと》）に暗殺されると、さきざき政権を意知に譲ろうという目論見が破綻したうえ、庶民だけでなく幕臣のなかにも反田沼勢力が形成されてゆく。

こうしたなかで、九月一五日に外様門閥大名である薩摩鹿児島藩主島津重豪《しげひで》の殿席を、大広間席から大廊下席のうち下之部屋へ移している。これは、田沼が将軍世子に擁立した家斉の婚約者の父を優遇することにより、家斉の治世にいたるまで政権を保持しようとしたのであろう。

田沼政権の譜代・家門大名懐柔

次いで一一月二八日には約七〇年ぶりに大老を設置して、譜代門閥大名であるうえに、自らの閨閥に連なる近江彦根藩主の井伊直幸を任じている。翌天明五年二月一五日には伊予松山藩主の松平定国に対して、宝蓮院からの請願を理由にして、終身衣服に葵紋を使用することを許している。これらは、たとえ裏面に贈賄が存在したとしても、島津家に対する優遇との釣り合いを取るために、譜代や家門の懐柔をめざしたからこそ実現したのであろう。

徳川家斉像（公益財団法人徳川記念財団所蔵）

幕政改革断行の手段

この間、定信は領外において藩政に対する高い評価をえていた。それだけでなく、この頃にはかげりのみられた田沼政権が、譜代や家門の懐柔に努めているという好環境のもとにあったのである。こうした状況のなかで、彼は将来における幕政改革の断行を心に秘めつつ、当面は養父の宿願である溜詰《たまりづめ》昇格を実現するため、天明五年六月の参府を待っていたのである。

この幕政改革の構想について、定信が天明六年の暮から翌七年のはじめ頃に、家斉に提出するために作成したと思われる意見書には、次のように記されている。すなわち、幼時から幕政への参画を志していたなかで、賄賂の流行など近年の政治の弛緩を憂いて、一時は田沼意次の刺殺まで考えたが思い止まった。のちに宝蓮院の命を受けたうえに、「重臣」の地位を拝命するとの夢告もあり、溜詰に昇格して「忠良」の志のある老中と組んで田沼を弾劾しようとした。そのため、財政窮乏のなかを田沼の屋敷に日参して贈賄したところ、ようやく席が進み、あと一歩のところにいたったとある。このうち田沼に対する弾劾は、おそらく老中から幕政について説明を受けるという溜詰の任務を活用しようとしたのであろう。

「権門方御内用勤め」の任命

さて、彼は参府後の天明五年六月四日に用人の水野清左衛門に対して、「権門方御内用勤めを命じるので、留守居の日下部武右衛門と協議しつつ、田沼のもとに通って政治工作を行うように」と命じている。幕府との折衝などを任務とする大名留守居とは別に、専任を置くことから、定信の意欲のほどがうかがえる。

次いで九月二八日には水野に対して、当分の間は郡代を兼帯させるものの、本務が多忙であるので勘定所への出席は免じるので、毎日同所を見廻るように命じている。これは、財政窮乏のなかで多大な政治工作費を確保するための措置であろう。さらに、定信は殿中において水野忠徳（田沼意次の実子）にまで心願を語り、それの田沼への取り持ちを求めている。そればかりか大奥女中にまで手を回しており、家臣に彼女たちを芝居へ招待させ、その際には水野清左衛門と仲介者の商人を同行させている。

一方、服部半蔵の次男で、天明五年に若年寄であった太田資愛《すけよし》の家老の婿養子となっていた次郎吉は、実父に対して田沼意次とその周辺に関する情報を伝えている。それらは定信に伝えられて、政治工作に生かされたものと思われる。

江戸城中での殊遇

こうしたなかで一一月末には田安家から藩に対して、定信に対して将軍が特命を下すと、大奥から内々に伝えられたことを知らせている。その結果、一二月朔日に定信は宝蓮院の請願を理由にして、御礼そのほかで登城した際には溜間へ詰め、御礼席は月次には黒書院、五節句などの佳節には白書院とする、しかし家格としないので、身分と勤め向きはこれまで通りである、と申し渡されている。

溜詰の御礼席は、年始・八朔・五節句は白書院、月次は黒書院であり、一年のうちで最も重要な儀式である年始には一名で拝謁したのに対して、帝鑑間席のそれは年始・八朔・五節句が大広間、月次は白書院であり、年始には集団で拝謁した。そこで、このたび定信は控えの間と礼席のみを溜詰並みに処遇されただけであり、殿席を帝鑑間席から溜詰へ昇格させせられたわけではない。しかし、ここで宝蓮院の請願にもとづくと公示されたことは、彼が田安家出身の貴種であることを世上に対して強く印象づけることになる。そのため、かねてから藩政に対する世評が高かったこともあって、求心力を強めることになったであろう。

家中の統制に苦慮

ところが、彼は殊遇を受けた直後に家中に対して、このたびは家督相続以来の制令を一統が守り、風儀もよろしく勤め向きにも出精してきたことを、幕府から評価された結果であると大変満足しているので、今後も風儀を守るようにと通達している。同時に、当家が質素倹約に努めていることを賞賛する大名が増え、若年寄衆の嫡子や奏者番、または帝鑑間席そのほか一〇名余りにおよんでいる。にもかかわらず、遠境とはいえ白河において流言を飛ばすのは、「馬鹿の最上」であると厳しく叱責している。実は、これに先だって白河では、江戸において彼が供廻りに粗服を着用させたことを、大名の留守居仲間が批判したという噂が流布していたのである。そこで、九月一〇日付の書状で江戸と白河の家中に対して、それは流言である。流言は人心を乱して風俗を害する契機ともなりかねないので、今後は発信元を糾明して報告するように命じている。このように、藩政改革に対する家中の強い不満に対処するため、殊遇や大名との会合を利用して、自身の施策の正当性を強調しているのである。

宝蓮院の死去

また、彼は殊遇を獲得するまでの日下部と水野の功労を賞すとともに、このたびのことを溜詰昇格の礎と捉えて、今後も政治工作に尽力するように命じている。上述のように寛政二年（一七九〇）に、一橋治済《はるさだ》が定信からの伝聞を尾張と水戸の徳川家に伝えている。それによれば、殊遇を獲得したあとに大奥から田安家に対して、天明七年には溜詰昇格が実現する見込みであると伝えてきた。ところが、宝蓮院は天明六年正月五日に病に倒れ、定信が看病に努めたにもかかわらず、一二日（実際は一〇日）に六六歳で死去した。そのため、白河藩の家臣たちが宿願の実現を危ぶんだところ、逆に定信から励まされている。そして、宝蓮院の遺言を田安家から、大奥老女の実力者である高岳《たかおか》と滝川に伝えたところ、彼女たちから前言通りであるとの答えをえた。そこで、定信は来年の参府後に実現するものと楽しみにしていたという。

田沼政権批判の落書

ところで、服部の日記によれば、天明六年三月に江戸から白河に落書が伝わっている。それは、「溜詰」には「ダマリツメ」、「御老中」には「トラウチャウ」、「若年寄」には

「バカトシヨリ」と、それぞれ仮名を振ったものである。これは、幕政に参与すべき溜詰は沈黙を続け、老中は収賄に耽り、若年寄は無能であるという意味と思われ、作者の田沼政権に対する強い反感がうかがえる。

田沼意次への贈賄

こうしたなかで、定信は宝蓮院の死後は田沼意次に対する依存度をより高めていたようで、家臣の駒井忠兵衛（乗邨）が記した「鶯宿雑記」には次の記事がある。

天明六丙午の春かと覚へし、田沼侯へ銀の御花活に梅の花を、御てつから御活被遊送せられし時、御添被進し御歌

いと丶猶　あそふ小蝶も　行末を　たのむ木かけや　梅の下風

定信が田沼に対して、銀の花活に自ら梅の花を活けて贈った際に歌を添えている。歌意は「梅」、すなわち梅鉢の家紋を付ける自分が、世間から将来幕政に関与することを期待されているというもので、暗に溜詰昇格を求めたものと思われる。

これに関して、藩の天明六年の予算書には帰城入用金一〇〇〇両や江戸年中賄金六〇〇〇両、大奥女中や田安家家中への種々の下賜金などが見える。ほかに、「金三百両　権門方御入用」という費目が見え、別に予備費として六〇〇〇両ほどが設けられている。そして、翌七年の中後期までの江戸総支出額のうち不足分の一部は、「千六百両　権門

御入用残金之内拝借」という方法により捻出している。ここから、天明六年には政治工作費が予備費のなかにまで設定されていたことがうかがえる。

のち田沼の失脚直後の天明六年九月に、田沼の親戚の大名たちが同家と次々に義絶した際、同家との間で慶事に際して用人同士が奉札を取り交わしてきた松平家も、それを絶っている。取り交わしを約したのが同年の春であることから、定信は歌を添えた銀の花活を贈ることにより、田沼にいっそう喰い込んでいったのであろう。そのことは肥前平戸藩主の松浦静山（清）が天明七年七月に家臣に対して、前年請願のため田沼邸や、田沼派老中の松平康福《やすよし》邸を訪れた際、たびたび定信に会ったと述べていることからも裏づけられる。

二　党派の形成

藩政に対する好評価

定信が天明五年六月に参府すると、藩政改革の〝成功〟を伝え聞いた大名たちが、その手法を尋ねるために集まってきた。当時、大名たちは財政窮乏に苦しんでいたが、それを打開するための経済政策をきっかけにして起きた民衆闘争だけでなく、家臣団の反発や党争の発生も悩みの種であった。たとえば、豊前中津藩では藩政の刷新をめぐり天明二年（一七八二）に家臣団の党争が激化していた。越前丸岡藩では改革に努めていたものの安永七年（一七七八）に、美作津山藩では天明三年に、それぞれ一揆や打ちこわしが発生していた。

交友関係が拡大

そこで、定信の交友関係について、大名たちが定信に宛てた書状を分析すると、まず天明二年頃から人数が増えてゆく。そこには、本多忠籌《ただかず》と同族である忠可《ただよし》など、定信よりはるかに年長の者もいるが、以後次第に若年の者が多くなり、殿席では帝鑑間席の者が多い。

また、同四年頃になると、藩政改革への助言を求めるため、外様であるが名声の高かった細川重賢《しげかた》や上杉治憲《はるのり》とも交際している。このほかに、紀州家庶子の松平頼徳や美作津山藩主の松平康致《やすむね》などの御三家や家門、さらに老中に昇進する出発点である奏者番であった越後長岡藩主の牧野忠精《ただきよ》のような田沼政権の在職者にまで範囲が拡大している。これは、田沼意知の殺害という政治情勢と無関係ではなかろう。

同五年頃からは奏者番である三河吉田藩主の松平信明《のぶあきら》・備中松山藩主の板倉勝政・武蔵岩槻藩主の大岡忠要《ただとし》のような、在職者が増える。それとともに、伊勢八田藩の養嗣子である加納久周《ひさのり》や、播磨龍野藩主の脇坂安董《やすただ》のような、家督相続前後の者が含まれてゆく。そして、定信は老中に就任すると、こうした友人の一部を要職に登用して幕閣を自派で固めるのである。

大名との会合

さて大名との会合について、天明五年七月に定信が服部に宛てた書状によれば、各自が弁当を持参して催されるが、自分の質素倹約の風を慕う者たちが集うことにより、それが彼らにも波及しよう。また、参加者では戸田氏教・奥平昌男・本多忠籌・本多忠可・伊予今治藩主の松平定休《さだやす》・近江宮川藩主の堀田正穀《まさざね》・越前丸岡藩主の有馬誉純《しげずみ》が常連である。話題は「治国平天下忠孝文武」についてであり、退屈した者は途中で竹刀打ちなどをしている、とある。

さらに定信の家臣によれば、主君が参府して以来、大名たちは二―三名ずつ二日おきに来訪し、この「御質素御出合」では料理を出しても、一汁三菜と二種の酒肴のみである。「御弟子」のなかには年若の脇坂安董や豊前小倉新田藩主の小笠原貞温《さだあつ》のように、家臣の勧めにより参加した者もいる。また、主君は日常「よごれくさった」単《ひとえ》物を着ているので、戸田氏教も粗服を着て、主君から貰った柏崎産の三尺手拭いを締めて帰国したという。なお、戸田は田沼意次とライバル関係にあった老中の松平武元の実子であったことから、田沼に対する反感もあって加入したのであろう。

会合での定信の発言

定信は右の会合とは別に、牧野忠精・松平信明・加納久周の三名とは互いの屋敷で会っている。定信をとくに信奉していた牧野が筆録した「白川侯《(ママ)》御言行聞書」によれば、その際の定信の発言は次のようなものであった。すなわち藩主としての立場からは、非常時に備えて質素倹約に努め、才能があり実直な家臣を登用すること、主人も自ら制令を遵守し、家臣の勤務を不時に視察することや、儒学諸学派の是非などを述べている。そのうえ、飢饉の際に領民の救済を怠った領主が病死したり、火災に遭遇したのは天罰であると評している。一方、譜代大名としての立場からは、将軍のために身命を捧げるべきことや、忠精や信明の老中昇進に期待し、信明・忠精・久周という多様な個性が組み合わされば将軍の御為になろうこと、譜代大名や役人は西国大名の反乱に備えるべきこと、などを語っている。

こうしたことから、質素倹約の重要性や家臣の統率方法、大名の生活態度、領民の救済などにはじまり、田沼政権に対する批判にまで話題がおよんだものと思われる。そして、定信の発言内容のうちの大部分は、読書を通して得た知識や、本多忠籌と忠可、さらには細川重賢や上杉治憲から得た助言の受け売り、またはそれらの実行結果であった

本多忠籌像（泉神社所蔵）

のではなかろうか。これに対して参会者たちは、田安家という貴種の出身であるうえに、藩政改革に成功していた〝名君〟と評判のある人物の口から、直接話を聞くことに価値を感じていたのではなかろうか。

本多忠籌の存在

多数の参加した会合において、上座に遇されたのは本多忠籌であり、忠籌と忠可の存在感も大きかったようである。実際、天明五年五月に本多忠籌と戸田氏教が、家康が最上部に座し、本多忠勝らの譜代の家臣たちが侍している様子を描いた「参州二十一将図」について語り合っていた。これを機に、定信は長門萩藩主毛利治親《はるちか》に乞うて、それを譲られている。こうした近世の集団肖像画は、鑑賞者に対して絶対的な主従関係への恭順を促すとされているので、この図は会合への参加者に対して譜代意識を涵養する役割を担わされたのかもしれない。

また、本多忠可の定信宛ての書状には、牧野忠精と松平信明が研鑽を積んでいると聞いているが、これは自分の意を汲んでくれた結果であるとして謝している。そして追伸には、「『ただただ滅びないのは、譜代大名としての魂である』とか、『生きて譜代大名となり、死んで忠義の鬼となる』という御考えに同感です」とある。この「鬼」とは死者の霊魂のことで、定信がめざす「神」のことであり、この頃抑えるべき対象は民衆闘争と外国であったろうが、この書状からは定信と忠可の強い譜代意識がうかがえる。

本多一族の衰退

なお、忠可は質素倹約を率先垂範するなどして藩政改革に尽力しているが、本家である岡崎藩にならって天明二年に藩祖である忠勝を祀る社を造っていた。そして、以後毎年家臣に演武を奉納させており、しかも定信と同じく養子であった。しかし、勇名を馳せた徳川四天王の一人である本多忠勝の後裔のうち、本家は転封と減封を繰り返した。それればかりか、同族のなかで享保以後に役職に就任した者は乏しく、分家で若年寄となった忠央《ただなか》も郡上《ぐじょう》藩宝暦騒動に絡んで改易されている。ところが、この審理を指揮した田沼意次は新参の家柄であるうえに、忠央の旧領であった遠江相良の藩主となったばかりか、審理を栄進の契機としていた。

そこで、本多忠籌・忠可両名は田沼政権の打倒と忠央の名誉回復を企てた。その際、貴種であるうえに、幕政改革を志していた定信を励まして党派の形成を促したばかりか、天明六年には忠籌邸に寓居していた忠央を定信と対談させている。なお、定信はのちに忠央について、「当時は七九歳であり、落涙しつつ昔のことを語ったが、一代の偉人である」と評している。

田沼政権内の内通者

一方、定信は摂津尼崎藩主松平（桜井）忠告《ただつぐ》の嫡子である忠宝《ただとみ》に対して、会合への参加を勧めているが、反応は不明である。同家は三河西尾藩主の松平（大給）家とともに、江戸城中における年頭儀礼の際には、隔年交代で譜代大名の先頭になって、御流れと呉服を拝領する家柄であった。ところが、領地替により財政が大打撃を受けていたので、定信としては忠宝を招いて、参加者たちの反田沼意識を煽ろうとしたのかもしれない。

定信は奏者番である牧野忠精と松平信明に対しては、風俗を矯正するために一刻も早く老中に昇進するようにと促している。同時に、家例があるならば自分も役職に就いて志を実行したいと語っているが、これは自家が役職就任者を出していないからである。このうち牧野忠精が定信に内通したのは、同族で当時老中であった常陸笠間藩主の牧野貞長への対抗心があったからであろう。しかし、それだけでなく忠精はのちに幕政改革が開始されると、幕政に忠実に連動しつつ藩政改革を展開している。そうしたことから考えると、逆に藩政改革を円滑に推進する前提として、幕政改革の断行に期待していたのであろう。

次に松平信明の家では、六代前の信綱と三代前の信祝《のぶとき》の二名が老中に就任していた。しかし、父の信礼《のぶうや》は奏者番の在職中に死去していたことから、家中の信明に対する期待が強かったものと思われる。彼としては、田沼政権の将来性に見切りをつけて定信と接触したのであろう。

さて、牧野らのグループは、彼が起点となって同役の信明、信明の姉婿の加納久周、さらに大岡忠要という順で会合に加わっていった。久周は自家および実家である大岡家が、ともに将軍側近職を歴任しながら、家禄と役職の両面において田沼家に凌駕されたことなどに不満を抱いていたのであろう。

人材を育成

こうして定信は大名たちが藩政に対する助言を求めてきたのに乗じて、彼らの反田沼意識を煽っている。そればかりか、将来の役職就任や昇進を機にした、改革の断行に期待している。そして、人材の育成に努めていたのであり、天明六年には一九歳の脇坂安董から政治の要点を尋ねられ、「鸚鵡の言葉」を著して返答している。ともあれ会合への参加者のなかには、本多一族と牧野忠精や松平信明らとの二つの核が存在していたのである。

三　老中就任の実現

貸金会所令

田沼政権に対する世上の不信感がいっそう強まるなかで、幕府は天明六年六月二九日に全国に対して貸金会所令を発している。これは全国の幕領と私領ともに、百姓には持高一〇〇石につき銀二五匁、町人には屋敷の間口一間につき銀三匁、寺社と山伏には最大で一五両を、それぞれ五年間にわたり出金銀させる。それに幕府から拠出した分を加え、大坂に設ける会所から大名に融通するが、このことを各領主から領民に通達したあと、二〇日以内に出金銀をさせるというものである。主な目的は大名の救済にあり、幕府は米切手や所領からの年貢を担保にして年利七％で融資し、手数料を取得するものの、いずれ返済金は出資者に返すとする。

白河藩の抵抗

ところが、これに反発して全国的な規模で一揆が起きる可能性があり、かねてから民衆闘争に悩まされてきた領主層はそれを恐れていた。そこで、白河藩は早くも七月六日付で留守居から幕府に対して、川欠けや永荒れの場所、または疫病により多数が死去したために、収納が減少している村方の出金割合などについて問い合わせている。しかし、幕府は容赦ない姿勢を示している。

とはいえ、同藩のこうした婉曲的な抵抗は、ほかの大名たちの抵抗を呼び起こしたようで、幕府はやむなく七月一八日に出金銀の期限延長を命じている。定信はこののちも自邸を訪れた同志たちと協議を重ねていたが、八月九日には白河藩も含む帝鑑間席の一〇万石以上の大名の留守居組合が、出金銀を遁れる方法を申し合わせている。

将軍家治の死去

ところで、将軍家治の体には八月はじめから水腫が現れている。そこで、二〇日に田沼意次が町医の日向陶庵と若林敬順を推挙したところ、若林の投薬により病状が悪化したが、定信はこの頃奥医師から将軍の病状を継続的に聞き出している。そうしたなかで、幕府は二四日に貸金会所令を撤回したばかりか、下総の印旛沼と手賀沼の干拓中止なども命じている。この日の夜には一橋家の家臣が訪れて定信と密談していたが、二五日の暁に将軍は死去し、それは世間に対しては隠蔽されている。

一橋治済は天明二年に和泉の自領において、領民約一〇〇〇名が集まったなかで打ちこわしが起き、近隣の諸藩兵が鎮圧するという千原騒動が発生していた。そのため、民衆蜂起の多発や幕府に対する政治不信の高まりを危惧していたところへ、医師を推挙した田沼意次を責める大奥女中の報告を受けている。そこで、家斉の前途に政治的な好環境をもたらす幕政改革の断行と、定信との密約にもとづく子息の慶之丞（斉匡《なりまさ》）による田安家相続の実現を念頭に置きつつ、幕閣に指示している。

これに対して幕閣は、一橋治済の意向を軽視できなかったうえ、民衆蜂起の発生を恐れていたため、二四日に貸金会所令の廃止を命じている。次いで、将軍の死後の二七日には大奥を宥めるために、田沼を実質的に解任している。

目標を老中または大老就任に転換

そうしたなかで定信は、自らの溜詰昇格と松平信明の老中昇進による、田沼に対する弾劾の断行から、一橋治済の助力をえながらの自らの老中、または大老就任へと目標を転換している。次いで、九月六・七日には御三家、および一橋治済・清水重好の二卿、それぞれに対して若年の家斉（当時一四歳）に対する後見を託す、という家治の遺命が伝えられている。そして、八日にようやく家治の死去が発表されている。ところが、定信は在府の延長が限界を迎えたため、一八日にやむなく帰国の途に就いている。

御三家の田沼処罰要求

さて当時の御三家の当主は、尾張家が徳川宗睦《むねちか》・紀州家が徳川治貞・水戸家が徳川治保《はるもり》である。彼らは「御当家之礎」、あるいは「公儀之御備」を自負する立場から、幕府の公儀としての権威を失墜させたうえ、先例や格式を軽視する田沼意次に対して強い不満を抱いていた。そのため、一〇月二三日に田沼派の幕閣に対して、田沼の身柄を預けたうえで詮議し、厳罰に処すように求めたが、拒否されている。そこで、その直後の一〇月二四日付の書状により一橋治済は水戸家に対して、実直で才力のある者を老中に任じ、追々賢才を抜擢して「仁政」を行わせる、それにより万民を安堵させたいと伝え、暗に定信の登用を提案している。

このように幕政の刷新を求める声が強まるなかで、田沼派の幕閣はやむなく閏一〇月五日に田沼を詮議しないまま処罰している。内容は、家治の遺命を理由にして五万七〇〇〇石のうち二万石の減封、および差し控え、さらに大坂の蔵屋敷ならびに家作の収公を命じるというものである。しかし、田沼はこのあとも復権の機会をうかがいつつ、政界に隠然たる影響力を保持し続けている。

一橋治済が定信を推挙

次いで、治済は閏一〇月六日付の書状により尾水両家に対して、老中の候補として定信・酒井忠貫《ただつら》・戸田氏教を、若年寄の候補としては稲垣定計《さだかず》・本多忠籌をそれぞれ挙げ、とくに定信を強く推している。ところが、この頃には松平定国が御三家に上書して、自らの老中、または大老への登用を請願しているのである。

これに対して、それぞれ財政窮乏に苦慮してきた御三家は、藩政に尽力してきた定信に対して期待を抱き、一二月一五日に幕閣に対して彼を推挙している。一方、定信はこ

の頃には江戸にいた同志たちと頻りに文通し、彼らに対して学問への出精を促すととも
に、同地の情報を収集している。

将軍宛ての意見書を作成

そして、上述した定信がこの頃家斉に提出するために作成したと思われる意見書には、朝鮮通信使の対馬における接遇、幕府の有力者に対する贈賄の禁止、将軍や老中が質素倹約を率先垂範することによる風俗の矯正、士風の矯正、代官など役人の人選、将軍による譜代大名の尊重、臨機応変の幕政運営などを改革すべき事項として挙げている。そして最後には、自身のこれまでの田沼政権打倒計画を吐露しつつ、「賢良の人」による改革の必要性を訴えているが、これは暗に自分の登用を求めたものである。

こうしたなかで、一二月に彼は幕府に対して溜詰昇格を願いつつ、その前提として正規の溜詰大名が勤めてきた、京都または日光への将軍の名代に、自分を任用するように求めている。しかし、これは藩内向けのポーズであり、これが却下されると、定邦は溜詰昇格工作の継続を定信に督促している。

領内の混乱

一方、連年の飢饉のなかで、天明六年の全国の収穫は平年の三分の一となり、米価や諸物価が騰貴したことを直接的な契機として、冬頃から全国において一揆や打ちこわしが激発している。白河藩では、流行病を避けるための、灸穴の図や豊作の祈禱札などを

「家訓」などを作成

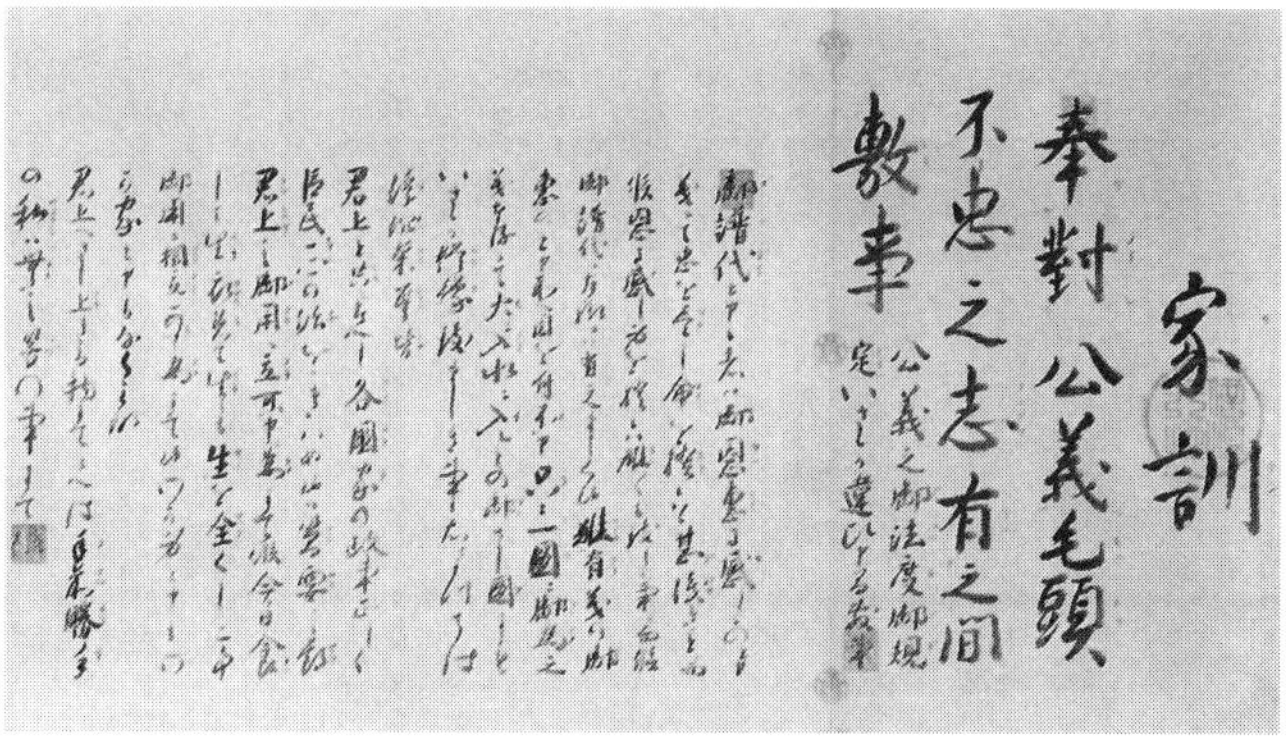

「家　　訓」（天理大学附属天理図書館所蔵）

配布しているが、損毛率は約六四％にも達している。同年一一月二二日付の勘定頭の報告では、奥州領分では不作のために米価が高騰し、領民が難儀している。しかし、柏崎では米の入札値段が高騰して大幅な増収となり、奥州における減収を補えるばかりか、「柏崎御内密筋」も維持できようとあるが、後者は秘密の備蓄金のことであろう。

また、この頃には奥州領分の諸所において小盗が出没しているなどの風聞があるなかで、須賀川では大火が起き、矢吹宿では盗賊が旅人を襲っている。白河では一一月二八日の夜に町屋から出火して五〇軒余りが焼失したため、定信は自ら出馬して鎮火と被災者の救済に努めている。

次いで、彼は翌天明七年三月下旬には、御霊屋と記録所に納めるとして、①「家訓」、②「養子心得」、③「幼君奉仕之心得」をそれぞれ作成し、重役全員に閲覧させている。①では家臣としての心構えを記し、②では養家の尊重などを示し、③は上述した家斉宛てと推定される意見書をもとに加筆したものと思われる。この時点でこれらを作成したのは、とくに③のなかで、溜詰と同じく役職就任も将軍への奉公であると説いていることから、自身の目標を正当化する狙いがあったのであろう。

大奥の反対

この間、大奥女中の高岳や滝川は定信の入閣について、定信の妹である種姫は将軍家治の養女となったことにより、家斉と姉弟の間柄になった。そのため、将軍家重が定めた将軍家の縁者は重職には就任させないという内規に違反するとして反対していた。彼女たちとしては、定信が幕府にまで改革を導入することを恐れたのであろう。そこで、一橋治済は御側御用取次の小笠原信喜に対して、定信の場合はむしろ保科正之が将軍家綱の伯父として「大老」を勤めた例に近いとして反論している。しかし、天明七年二月二八日に、田沼派の残党からなる幕閣は御三家に対して、家斉が定信は種姫の続柄にあたるので、在職中に過失を犯すことを心配して任用に反対していると伝えている。

江戸への廻米を拝命

一方、幕府は江戸の食料米の確保を図っている。そのため、天明六年九月に続いて天明七年五月九日にも米穀売買勝手令を発し、江戸に入津する米を問屋以外の者にも荷受けさせ、入津量を増加させて米価を引き下げようとしている。しかし、彼らの買占めにより効果がなかったのである。

五月一二日には米価高騰により大坂で打ちこわしが発生し、それは全国の主要都市にまで波及してゆく。そこで、五月一五日に白河藩は会津藩などとともに、幕府から城詰米の江戸への廻送を命じられている。それは、三六〇〇石を六月中旬までに届けるというものであったが、割当て分を奥州米により確保することができなかった。そのため、俵屋（田中）孫三郎に、越後領分の藩米を買い戻させて大坂経由で江戸に廻送させ、九月にようやく任務を果たしている。ところが、米代金は八〇〇〇両、運賃が二〇〇〇両、合計で一万両となり、領内の御内用達たちから調達させたが足りなかった。そこで、七月に越後でも領外にある能生浜《のうはま》に住む豪商から二〇〇〇両を借りる約束を取り付けて、ようやく賄っている。

俵屋の素性

俵屋は柏崎で藩米を購入していたばかりか、御用達をも勤め、摂津の神戸村に住んで、明和八年には七〇〇〜一〇〇〇石積みの廻船を一五艘も所持していた。天明五年に郡代が作成していた「去辰年領分物成米清勘定目録」の末尾には、領分全体からの収納のうち売却米の約半分にあたる二万四一〇三俵余りを「俵屋そのほかからの調達金の元利御返済代米として渡す」とある。また、庄内藩の財政を支援してきた出羽酒田の大地主である本間光丘は、天明八年に藩命により俵屋から七五〇〇両を借り入れている。俵屋は、安永七年から定信の嫡母の実家である近衛家の用達を勤めていたこともあって、定信から信頼されていたのであろう。

江戸で打ちこわし発生

江戸では天明七年五月二〇日の夜から各所において、米の買占めを行った米屋や富商を対象にした打ちこわしがはじまっている。参加者には店借層《たながり》である小職人や棒手振《ぼてふり》が多く、幕府では町奉行所が無力化したため、長谷川平蔵らの先手頭《さきてがしら》を出動させるとともに、米の施行《せぎょう》を行った結果、二七日までには鎮静化している。

屋敷内の緊張

白河藩の上屋敷では、打ちこわしの発生前に扶持米をかろうじて確保していた。しかし、二一日には近所の南伝馬町二丁目において、田沼から米を預かっていたと噂される米問屋の万屋作兵衛店など四軒が襲われている。二二日にも近所で発生し、亥の中刻（午後一〇時）頃には町ごとに拍子木や半鐘が鳴り響き、大勢の人声が聞こえたため、近火に備えて御判物の保護に努めている。それとともに家臣に不寝番と邸内の巡回を行わせたが、寅の刻（午前三時）過ぎにはまたも聞こえている。二三日には服部が白河に対して、打ちこわしが発生した町名や襲われた店名を書き送っている。そこには、南伝馬町や霊岸島町のほかに裏茅場町・小網町・伊勢町など上屋敷に近い町が含まれているが、この夜も半鐘などが聞こえている。そこで、白河にいる定信は藩邸が戦々恐々としたことを聞き、飢饉と民衆蜂起に対する警戒感をいっそう募らせたことであろう。

さて、一橋治済は小笠原信喜から、打ちこわしに関する情報を将軍家斉に報告させている。それにより、打ちこわしの発生を将軍に隠蔽してきた、田沼派の御側御用取次である横田準松《のりとし》を二九日に罷免させた結果、定信の入閣が実現することになった。

一橋慶之丞が田安家を相続

次いで、定信が参府したあとの六月一三日には一橋慶之丞が田安家を相続している。ところが、定信はのちに尾水両家からこのことが吉宗の「御議定」に違反するとして批判されると、自分はこの件には無関係であると言い遁れている。

定信の老中就任

定信は六月一九日、当時三〇歳であるばかりか、無役から老中、それも首座に任命され、奥勤めを兼ねさせられるとともに、慣例に従って侍従に任官させられている。しかし治済と定信は、定信が将軍の親族であることから保科正之の例に近いうえ、当時は大老職が復活していたことから、大老のほうを望んでいたものと思われる。

江戸時代全期間における老中就任者の、就任時における平均年齢は四五歳である。しかも、京都所司代や若年寄からの就任者が特に多く、無職からの就任者は稀であるばかりか、首座は通常先任順に任じられたので、極めて異例である。藩邸には当初は老中就任のみが伝えられ、藩役人たちは侍従昇進とともに溜詰昇格を切望していたために落胆している。ところが、直後に首座であることを知って喜んでいる。

世間の歓迎ぶり

入閣が世上に伝わると、「役者見立ものは附」と題した落書が流布したほど、大歓迎されている。それは、「よもや此の人が斯うならうとは、誰も夢にも知らぬ事、御年は若し、末頼もしく思ふものは　松平越中守　坂田半五郎」・「文武両道左衛門世直　守中越十郎」などという内容である。これは、幕府が関東郡代の伊奈忠尊《ただたか》に対して、各地から大量に買米を行わせて江戸の救済にあたらせた効果が、定信の入閣後に現れたことよる。

瓦版を利用

しかしそれに加えて、彼は参府した頃に八丁堀の藩邸の四丁四方の町民に対して、銭を施行している。しかも、それを瓦版に書き込ませて、口上により一〇月頃まで売らせ続け、人心の収攬を図っているのである。

定信は就任直後に家臣に対して、大奥老女から長く勤めるようにと挨拶された。これに対して、自家には役職就任の先例がないので、二―三年勤務したあとは、辞任と溜詰昇格を願う積りであると答えた、と語っている。大奥老女の挨拶は、彼の入閣に反対していたところから皮肉を述べたのである。これに対して、彼のほうも本心を枉げて応対するとともに、この問答を伝えることによって溜詰昇格を望む家中を安堵させようとしたのであろう。また、この時に西丸下の久世家の屋敷を与えられて彼はここに移り、定邦は木挽町の中屋敷から八丁堀にもどり、木挽町の屋敷は収公されることになった。

水野為長の情報収集

以後、定信は側近のうち、糀町に住んで藩邸に通勤している水野為長に対して、人事や施策に資するために、役人や政策についての風聞を収集して報告させている。また、信頼の厚かった町医師の目黒道琢も、毎晩のように訪れて世上の情報を伝えている。

同僚に意見書を提出

当時の老中のうち第二座の松平康福以下、牧野貞長・鳥居忠意《ただおき》・水野忠友・阿部正倫《まさとも》はすべて田沼派であったため、定信は彼らに対して意見書を提出している。

そこでは、幕府の賞罰が厳正でなかったために、民衆が幕府を信頼しなくなり、法令を無視したり政治を批判するなど増長してしまったと危機感を表明している。そのため、老中自身が法令の遵守を率先垂範するとともに、賞罰を厳正に行う必要性を唱えている。そしてこれに関して、老中やその家臣が表向き以外の進物を拒むべきことともに、着服のみならず招請や祝儀の際の饗応までも、質素にすべきことを提案している。

このほかに、目付やその配下の徒目付《かち》など駆使して探索させ、充分に情報を集めたうえで人事などを行い、また御用部屋では右筆《ゆうひつ》をあまり機密に関わらせないようにするとともに、人選にも努める。さらに、御側御用取次は文書などを出納する役にすぎないので、清直な者を選ぶべきこと、なども述べている。

次いで六月二六日には、加納久周を御側御用取次の上座に抜擢している。これは、将軍側近の役人たちを監視しつつ将軍を教育するとともに、将軍のもとで情報収集にあたる御庭番を積極的に活用するためである。

七月朔日には、役人たちに対して将軍が職務への尽力を求めている。その直後には老中から、将軍が享保年中の施政を調べさせたうえ、歴代将軍の意思を継ごうとしている。そこで、奉公に努めて家政にも心を用い、質素倹約を重んじて世上の手本となるように達している。ここで、享保改革への復帰を挙げているのは、実は定信の意向にもとづくのであろう。次いで同月六日に定信は将軍から、勝手掛の水野とともに財政に関わるように命じられ、同一七日には本多忠籌を若年寄、それも勝手掛に登用している。

御三家と一橋治済が幕政に参与

定信はこののち、老中間で評議を行ったうえ、要職の人事や施策に関しては御三家と一橋治済に対して諮問している。しかし、寛政元年一〇月に病気がちであった紀州家の徳川治貞が死去すると、同家は幕政参与を中止する。また、御三家としてもこの頃には、自領内ばかりか、江戸でまで起きた打ちこわしに対して戦々恐々としていた。そのため、早急に幕政改革を断行する必要性を痛感していただけでなく、幕政改革が自らの藩政改革の追い風になることから、会談を催したり書状を取り交わして協議を重ねている。御三家が幼年の将軍を補佐した先例は、四代将軍家綱の時にあったが、人事や政策決定にまでは関わらなかったといわれる。

定信にとっては、御三家が参与することにより、幕府の方針を大名たちに浸透させることや、政策の決定に際して幕府内の異論を封じ、さらに治済の政治的影響力の増大を抑止することが容易になるのである。幕政はこのような異例の方法により運営されたが、七月に彼は尾水両家に対して、今後の勤務実績を条件にして、将来の大老昇進、または溜詰昇格などを求めて了解を得ている。

松平定国の妨害

ところが、松平定国は実弟の定信と不和であったところへ、自身の幕政参加が叶わなかったため、定信の入閣直後から定信の家臣を呼びつけて人事や施策などを批判し、定信の辞任、または自分の入閣をめざしていた。そこで、御三家と一橋治済は改革の支障となることを恐れて、定国の隠居を企てている。しかし、定信が弟の立場から反対したため、湯治を名目にして定国をしばらくの間在国させている。

四　田沼意次に対する追罰と将軍補佐就任

田沼追罰の趣旨

尾水両家は、天明七年八月に田沼に対する追罰の趣旨について文書を作成している。これによれば、追罰にはまず前将軍家治の名誉を守りつつ、打ちこわしを起こしたような民衆の反感が、現政権に向かうのを逸らすため、前政権に全責任を負わせる狙いがあった。次に賞罰厳正のいわば象徴的措置として、世上の怨嗟の的である田沼を処罰して幕府の威光を示す。それにより、世上を幕府に心服させて法令を遵守させ、米の買占めなどの悪辣な行為の発生を予防する狙いがあったのである。こうして、幕府は失墜していた公儀としての権威の回復をめざしたのである。

定信は追罰について、老中たちとの評議に先だって本多忠籌と内談している。その結果、田沼の身柄を預けて詮議することを望むものの、そうすれば汚職の蔓延していた官僚組織から、多数の者が連座して政治運営に支障をきたすため、田沼一人に罪を負わせることを内定している。これは、多数の処罰者が出ることによる政治的空白に乗じて、打ちこわしが再発したり、田沼の改易により彼を重用した将軍家重や家治の名誉が汚される。さらに、治済ばかりか定信自身も、詮議の過程で田沼に対する贈賄が露呈することなどを、恐れていた可能性がある。

次いで、九月一五日には定信が徳川治保に対して、今年が豊作となることが判明した。今後は改革に本格的に取り組み、来年一年で黒白をつけたいとして、政治主導権の付与を求めている。その結果、二〇日に将軍から財政の取り締まりなどの取り決めを、存分に行うように命じられ、これを公的な根拠にして具体的な追罰案を作成している。その一方では九月一一日に、大老の井伊直幸が病気を理由に辞任している。

追罰の内容

定信は一〇月朔日に、尾水両家に対して追罰に関する将軍の趣意書、およびそれをもとに作成した田沼父子に対する申し渡し案について諮問している。そして、翌二日に老中で評議した結果、申し渡し案のうち意次本人宛てのものは、「在任中に不正の取り計らいをしたことが追々将軍の御聴こえに達し、重々不埒のいたりであると思し召された。すでに、御先代の御病中に御聴こえに達して、御沙汰もあったことであるから、二万七〇〇〇石を没収する。そして隠居を命じるので、下屋敷で蟄居して、きっと慎むように」と改訂している。

さらに、嫡孫である龍助（意明）宛てには、一万石を与えて家名を存続させるとある。

そのうえ、原案にあった「追って所替を命じる」という部分を、「遠州相良城を召し上げる」と、大名権力の象徴的存在である城の接収という衝撃的な表現に代え、より厳しい姿勢を誇示している。

享保（一七一六－三六）以後の大名に対する減封率を、改易されたり旗本に降格させられた場合を除いて比較すると、田沼に対する前年の処罰の場合は約三五％と、それまででももっとも高かった。ところが、今回は約七三％であるうえ、彼が安永八年に竣工させて九年しかへていない相良城を没収し、隠居までさせ、改易を避けつつできる限り厳しい姿勢を印象づけている。

相良城の破却

定信は、右の申し渡しが済んだあとに相良城の破却を決めている。そして、田沼家から城に貯蔵されている八万両のうち、一万三〇〇〇両と塩・味噌を備蓄用の名目で供出させ、のちにそれを破却費などに充てている。結局、破却は翌天明八年二月に完了し、龍助は陸奥の信夫郡と越後の頸城郡のうちに計一万石を与えられ、陸奥信夫郡の下村に陣屋を設置している。ところが、痩せ地のために収穫は六〇〇〇石ほどであったといわれる。大名の処罰が絡んだ城の破却は、将軍綱吉の治世である元禄八年（一六九五）の大和松山城と飛騨高山城以来、実に九二年ぶりである。これは、不正蓄財により築かれた城を破却することにより、世間の支持をさらに獲得するとともに、投機的な行為や賄賂を抑止しようとしたのであろう。

追罰の影響

さて、追罰は積年の恨みが晴らされたとして世間から大歓迎された。それだけでなく、尾水両家の定信に対する信頼を強固にし、さらに大奥や将軍の日常生活にまで質素倹約を求めやすくした。そのうえ、田沼派の老中たちを畏縮させることによって人事の刷新に拍車をかけている。すなわち、追罰の直後には大坂町奉行や前勘定奉行、京都所司代らを罷免し、一二月四日には水野忠友が勝手掛を辞したため、それを牧野貞長に担当させている。次いで、翌天明八年二月二日には松平信明を側用人に任用する一方で、二九日には阿部正倫が病気を理由に辞任している。

一方、定信は改革をより強力に推進するために強権の付与を望んでいる。そこで、将軍の自分に対する信頼を示す、①大老就任、②少将昇進、③拝領物の下賜のうちの、いずれかの実現を御三家と一橋治済に求めている。これは藩内に対しては、大老や少将就任は〝常溜〟の井伊家に並ぶことになり、御道具拝領は将軍の信頼を誇示できて、溜詰昇格を望んでいる定邦や家中を慰撫できると踏んでいたからであろう。

ところが、これに対して尾水両家は、①は老中就任後間もない、②は老中では前例が

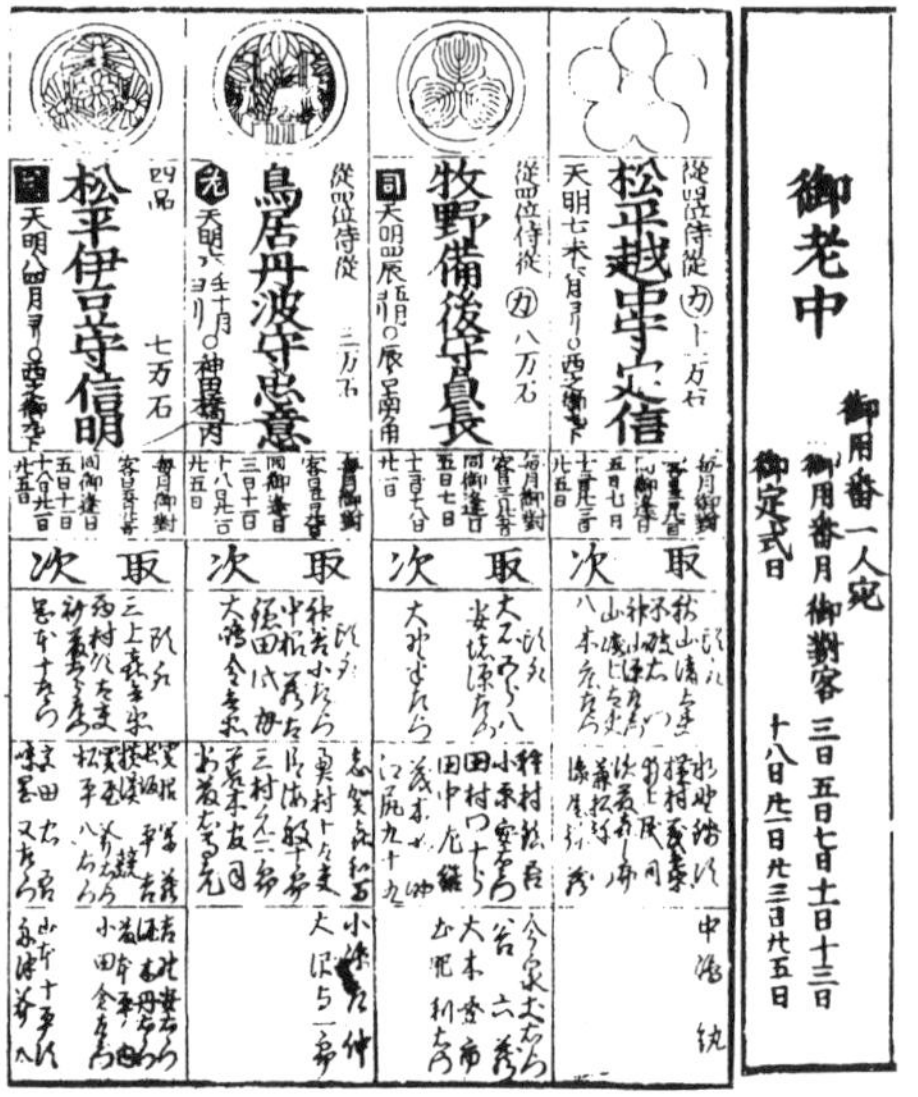
御老中
御用番一人宛
御用番月御對客 三日五日七日十日十三日 十八日廿一日廿三日廿五日
御定式日
松平越中守定信
牧野備後守貞長
鳥居丹波守忠意
松平伊豆守信明

「武鑑」天明８年

ない、③では処遇が軽すぎるとして、すべてを却下している。このほか、大老格に任じて勤め方は従来通りとする案もあったが、それでは現状とさして変わらないとして否定され、本人も肩書きだけで実権がないとして拒んでいる。そこで、定信の将軍家斉に対する関係が、家綱と保科正之とのそれに近いことを考慮したのであろう。将軍が彼の出精を賞して御道具を下賜したうえ、老中を勤続させるものの月番は免除し、「諸事御政務筋を御輔佐申し上げさせる」という案が出され、本人も受諾している。

将軍補佐に就任

その結果、三月四日に彼は将軍補佐に任命されて、「今後は、遠慮なく万端について申し上げるように」と命じられた。この結果、政務のほかに当時一五歳であった将軍の教導をも管掌したため、御庭番を名実ともに掌握することになった。これに対して彼の家臣たちは、将軍補佐を大老よりも重職であると捉え、「これにより主君の御威光が増し、町方などでは公方様になられたと評判している」と、国許に伝えている。

そして、このたび強権を握ったことにより、直後の二八日には水野忠友、四月三日には松平康福をそれぞれ罷免し、翌四日には松平信明を老中に進めている。四月一六日には、事務の合理化に名を借りて、各役人から提出する書類に、辞任した老中の名前を記す場合、在職中に死去した者のみに殿文字を付けさせ、婉曲的に田沼一党の名誉を毀損させている。

改革批判の出現

ところが、世上においては天明八年頃から次第に、改革を批判した落書や落首が現れはじめている。たとえば、四月頃には「ちいさい物ハ西丸下の雪隠と申候」という風刺が流布している。これは、西丸下の屋敷にある定信の便所が小さいのは、彼の尻の穴が小さいから、すなわち狭量であるという意味であろうか。

一方、幕府は療養中の田沼を監視下に置いてきたが、医師の往診を緩慢に行わせて、七月には死にいたらせている。そのうえ、葬礼に対する民衆の投石を黙認して、人々の改革に対する不満を田沼に対してぶつけさせようとしている。そして、同月には金森頼錦の子である頼興と、本多忠央の養子である忠由を、ともに旧家であることを理由にして、召し抱えている。これは、田沼政治の否定を世間に誇示するとともに、本多一族のこれまでの自分に対する恩に報いようとしたのであろう。しかし、九月にはある幕臣が京都に出張中の幕臣に宛てた書状のなかで、江戸では三味線が禁止されたも同然であるため、芸能関係者には仕事がない。また、財務関係の職に武術や儒学に秀でた者を任じたため、役に立っていないと手厳しく批判している。

田沼龍助から莫大な金額を没収

そうしたなかで、九月下旬に幕府は田沼龍助に対して、御手伝普請という名目で出金させている。御手伝普請では通常は、河川名を示したうえ、出金額は一万石当たりほぼ一二〇〇–一五〇〇両で、平均すると約一四〇〇両である。このたびは普請の場所を示さないうえ、金額は通常の約四三倍に相当する六万両である。ところが、田沼意次が死去したうえ蓄財もほぼ没収し尽くし、殿文字を省略させたり、黄表紙に批判させる以外に田沼家を叩く方法がなくなる一方で、改革への不満が徐々に高まっていったのである。

将軍と老中の心得書を作成

翌一〇月に定信は将軍に対して、一七ヵ条からなる「御心得之箇条」を作成して献上している。同時に、老中に対して一九ヵ条からなる「老中心得」を作成し、彼らの行動基準を定めている。そして、これらを日光と紅葉山の両東照宮に奉納しているが、これは自藩において「養子心得」などを作成し、御霊屋に奉納して権威づけを図ったことに倣ったのであろう。なお、この年には財政や人材の登用など、政治について論じた「政語」を著している。

記録と日記を整備

ところで、奥右筆は老中や若年寄に対して願書などの先例を調べて報告するだけでなく、その当否の判断をも示すことがあった。そのため、大名たちは御手伝普請などの回避、または幕府人事などに関する機密情報の入手を図って贈り物をしていた。そこで、これを改めるだけでなく、記録の充実をめざし、天明八年一二月には奥右筆見習を新設するとともに、世襲的な任用を改めて、能力主義にもとづいて他の職から多数を充てている。

さらに、役人に業務の引き継ぎを円滑に行わせるだけでなく、情報の漏洩を防ぐ必要があった。そこで、寛政元年（一七八九）七月には転役や辞任などの際、すべての書類を前任者から同僚を通して後任に引き継がせている。さらに寛政三年頃には日記の整備にも努めている。このうち日記の整備は、幕府の従来からの方針を継承しているが、記録の整備のほうは自藩における施策に倣ったのであろう。

第三　幕政改革の展開

一　経済政策

同僚宛て意見書の内容

定信は江戸での打ちこわしを通して、幕藩制国家の危機を痛感している。そこで、老中に就任直後の天明七年（一七八七）六月に同僚に示した意見書のなかで、上述したほかに次のようなことも記している。

① 天明三年から凶年が続いて民衆が困窮していたうえ、当年も米が不足したため世上が不穏になった。しかし、幕府では一〇ヵ年前から郷蔵に蓄えるべき米を、金銭に代えさせていたため、非常時の備えが不充分になっていた。こののち災害が発生すれば、人心がいっそう不穏になり、外国がそれに乗じて長崎・対馬・松前あたりで事を起こしかねない。

② 将軍が民衆を御武威により押さえようとしても、同時に御恩恵を与えないとその

効果がないが、今の幕府には飢饉対策に充てる米が乏しい。こののち備荒貯蓄を整備する必要があるが、当年は年貢収入が減少する見込みである。そこで、商人に御用金を賦課するか、大名に上げ米を上納させ、幕府自身も徹底的に倹約すべきである。

③　天下の貨幣は、もともとすべてみな幕府のものであるのに、民衆がそれを自分のものと思い込んだことにより、融通しにくくなっている。これは「下」（民衆）の勢いが「上」（幕府や武士）を凌いでいる現われである。

江戸打ちこわしの背景

彼は、庶民の勢力増大と幕府や武士の衰退が、幕府の公儀としての権威を失墜させた、江戸打ちこわしの背景に存在していたと見ている。そのため、こののち武士に対しては武芸と学問を奨励するとともに、棄捐《きえん》令を発して経済的な支援を行う。一方、庶民に対しては、備荒貯蓄の整備や農村復興策の実施など、「仁政」とされるような政策を講じてゆくことになる。

倹約令の目的

次いで天明七年八月四日には、田沼政権が命じていた倹約令の途中であったが、新たに寛政元年（一七八九）まで三年間の倹約を命じている。倹約令には幕府財政が逼迫したこともあるが、ほかに次のような理由があったのである。

「物価論」の内容

すなわち、彼は寛政元年に著した「物価論」のなかで、諸物価が高騰する原因を次のように見ている。まず、金銀銭の相場の不釣り合いであり、次に生産者の減少と消費者の増加などである。その際、食料である米の値段が諸物価に影響をおよぼしている。米価が騰貴したのは、商人が米価を操作したり、米を酒造などに消費したり、さらに米の生産が停滞しているためである。そして米の生産が停滞したのは、まず農民が都市に流出したり、農業以外の職に就く者が増えたことにより、手余り地が増えたり、農業に精を出す農家が減ったためである。さらに、年貢が重いことなどにより作付面積が減ったり、あるいは商品作物の栽培が増加したことも原因である。その一方で、生活全般が奢侈となったことにより、物を作らない町人が増えたり、生活必需品の消費が増えたり、商人が利益の計算に聡く、利益をえるためにあらゆる知恵や手段を用いる悪い風潮を生み出しており、すべての物価騰貴をもたらした根源は奢侈であるとする。

そこで、彼は幕府の支出を節減するとともに世上の奢侈を抑えるため、倹約令を厳しく遵守させるだけでなく、風俗統制をも進める。しかし、その一方では備荒貯蓄の整備に努め、本百姓体制を再建して農村を復興することにより、米穀の生産量の増加を図るのである。

ところで改革の開始当初、幕府に対して上書する者たちがいたが、そのなかでは南鐐《なんりょう》二朱判《にしゅはん》を鋳造したことや、多くの株仲間を結成させて運上金を徴収したことが物価を騰貴させたとして、それらの廃止を求めている。しかし定信は株仲間に対しては、物価の調整とともに運上金の上納にも期待していた。そのため、改革開始当初に株仲間と運上金をごく少数のみ廃止したにとどまり、ほかは存続させている。

株仲間を大部分存続

一方、彼は天明八年正月二日に江戸の霊岸島にある吉祥院の歓喜天に対して心願している。その内容は、米穀の流通が活発化して騰貴しないことにより、下々が安堵する。それとともに、金銭と米穀とが円滑に融通して、将軍の御威信と御仁恵が下々にまで行き届き、幕府の中興が実現することである。次いで三月には白河の御霊屋に対して、政治の基本方針が享保期のそれに復すとともに、幕閣に賢良の者が揃って賞罰が厳正に行われ、さらに「金穀の柄」すなわち、金銭と米穀の流通をコントロールする力を幕府が握ることにより、備蓄が整って中興が成就するように願っている。

「金穀の柄」の奪還を企画

このように、幕府としては商業資本から米穀と貨幣の相場をコントロールする力を奪い返そうとしている。しかし、それには莫大な資金や専門的な知識が必要であり、当時の幕府は財政が窮乏していたために、それを一部の大商人を利用して行わざるをえなか

勘定所御用達を任命

ったのである。

そのため、幕府は田沼期に利用してきた門閥特権商人に対しては、天明八年一〇月に御用達への前貸しを中止するなど厳しく対処している。その一方で同月には、御用金を拠出させて長く経済政策に関わらせるために勘定所御用達を新設し、まず三谷三九郎ら六名を任命している。続いて寛政元年九月には三名を追加し、頭取には三谷を充てている。その際、ここには世間から反感を買っていた米商人や札差は加えず、大名貸を営んで江戸中期以降に台頭した豪商を中心に任用している。

南鐐二朱判

しかも、江戸に住む者のみを充てているのは、上方市場に対する江戸市場の地位を相対的に引き上げようとしていたためである。それは、定信が当時商品の多くが生産力の高さなどによって、西から東に流れて下り物と呼ばれて尊ばれ、逆に多額の貨幣が東から西に流れていたことを憂いていたからである。そして、この目的を達成するために南鐐二朱判の西国筋や中国筋への流通を促し、金本位による統一的な貨幣市場をつくろうとしている。さらに、関東など江戸周辺地域で産出される、地廻り物と呼ばれる商品の生産発展を図っている。すなわち、寛政二年八月には武蔵と相模の酒造人一〇名に対して、上方のものに匹敵する上質の酒を試造させて、江戸で直売させている。その一方で、寛政四年からは江戸に入津する下り酒の検査を行い、入津量を抑制しようとしている。

勘定所御用達の業務

さて、勘定所御用達には次のような業務を担わせている。すなわち、天明八年四月には南鐐二朱判の鋳造を停止して丁銀《ちょうぎん》の増鋳を命じている。そのうえで、一二月には彼らに御用金を出させて、その一部は皇居の再建費に充て、そこに含まれる南鐐二朱判を丁銀に改鋳させることにより、南鐐二朱判の流通量を減らして丁銀を増やしている。これは当時銀高であったなかで、銀相場を引き下げることにより諸物価の安定を図ったのであるが、その一方では南鐐二朱判そのものの永代通用を保証している。

次いで寛政元年からは、米価を調節するため彼らに買米を行わせているが、彼らがそれの売却益をえることを認めている。また同年には、以前から収入を運用するために行ってきた公金貸付を継承し、彼らに貸付を行わせて毎年利金をえ、それにより赤字財政の補填に努めている。その際、彼らはこれに乗じて自己資金をも貸し付けて多くの利益をえている。

さらに寛政二年には、棄捐令により打撃を受けた札差に対して融資するため、猿屋町会所を設置している。そして、幕府は貸付資金の一部のみを拠出し、彼らには大部分を出金させたばかりか運営をも行わせ、代わりに利金の半分前後を取得させている。

そのうえ、寛政四年には彼らに町会所の運営を任せている。同所の貸付業務に際しては、幕府が拠出した下げ金と町人からの積金だけで不足した場合は、自己資金までも貸し付けることを認めている。なお同所が担った米価の調節に際して、米穀の購入や売却などは米商人から任用した廻米納方御用達（米方御用達）に担当させている。

田沼政権の経済政策をほぼ継承

このように、幕府が改革において講じた経済政策は、株仲間や冥加金、南鐐二朱判、公金貸付など、実は田沼政権のそれを継承したものが多かったのである。そして、経済政策を推進する際の資金は勘定所御用達に、米の売買の技術は廻米納方御用達に、それぞれ依存している。その結果、彼らは定信の辞任後も幕府との結託を続けてゆく。

ともあれ、定信は藩政において御用達や御内用達に任じた豪農商たちの経済力に依存してきた。その経験を踏まえ、幕政においては商業資本の多方面への活用をめざしたのであろう。また、とくに俵屋との関わりを通して、上方商人の経済力の強さを実感していた。それもあって、上方市場に対する江戸市場の地位の引き上げを図る必要性を痛感していたのではなかろうか。

二　農村対策

財政再建をめざす

幕府では、天明の飢饉により年貢収入が減少したばかりか、収奪の強化に対して農民から激しい抵抗を受けている。そのうえ、将軍の葬儀などにより臨時出費が増えたこともあって、備蓄金が激減している。そこで、財政窮乏と民衆蜂起の激化のさなかに入閣した定信は、民衆蜂起を予防するとともに財政の再建をめざしている。

勘定所機構の刷新

そのため、財政を統轄している勘定所機構の刷新に着手している。まず、田沼政権の経済政策の推進者であり、不正の噂が絶えなかった元勘定奉行の松本秀持《ひでもち》および赤井忠皛《ただあきら》とともに、勘定所職員を多数処罰している。次いで、天明八年（一七八八）三月には勘定奉行に対して、部下の意見を封書により提出させて、現場の把握や奉行の牽制、さらには職員の不満の解消を図っている。九月には柳生久通を町奉行から勘定奉行に抜擢し、財政政策を推進する際の主軸として重用するとともに、目付による勘定所に対する監視を強化している。

また、勘定所を中心とした財務関係の役人には、無能にもかかわらず縁故により就職する者や、御家人から旗本に昇格する機会が多かったため、その手段として職務を利用する者が多く含まれていた。しかし一方では、就職難に対して不満を抱く無職の幕臣たちを、懐柔しつつ人材を育成する必要もあったのである。

そのため、それらを同時に実現するために、寛政三年（一七九一）一二月には〝家格令〟を発している。これは、御家人から旗本への昇格後、三代目は御家人に戻すものの、きわだった功績を残せば、永代にわたって旗本とする。また、就職難に苦しむ小給の者が望めば、家格を据え置いたまま、下の家格の者が就く役に任用するなどという内容である。

代官と郡代の刷新

さて、徴税と民政を担当する代官と郡代のなかには、田沼政権のもとにおいて、年貢の増徴に狂奔したばかりか、高利貸と結託した者も存在していた。さらに、農民の撫育を怠っていたことから没落する農民が増え、そこへ飢饉が起きて農村がいっそう荒廃していた。

そこで、農政を刷新するため、代官九名および美濃笠松と飛騨高山の両郡代を、多額の負金があったり、手代の不正を放置したことなどにより処罰している。このほか、豊後日田の郡代は病気を理由にして辞任しているものの、内実は引責辞任である。また、関東において強い影響力を保持し、江戸打ちこわしの直後には窮民の救済に努めていた関東郡代の伊奈忠尊《ただたか》を、家中の騒動を機に改易している。そして、勘定奉行の久世広民に関東郡代を兼任させ、久世のもとで代官五名に支配地を分割管理させている。このほかに二〇名ほどの代官が、転任などにより退いた結果、代官所に定住している世襲の者を除くと、代官・郡代のおおよそ四分の三が入れ替わっている。

幕領支配の強化

これに対して、代官に新任した者のなかには儒者である岡田寒泉（恕）や、御家人である寺西封元《たかもと》らのように、異例の抜擢を受けた者を含んでいる。

さらに代官に対しては、職務を手代任せにしないで、自ら支配地を視察させ、その際には村々の負担を減らすように努めさせている。そのうえ、寛政二年には代官の属吏として、手代とは別に御家人身分の代官手付を設け、御家人や手代を任命している。これは、手代が代官に個人的に召し抱えられ、不正を行いがちであったことから、手代を牽制するとともに、御家人の就職難を緩和しようとしたのである。

また関東の幕領においては、代官は江戸にある役所で勤務しながら、遠く離れた支配地を管理し、陣屋に居住して支配を行ったのは原則的には伊奈氏のみとなっていた。そこで、農村荒廃の激しい北関東に対しては、まず寛政五年六月に上野岩鼻、のちには下野吹上や同じく藤岡に、それぞれ陣屋を新設している。そして、勘定所の方針を支配地に浸透させるとともに、ほかの代官を牽制するため、勘定所職員である支配勘定らを、二名で一組にして着任させ、代官の業務を担わせている。

一揆対策

一方、定信の入閣直後の天明七年一一月以降、米価が騰貴するなかで酒造制限令に違反した酒屋や穀屋に対する一揆が全国各地で起きている。そのため、翌八年正月には全国に対して、切り捨てを許可するとともに、幕領から大名へ出兵を依頼するなどして対処させている。これは、前年の江戸打ちこわしにより失墜させられた幕府の権威を回復するため、強い姿勢を示したのである。次いで、一二月には質素倹約を求めつつ、農業の合間に商業に携わることを禁じ、寛政三年九月には菜種などを除いて商品作物の栽培を制限している。

備荒貯蓄の整備

この間には、農村における備荒貯蓄の整備にも努めている。まず寛政元年正月には幕領に対して、村々が組合をつくり、郷蔵を設けて貯穀を行うように命じている。実は、これには豊かな農民に拠出させた多量の穀物により、中下層民を救済させ、農民間の対立を緩和する狙いもあったのである。さらに九月には大名に対して、上げ米は大名も困窮しているので断念する。代わりに、翌年から五年間にわたり一万石につき五〇石の割合で、米を保存のきく籾で貯える囲籾《かこいもみ》を行わせ、幕府もそれを同じ割合で行うと達している。同時に、旗本に対しては囲籾を行うように勧めている。次いで一二月には、拝借金は不作が続いたことから額が増えて返済が滞っている。そこで、三〇ヵ年賦により延納させるものの、困窮の激しい陸奥・常陸・下野においては、一〇ヵ年据え置いたのちにそれを適用する。そして、今後は夫食や種籾代などの拝借は簡単には許可しないと達している。翌寛政二年一〇月には、郷蔵を四―五年のうちに設け、凶作があっても半年間は生存できる量を蓄えることなどを命じている。このように、幕府は備荒貯蓄の整備を進めつつも、貯穀の拠出を豊かな農民に転嫁し、拝借金の貸与を抑制しようとしたのである。

惣代庄屋の統制

他方、寛政元年正月には惣代庄屋（郡中惣代）を、村々からの出願にもとづいて代官が任命し、一―二年の任期制とすることを通達している。惣代庄屋は、数十ヵ村の庄屋たちから代表を任され、法令の村への伝達や年貢の輸送費の統轄などを行っていた。ところが、天明の飢饉に際して年貢の減免闘争を組織していたために、統制を図ったのである。しかし、効果が乏しかったため、寛政五年頃からは取締役を設けて有力な地主などを任じ、治安維持や風俗矯正など行わせたばかりか、農民の救済を転嫁している。

また、農民の負担を軽減するため、年貢米の幕府の米蔵への納入を請け負って手数料をえてきた納宿《おさめやど》を、大坂においては寛政元年九月に廃止して村方から直納させている。江戸においては寛政二年九月に廃止したうえ、米商人から「廻米納方引請人」という名で数名を任用し、実直に営業するように命じている。さらに、寛政三年からは年貢増徴に関する通達をたびたび発しているが、民衆の反発を恐れて彼らを納得させながら徴収を図っている。

農村の復興と公金貸付

農村の復興を目的として公金貸付のなかに、「荒地起返《おこしかえし》ならびに小児養育御手当」を設けて多用している。これは、代官から大名領や旗本領などの私領において地主経営を行っている豊かな農民に公金を貸し付け、利金を幕領の困窮した農村の救済に充てるのである。一例として寺西封元《たかもと》の場合を挙げると、彼は寛政四年に代官に任命されて陸奥の塙《はなわ》陣屋に着任し、陸奥と常陸の荒廃地を多く含む村々を支配している。翌五年七月には近くにある私領の農村に対して、幕府から預かった五〇〇〇両を年利一割で貸し付けている。そして、そこからえた毎年五〇〇両の利金を、支配地における小児の養育や荒地復興・帰農・困窮農民の救済などに充てることを許されている。

こうして、寺西は小児養育金を支給したほかに、離村した者などに農具代などを与えて帰農させ、また他国からの入百姓も行っている。この時期には、彼のように陣屋において長期間にわたって勤務して農村の復興に努め、〝名代官〟と評された者が多数現れている。

財政再建の実情

さて、定信は「宇下人言《うげのひとこと》」のなかで、明和頃の財政状況への復帰をめざし、それは辞任後の寛政一一年頃に一応実現した。これは、倹約と「御勝手御改正」などの成果であると述懐している。このうち「御勝手御改正」とは寛政三年に実施した、当年の年貢金を同年中に支出することを禁じるとともに、貯蔵金の分類や名目などを改めた「御勝手向御繰合仕法御改正」を含む措置のことである。そこで財政状況を見ると、田沼時代の明和七年に三〇〇万両台に達していた貯蓄は、定信が入閣した翌年である天明八年には八〇万両台となっている。しかし、定信が辞任したあとの寛政一〇年には、彼の主張とは異なるものの一〇〇万両台まで回復している。

とはいえ、倹約令は経常収支における支出の削減には効果があったものの、御所造営費などの臨時収支にはそれほどではなかった。また天明六年に激減していた年貢収入や年貢率は、寛政期になるとやや上昇している。結局、臨時支出の多くを御手伝金と上納金という形で大名に負担させた結果、財政が改善したことになる。また、農村復興費も実質的には私領の豊かな農民に負担させているのである。

三　都市対策と情報・思想統制

町奉行所の視察

定信は山村良考《たかひろ》の孫で当時町奉行であった良旺《たかあきら》から、年月日不明の書状を送られている。そこには、当月は非番のために裁判が少ないので、傍聴の可否は不確実であるが、裏門から入って内玄関から上がってほしいとある。ここから、定信は打ちこわしのさなかに無力化していた町奉行所を統制するため、おそらく入閣直後に視察を企てたことがうかがえる。

米の流通量を調整

その一方では、全国の都市における食料米の確保に努めている。すなわち、天明七年（一七八七）六月二九日には酒造制限を以前よりも強化して、米の消費を制限するとともに、江戸では勘定所御用達を用いて米穀の融通を促進させている。しかし、のちに米価が下がると、寛政元年（一七八九）二月には彼らに買米を行わせて、価格の引き上げを図っている。

さらに、都市における備荒貯蓄の整備にも努めている。まず、幕府は大坂において寛政元年三月に、自ら経費を負担して天満川崎に土蔵を設け、米や雑穀を蓄えるとしつつも、有志に対して金や米の拠出を求めている。京都では天明八年の大火直後の二月に、米と銀を貸し付けて翌々年から米で返済させ、それを町の囲籾に充てさせると達している。さらに六月には、米の買占めを行った近江屋忠蔵から没収した財産を売却し、その代金の大部分を低利で貸与する。そして、残りで土蔵を建てて米穀を蓄え、金利の九割は備蓄用の米穀の購入に、残りは土蔵の修理などに充てると触れている。このほかに長崎や伊勢山田などでも囲籾を行わせている。

物価引下げをめざす

ところで、定信は寛政二年正月に、享保改革において浪人が緊縮政策をはじめとする諸政策を批判して投書した「山下幸内上書」を、同僚に読ませて感想を求めている。その直後に、彼は自らの意見を述べつつ、前年に著していた「物価論」を読ませ、その内容に対して賛同をえている。そのうえで、同書に記した理論にもとづいて、物価引下げ令や旧里帰農（奨励）令などを発していく。

このうち物価引下げ令は、とくに江戸における諸物価の高騰に対処することが目的であった。そのため、二月に勘定奉行の柳生久通らを諸色掛に任じ、仕入れ・問屋・仲買・小売それぞれの価格を全国的に調査させてから、都市の問屋仲間に引き下げさせようとしている。しかし、当時は江戸や大坂の株仲間に加入していない商人や農村の在方商人の活動により、株仲間が価格を統制できなくなっていた。そのうえ、問屋らが調査に抵抗している。そこで、定信は物価引下げの手段として立案された、江戸の七分金積立のほうに関心を移してゆく。

江戸の町入用を節減

すなわち、彼は寛政二年四月に諸色掛に対して、江戸において地主が納める町入用《ちょういりよう》を削減する。そうすれば、地主が喜んで地代と店賃を下げ、そうなれば店借も喜んで物価を下げ、すべての人が喜ぶと述べている。そのため寛政三年四月には「町法改正」を命じ、これにもとづいて各町から町入用の節減を申告させている。しかし、幕府は備荒貯蓄の整備を重視して、地代と店賃の引下げは断念し、積金の増額を指示している。一二月には年番名主らに対して、町入用の減額分である三万七〇〇〇両のうちの七〇%を、備荒貯蓄のための積金として出金するように命じている。そして、残りのうちの二〇%は地主の手取り分、一〇%は町入用予備費とさせている。次いで、寛政四年正月には勘定所御用達に対して積金の取扱いを命じ、向柳原に米蔵とそれを管轄する町会所を置かせている。

町会所の業務

町会所の業務は、社倉米の購入や保管、窮民に対する救済手当の支給、困窮した地主への貸付、貯蔵する米の売買による米価の調整である。そして、五月から救済活動をはじめているが、この七分金積立の法にもとづく救済が、天保期に江戸で大規模な打ちこわしが起きなかった一因とされている。なお、京都でも寛政三年八月に町入用の節減項目が各町に申し渡され、大坂では寛政五年二月に各町に対して、町入用の節減高を報告するように命じている。

奢侈を抑制

一方、定信は倹約令と風俗統制令を重視し、奢侈的な消費の抑制を図っている。すなわち、江戸では天明七年一一月に料理茶屋や茶店などにおける売春を禁じている。寛政元年一〇月には隅田川の河口部にあった中洲を、水行の妨げになるとして撤去している。ここには、多くの茶屋があり売春が盛んであったから、真の狙いは風俗の矯正や奢侈の禁止にあったのである。

この間の寛政元年三月には、奢侈品の製造や仕入れた奢侈品の来年以降の売買などを禁じている。寛政二年二月には華美な雛人形の販売者を、一二月には銀製のキセルなどの販売者を、それぞれ処罰している。寛政三年二月には、華美な箔類の団扇や紙煙草入れの製造を禁じている。

また、寛政三年正月には湯屋における男女混浴などを禁じているが、これは風俗の矯正だけを狙ったものではない。職人や小商人が住んで銭湯が多く、打ちこわしを起こしかねない者たちも住んでいた地域の、統制も目的としていたのである。さらに大名家において、幕府や他家との連絡や調整などを担いながらも、遊興に耽ってきた留守居の組合を、寛政元年九月に解散させている。

定信は「宇下人言」のなかで、倹約令や風俗統制令を発令すると江戸の景気が悪化し、零細な商人や職人ばかりか無宿や博徒までが困窮する。それにより、武家や町方の奉公人や帰村者が増えれば、江戸において奉公人の給金が下がり、農村では就農する者が増え、手余り地が復興して生産量が増加する。その結果、生産と消費の釣り合いがとれて物価が安定し、領主も農民も豊かになることにより職人と商人も潤い、江戸が再び繁栄する、と予想している。しかし、倹約令や風俗統制令を頻発したため江戸が不景気になり、市民から強い反発を受けたため、各種の法令を乱発することになったのである。

出稼ぎ奉公制限令

これまで、農村から江戸などの都市に多くの人口が流入したため、農村では労働力が減少して手余り地が広がり、年貢収入が減少していた。これに対して、江戸では人口が増加したものの、打ちこわしが発生したばかりか犯罪が増加していた。

そこで、天明八年一二月には農民の江戸への流入を抑えるため、出稼ぎ奉公制限令を発している。ここでは、人口の減少がはなはだしかった陸奥・常陸・下野を対象にしている。そして、奉公稼ぎに出る際に幕領では代官、私領では領主の許可をそれぞれえさせ、手余り地のある場所から奉公稼ぎに出ることを禁じている。

人足寄場の設置

また寛政二年二月には、隅田川の河口にある石川島に人足寄場を設置している。実は熊本藩では宝暦年間に、追放刑を受けた者は新たな地で犯罪を起こしやすいため、それを原則として徒刑に切り替えていた。そして罪人に対して、眉毛を剃って〝眉なし小屋〟に収容し、土木工事などをさせつつ更生を図っていた。そこで定信がこうした施設の設置を立案したところ、火付盗賊改として凶悪犯罪の摘発に努めていた長谷川平蔵が、具体案を上申している。それにより設置が実現し、長谷川を運営にあたらせているが、寛政四年六月には寄場奉行に引き継がせている。定信は長谷川について、「利益を貪るために山師のような悪行をすると人々が悪く言うが、そうした者でないとこの事業は行えない」と評している。

人足寄場には、打ちこわしを起こしかねない無宿などを収容し、職業技術を教えて働かせ、休業日には心学者による講話を聴かせ、更正すれば貯えた労賃を与えて釈放している。なお、人足寄場は常陸の筑波郡上郷村にも設けられ、石川島から送られてきた無宿などを収容し、周辺の荒地を復興させている。

旧里帰農（奨励）令

次いで、寛政二年一一月には旧里帰農（奨励）令を発している。これは、江戸に流入した者のうち帰農を望む者に対して、寛政四年までに申し出れば旅費や夫食《ぶじき》、農具代を与えるなどという内容である。幕府内にはこうした法令や、倹約令や風俗統制令を多発することを危ぶむ意見があったため、彼はこれを同僚と評議したうえ、役人たちに諮問して原案を作成している。しかし、些細なことまで執拗に統制するという世評があったため、発令を逡巡し、ようやく発令している。ところが、効果が乏しかったことなどから、寛政三年一二月と寛政五年四月にも発している。結局、農村からの流入者は江戸の気楽な生活に馴染んでいたことなどにより、ほとんど帰農を望まなかったのである。

出版統制令

定信は、上述のように自ら戯作を書くほどであったから、文学の魅力や危険性を充分に把握していた。それに加えて、入閣時には瓦版を利用したり、上書を許すことにより、自分に対する世間の期待感を煽っている。天明八年の春頃からは、政治を素材とした黄表紙の刊行を黙認して、反田沼の宣伝に利用している。

ところが、寛政元年に老中の刷新を一応終了し、本格的な改革に乗り出すと黄表紙の統制に着手している。まず、「鸚鵡返文武二道《おうむがえしぶんぶのふたみち》」の作者である恋川春町や、「文武二道《ぶんぶにどう》万石通《まんごくどおし》」の作者である、朋誠堂喜三二こと秋田藩家老の平沢常富らを弾圧している。
次いで、改革に対する批判が高揚した寛政二年五月には、出版統制令を発している。ここでは、好色本の絶版のほかに、時世を風刺する黄表紙の出版や写本類の貸本の禁止、出版業者の相互吟味などを命じている。これは、政治批判とともに、蝦夷騒動など対外問題の人心への影響までも危惧して発しているのである。九月には出版前の改めと画中の改印の制度を定めている。

さらに、寛政三年三月には山東京伝を、洒落本の法令違反を理由にして、手鎖五〇日に処して本を絶版とし、版元である蔦屋重三郎の財産の半分を没収している。寛政四年五月には、後述するように海防を論じた書を出版していた林子平を処罰している。こうしたなかで、御家人で多岐にわたる文芸活動を行ってきた大田南畝《なんぽ》は、弾圧を恐れて活動を自粛している。

民衆の教化

幕府は、世上全体に対して文武や忠孝を奨励するため、編纂事業に着手している。まず天明八年一〇月には、民衆教化のテキストとして使うため、中国の史書である「資治《しじ》通鑑《つがん》」の綱目作成を聖堂付儒者の柴野栗山《りつざん》に命じている。寛政二年には、国学者であり蔵書家として著名な幕臣の屋代弘賢《やしろひろかた》をそれに参加させ、文化年間（一八〇四―一八）に「国鑑《くにかがみ》」

柴野栗山像（栗原信充『肖像集』より）

という名で完成させている。

　また寛政元年三月には、幕領と私領において孝行や奇特により褒賞された者の書き出しを命じ、寛政三年三月には孝行・忠臣・信義の者たち四五名を褒賞している。のちには提出された内容を道徳のモデルとして示すため、昌平坂学問所において儒者と大田南畝に編纂させ、それを享和元年（一八〇一）に「孝義録」として刊行している。

目付町方掛

　この間の寛政二年三月には、町方の取締りのために、目付の分掌の一つとして町方掛《まちかたがかり》を設けて老中に直属させている。これは目付二名と、彼らの下で実務を担う徒《かち》目付や小《こ》人《びと》目付らの手付により構成されている。掛の表の任務は町奉行所と火付盗賊改方に規律を守らせるための監察である。しかし、裏の任務は法令違反の摘発や、政策実施の際の参考資料を得るための風聞探索であり、探索の対象は庶民の犯罪・風俗・倹約・道徳、町奉行所の不正などである。そして、手付の馴れ合いを防ぐために、彼らを二つのグループに分け、変装させつつ探索を行わせている。そのため、人々は改革に対する不満を表面に出せずに鬱積させることになったが、定信の辞任後に権限が縮小されている。

四　幕臣対策

役人の育成

宝暦・天明期に幕臣の退廃化が進んでいたなかで、定信としては士風を矯正して、政策を忠実に実行する役人を育てることが必要であった。そこで、入閣直後の天明七年七月朔日には諸役人に対して、過去の少々の心得違いは許すものの、今後は善悪を厳しく糺すという将軍の意向を伝えている。これは、政変にともなう彼らの動揺をひとまず抑えようとしたもので、以後処罰などにより大幅に刷新してゆく。

棄捐令

また、定信は幕臣が困窮した原因が、彼らに貸付を行って莫大な利益を蓄えていた札差にあると見ている。そこで、寛政元年九月に棄捐令を発し、天明四年以前の負債を帳消しとし、以降のものは年利を六％に下げて年賦返済とさせ、今後の年利を一二％としている。さらに、棄捐令により打撃を受けた札差が、幕臣に貸し付け続けられるように、寛政二年には上述したように猿屋町会所を設置している。また寛政四年の春には各役所にそれぞれ役所金なるものを設けて、精勤者や貧窮者などに貸与、または給付させている。

幕臣の退廃化は無職の者にはなはだしかったが、無職のうち主として三〇〇〇石未満の者は小普請《こぶしん》、それ以上は寄合と、それぞれ呼ばれている。そこで、小普請を統括する小普請組支配や、その下に置かれた組頭の一部を更迭している。寛政元年六月には小普請組のなかに小普請世話取扱を新設し、小普請の居宅の見廻りや請願の取次ぎなどの一切を扱わせている。しかし特に素行の悪い者に対しては、寛政二年一一月には甲府勝手小普請という名を設けて江戸から放逐している。次いで一二月には寄合肝煎を設けて、寄合に対して学問と武芸の両道を意味する芸術だけでなく、諸事を世話させている。

柴野栗山らの影響

朱子学者の柴野栗山や頼春水らは、幕臣の風俗を改善するために文武奨励策を用いることや、世上の風俗を統制するためには、ただ一つの学問にもとづく道徳原理を用いるのが政治の役割であると唱えていた。定信は彼らの影響を強く受け、入閣直後から芸術を奨励したうえ、文武両道の兼備者を対象にした芸術見分を行って人材登用を図っているが、選抜の基準が不明確であったため低調になっていった。

異学の禁

その一方で、天明七年九月には幕臣に対して、湯島聖堂の付属学問所における公開講釈である日講への出席を奨励している。さらに、柴野栗山とともに同じく朱子学者である岡田寒泉を、付属学問所の教官に登用して聖堂の改革に着手し、寛政二年五月二四日には大学頭《だいがくのかみ》である林信敬に対して、いわゆる異学の禁を達している。ここでは、近来幕臣の風俗が乱れたのは、朱子学以外の「異学」が流行し、「正学」である朱子学が衰退した結果であるとして、柴野や岡田と充分に協議して門人に異学を禁じ、人材を養成するように命じている。ところが、儒者のなかには世上の学問全体に対する統制ととらえて反対する者が多く、徳川宗睦《むねちか》の侍講である冢田大峰《つかだたいほう》でさえ、上書して強い反対を表明している。

次いで寛政三年正月には、幕臣に対して日光東照宮の参詣を奨励し、東照宮と大猷院への拝礼の手続きを定めて内拝を許可している。彼は一日に七―一〇度ずつ国家の鎮護を東照宮に念じていたと述懐している。そのうえ、自藩において家臣に御霊屋への拝礼を命じていたので、幕臣に奨励したのであろう。

〝盗妖騒動〟の発生

ところが、寛政三年三月から四月にかけて、江戸では盗賊が横行して人々が震撼している。その際、武家屋敷にまで侵入した盗賊に対して、武士はなすすべがなかったという風説が流布したため、幕府は武士や幕府の権威がはなはだしく失墜したことに衝撃を受けている。この〝盗妖騒動〟直後に行われた老中の評議において、定信は次のように主張している。それは、騒動の背景には武士が奢侈や軽薄な風潮のなかで困窮し、忠義や義侠心などの義気が衰えたことにより、庶民の勢いが伸張していたことが存在するので、義気を引き立てる必要があるという。これに対して本多忠籌《ただかず》は、はじまりは義気の衰えであるが、倹約の強制や博奕の禁止など、微細にわたる厳しい統制により、人心が押さえつけられたことにもう一つの原因がある。町方が困窮し、行き詰まった者が盗賊となったために騒動が拡大化したと、改革を露骨に批判して修正を求めている。しかし定信は承服せずに五月四日付の意見書を同僚に示し、義気を引き立てるための方策を提案しているが、このうちの武芸の上覧や聖堂の改革が、以後実施されてゆく。

先祖書の提出

また、この五月には旗本に対して先祖書の提出を命じている。これは提出にいたるまでの過程で、先祖の徳川家に対する忠誠心を再確認させる。それにより、彼ら自身の忠誠心を涵養するとともに、幕府が各家の状況を把握しようとしたのである。おそらく、自藩における「天明元年由緒書」の提出に倣った措置であろう。ともあれ、このたびの先祖書提出が一つの契機となり、のちの寛政一一年には堀田正敦《まさあつ》の建議をもとにして系譜集の編纂がはじまり、それは「寛政重修諸家譜」として完成する。

学問吟味の実施

聖堂付属学問所では、新たに朱子学者の尾藤二洲と古賀精里を教官に招くとともに、家臣や郷士、さらには牢人にも聴講を許している。寛政四年九月には学問所において、幕臣および彼らの一五歳以上の子弟のうちの、希望者を対象にした学問吟味を開始しているが、これは以後ほぼ三年ごとに行われる。寛政五年一一月には一五歳以下を対象にした素読吟味を開始し、こちらは毎年実施されてゆくが、学問吟味とともに成績の優秀者は表彰されている。

林述斎像（京都大学総合博物館所蔵）

これに先だつ寛政五年四月には、林信敬が死去して嗣子がいなかったため、幕府は美濃岩村藩主松平乗蘊《のりもり》の子である述斎（衡《たいら》）に養子相続させている。この林述斎は、のちに聖堂の学則と職制を制定しただけでなく、幕府に対して学問所を直轄化することを建議し、寛政九年に昌平坂学問所としてそれを実現させている。さらに、編纂事業や外交にも関わることになる。

異学の禁は世上に大きな影響をおよぼし、こののち全国では朱子学が盛んになり、藩校を設立する際には朱子学を採用する傾向が強まってゆく。定信としては、内心では幕臣や幕領の民衆だけではなく、全国にまで朱子学が浸透し、それによる教化がおよぶことを期待していたのではなかろうか。

医学館の直轄化

一方、幕医には修行を怠る者が多かったため、幕府は彼らに修行を促している。そして、寛政三年一〇月には半官半民的な性格を有していた医学館を直轄化し、主に非勤の幕医たちに対して出席を求めている。

和学講談所の設置

また、異学の禁により聖堂学問所における国学の教授は廃止されたものの、世上においては国学への関心が高まっていた。そのなかで、寛政五年二月に国学者の塙《はなわ》保己一《ほきいち》が、講読所などの建設用地を貸与するように幕府に請願している。これに対して、幕府が四月にそれを許可したのは、塙が盲人座中の統制に努めてきたことや、定信の国学に対する強い関心からであろう。そして、定信は辞任後に塙の求めに応じて、ここに「温古堂」の名を贈っているが、正式名称は和学講談所である。同所は寛政七年九月には林述斎の管理下に置かれ、寛政一一年には「孝義録」の校正を担当するが、このほかに有《ゆう》職《そく》故実などの調査や出版物の検閲も行うことになるのである。

第四　幕政改革からの撤退

一　朝廷対策

光格天皇の人柄

朝廷では安永八年（一七七九）に後桃園天皇が死去し、皇子がいなかったため閑院宮典仁親王の第六王子が皇位を継いでいる。ところが、この光格天皇は強い皇統意識を抱いていたうえ、日本国の君主という意識も強かった。そこで、朝廷の権威の上昇をめざして、とだえていた儀式や神事を次々に復活してゆく。

伏見騒動

一方、京都のすぐ南にある伏見では、近江小室藩主で伏見奉行を勤める小堀政方《まさみち》と彼の部下が悪政を行っていた。ところが、天明五年（一七八五）に町人たちが江戸に出て越訴したため、小堀は同年一二月に罷免された。しかし、小堀と懇意であったとされる京都町奉行の丸毛政良が吟味を担当して多数の町人を召喚し、牢死者を続出させるなどしたため、同地では幕府に対する反感が高まっていた。

光格天皇像（御寺 泉涌寺所蔵）

さらに、天明の飢饉による米価の騰貴に苦しむ京都や畿内近国の民衆は、頼りにならない幕府や京都所司代の戸田忠寛《ただとお》を見限っている。天明七年六月七日頃からは、御所に参集して塀の周囲を廻って南門前で拝礼し、天皇や後桜町上皇に対して救済を求めている。これは御所千度参りと呼ばれるが、参加者は次第に増えて一〇日には一万名ほどとなり、一八日頃には七万名に達したといわれる。彼らに同情した天皇は先例を破って幕府への申し入れを企て、一四日に武家伝奏から戸田に対して窮民の救済を要請させている。

幕府は定信の入閣直後の七－八月に、要請に応えて一五〇〇石の米を救済に充てさせ、一二月には戸田を罷免して後任に松平乗完《のりさだ》を任命している。一方、伏見騒動に対しては天明八年正月から評定所において再吟味を行わせ、五月には小堀を改易したほかに、丸毛らも処罰している。

京都で大火発生

御所再建問題

ところが、この間の天明八年正月晦日に京都の団栗坂辻子《どんぐりざかずし》から出火している。そのため、御所・仙洞御所・女院御所・二条城をはじめ多くの建物が焼け、天皇は聖護院を仮御所として用いている。定信はこうした時こそ幕府の威光が立つ時であるとして、早速役人を派遣している。そして、町人に金穀を与えたり焼死者を埋葬させて、反幕的な意識の強い京都やその周辺の人々の人心収攬をめざしている。

将軍補佐に就任後の三月二二日には、従来は京都所司代、または伏見奉行が任命されていた御所の造営総督を自ら引き受けている。幕府としては、財政難や飢饉などから造営に際しては経費の節減をめざし、ひとまず仮普請を行って天皇を居住させ、そのあと徐々に焼失前と同じものを造ろうとした。しかし朝廷は早くも四月に、公家の裏松光世(固禅)が作成した「大内裏図考証」にもとづき、紫宸殿と清涼殿を平安時代の様式とし、規模も拡大することを強く求めてきた。そこで慣例に従って、老中として新任の京都所司代の引き継ぎのために上京することになっていた定信は、このたびは御所造営の交渉や遠国の視察などを真の目的としている。そして、五月二二日に入京して二五日には仮御所に参内したうえ、関白の鷹司輔平《たかつかさすけひら》と造営などについて協議している。

彼は帰府後、造営方法については朝廷に押し切られているものの、松平乗完に対して朝廷からの新たな要求は却下するように命じている。しかし、一二月には造営担当の諸役人に対して、多少出費が増加しても、下々に土を運ばせて相応の賃銭を払えば、上下が幕府に感謝しようと述べている。もっとも、ほかの部分については出費の節減に努め、障子絵を描く絵師も江戸から派遣せずに京都で町絵師を雇っている。ただし、正殿である紫宸殿に設《しつら》えられて天皇の玉座の背後を飾る、中国の賢人と聖人を描いた賢聖障子のみは、慣例に従って江戸の狩野栄川院に描かせている。

御所再建の費用

この間には定信からの要請にもとづき、天明八年四月から九月にかけて島津・細川両家などが幕府に対して、御所造営費に充てるために上納金を献上したいと出願している。そこで、幕府は九月に両家に対して金二〇万両ずつの上納を命じ、四ヵ年賦で納入させている。さらに、先例にもとづき五万石以上の大名に対して、一万石につき五一両二分の割合で築地金を上納するように命じ、それを同年と翌年の二ヵ年賦で徴収している。

御所は寛政元年（一七八九）三月に着工されて翌年一一月に竣工したが、幕府は約八一万両の造営費のうち約半分のみを負担し、残りは大名に転嫁している。そして、寛政三年正月に定信は天皇と上皇から功を賞されて真太刀などを拝領すると、これらを自家の家譜に詳細に記載させている。のちには「宇下人言《うげのひとこと》」にも記すなどして、自らの栄誉を藩内に誇示している。

なお、賢聖障子は定信から考証を託されていた柴野栗山《りつざん》が、狩野の死後に住吉広行に下絵を描き直させ、寛政四年にそれが完成すると京都に送らせている。そして、定信は一〇月に柴野および住吉と屋代弘賢《やしろひろかた》を賢聖障子の見分だけではなく、京都と奈良の諸社寺にある什物の調査と模写をさせるために上京させている。定信は世子であった頃から文化財を模写して編集し、後世にその価値を伝えることを望んでいたというから、それを幕府の事業として行おうとしたのであろう。

屋代弘賢像（『画報近世三百年史』より）

ところで、彼は天明八年一〇月に将軍家斉に対して「御心得之箇条」を上呈しているが、ここには大政委任論と呼ばれる内容が含まれている。それは、「古人も天下は天下の天下であり、一人の天下ではないと申しています。まして、六十余州は禁廷（朝廷）から御預かりになっているので、御自身の物と思ってはなりません。将軍となって天下を御治めになるのは御職分です」という部分である。

本居宣長の所説

伊勢松坂の国学者である本居宣長が、同地を治める紀州藩主の徳川治貞からの下問に応じて著した「秘本玉くしげ」は、当時の社会状況への対処法を述べている。これとともに著した「玉くしげ」には、天皇が国土と国民を将軍に預けているのであるから、それらは将軍や大名の私有物ではないとある。そして、天明八年一二月付で宣長が門人に宛てた書状には、二つの著作を天明八年三月に人を介して、江戸にいた徳川治貞に献上した。反応が良かったので、一一月には定信にも後者を人を介して上呈したとあるが、定信はその前に治貞から内容を聞いていた可能性がある。さらに、中井竹山が寛政元年に定信に贈った「草茅危言」にも、天皇が将軍に対して政治を委任しているとあるが、中井はそれを前年六月に大坂で定信に語っていた可能性がある。

定信が大政委任論を自ら着想したのか、または本居らの所説を伝え聞いたのかは不明である。しかし、彼はこれを利用して将軍の恣意的な行動を予防しようとしている。それだけでなく、幕府が政治を動かすことの正当性を主張して、要求を募らせつつある朝廷の抑制を図っている。もっとも、晩年に孫の定和を教育するために著した「花月亭筆記」のなかでは、統治の委任について天―大君（将軍）―諸侯―民としている。

尊号一件の発生

さて、「禁中並公家諸法度」によれば朝廷における序列は、天皇の下が太政大臣・左大臣・右大臣らの三公であり、そのあとが親王であった。そこから、次に述べるような尊号一件が発生している。すなわち、光格天皇は実父に対するこうした処遇が不満であり、天明二年頃から父に対して天皇の譲位後の称号である太上天皇（上皇）号を贈ることを望んでいた。しかし、幕府はそれを認めない代わりに、天明四年には親王に対して、家禄一〇〇〇石のほかに一代限り一〇〇〇石を献上することを決めている。

贈号の〝先例〟

しかし、天皇の要望が強かったため、天明八年四月には側近である議奏の中山愛親《なるちか》が、贈号の先例を調査して天皇に提出している。しかし、幕府に対するそれの伝達は御所の焼失などにより延期されていた。そこで、寛政元年二月に武家伝奏から京都所司代に対して、二つの先例を挙げつつ天皇の要望を伝えている。その先例とは、承久の乱後に即位した後堀河天皇が、承久三年（一二二一）に父の持明院宮行助入道親王（守貞親王）に宣下していたことと、称光天皇の死去により即位した後花園天皇が、文安四年（一四四七）に父の伏見宮貞成親王に宣下していたことである。これに対して定信は、親王の処遇を改めることにより、幕府の財政負担が増加するだけでなく、朝廷が要求を募らせかねないことを危惧していた。そのため一一月に朝廷に対して、即位していないのに尊号を宣下するのは道理に反するうえ、二つの事例はともに「衰乱」の時期のことであるとして、再考を促している。

朝廷の財政を改革

一方、それまで幕府は朝廷に対して、財政を支援するために取替金という無利子貸付を行ってきたものの、ほとんど返済されなかった。そこで、幕府は自らの負担を軽減するため寛政二年に朝廷に対して、三ヵ年間の倹約を命じるとともに、非蔵人や女中に定員を設けさせている。翌三年には年間予算や取替金の上限を定めていた定高制を改めている。すなわち、未返済分は帳消しとしたうえ、今後は規定された金額のみを支給し、残金が生じた場合、その一部は備蓄させるものの、天皇や上皇が不自由しないように配慮させている。

朝廷と幕府の対立激化

この年の二月に朝廷は尊号一件の妥協策として、親王を太上天皇の「格」として遇することを求めている。ところが、幕府はこれも拒否しつつ、代わりに親王に対して一代限り新たに一〇〇〇石を増して家禄と合わせて三〇〇〇石を献上すれば、天皇の孝養が立つとした。しかし、八月には尊号の増進に積極的な一条輝良が関白に就任している。さらに、この年に天皇は幕府の了解をえずに御所内に神嘉殿を造営し、一一月の新嘗祭は紫宸殿を代用せずに、ここで古来の通りに挙行している。

のみならず天皇は一一月に、尊号宣下に対して常例とは異なって四一名の公卿から意見を求め、ほぼ全員から賛同をえている。そののち積極派の正親町公明《おおぎまちきんあき》が武家伝奏に就任して天皇と協議している。そして、寛政四年九月一五日に京都所司代に対して、親王の病気を理由にして一一月上旬までに尊号宣下に賛成するように求めている。次いで、一〇月に入ると宣下の強行を企てている。しかし、幕府はあくまでも中止を求め、正親町や同じく積極派である、議奏の中山愛親と広橋伊光《これみつ》の江戸への召喚を決定している。

そうしたなかで、天皇はこの件をはじめて関白と両役に評議させたうえで、一一月に宣下の中止と召喚の拒否を決めている。しかし、のちに幕府が中山と正親町のみを召喚したため、両名は翌寛政五年二月に江戸に下向し、定信らの老中から厳しい尋問を受けている。

公家の処罰

その直後、幕府が公家を直接処罰するという前例のない措置をめぐり、老中間で意見が対立している。その際、定信はすべての人が天皇の「王臣」であるから、大政を委任されている幕府は、武家と同じく公家も、朝廷に事前に通告して官位を取り上げることはせずに処罰すべきである。公家を特別に扱うことは、天皇に対して不敬にあたるので、無差別に行うのが将軍の勤めであると提案した。これに対して本多忠籌《ただかず》と松平信明《のぶあきら》は、事前に朝廷に報告すべきであると主張している。そのため、定信は両名に妥協して、処罰は幕府が直接申し渡し、免職については幕府が朝廷に意向を伝えて行わせることを唱え、賛同をえている。その結果、三月に幕府は取り計らいが不行届きであったとして、中山を閉門一〇〇日に、正親町を逼塞五〇日に、それぞれ処している。しかし、武家伝奏や議奏などの免職は朝廷に行わせ、幕府は京都においても五名の公家を処罰している。

ところがのちになると、中山が定信を屈服させて帰京したという、虚偽の内容を記した「小夜聞書」や「反汗秘録」などの実録物が著されて流布している。その背景には、世上における幕府に対する批判の高揚と、朝廷に対する同情の存在がうかがえる。

それに先だち、定信は五月一七日に老中の戸田氏教から、「尊号宣下の一件を、前後首尾よく取り扱ったことは、越中守の功績であると将軍は御考えである。それを伝えるようにと仰せられた」と申し渡されている。すると、彼は早速、このことを自藩の月番に知らせている。これはおそらく、定信が尊号一件に対する処置が、将軍に賞されたほどの妥当なものであったことを、幕府内外や家中に伝えるため、将軍に要請した結果であろう。

大政委任論は定信の辞任後に幕府内において定着していった。文化四年（一八〇七）六月にロシア船による蝦夷地襲撃という危機を迎えた際には、朝廷の政治利用を狙い、京都所司代から朝廷に対して襲撃事件の状況報告を行わせている。これが先例となり、幕末には朝廷が対外政策にまで介入することになる。

大政委任論の定着

二 対外政策

易地聘礼を提案

定信は、天明六年の暮から翌七年のはじめ頃に、家斉に提出するために作成されたと思われる意見書のなかで、朝鮮に対して通信使の対馬における応接、いわゆる易地聘礼《えきちへいれい》を行うべきことを唱えている。それまで朝鮮では徳川将軍の就任のたびに通信使を江戸に送ってきた。幕府は、莫大な費用をかけて盛大に応接することにより、朝鮮だけでなく日本国内にまで威信を誇示しようとしてきた。しかし、定信は朝鮮を蔑視していたため、日本が飢饉により大被害を受けていたなかで通信使を迎えれば、国情を知られるばかりか、財政の重荷にもなるとして、それを提案したのである。そこで対馬藩から朝鮮に対して、まず通信使の来日延期を交渉させて先方の了承を得たため、寛政三年

（一七九二）五月には易地聘礼の交渉を命じている。それは、彼の辞任後の寛政一〇年にいたって妥結し、「戊午協定」が結ばれている。ところが、これは対馬藩家老の大森繁右衛門一派が朝鮮側の訳官グループと結託して偽造した書契によっていた。

長崎貿易に消極的

長崎貿易については、積極的に取り組んだ田沼政権とは異なり、寛政二―三年に貿易半減令を発している。これは、長崎への清船の来航を、年間一三隻から一〇隻に、オランダ船を二隻から一隻に、それぞれ減らすとともに、オランダ船に支払う銅を半減して年間六〇万斤とし、代わりに商館長の江戸参府を五年に一回とし、献上品も半額とする、というものである。これは、当時銅が充分に集荷できなくなっていたなかで、定信が書籍や薬以外の品を「玩器」と評し、それらと銅との交換に批判的であったことから発令されたのである。

蝦夷地の動向

次に海防とロシアへの対処である。田沼意次は天明五―六年には蝦夷地へ調査隊を派遣したが、ロシアとの貿易の実施は見送られている。代わりに、大規模な田畑の開発が計画されたものの、彼の失脚により実現しなかったのである。

ところが、改革中の寛政元年五月には蝦夷地のクナシリ場所と、キイタップ場所のメナシ地方においてアイヌが蜂起し、これらの場所を松前藩から請け負っていた飛驒屋久兵衛の部下ら約七〇名を殺すという騒動が起きている。このクナシリ・メナシ騒動の原因は、飛驒屋が藩に対する貸金の損失を取り戻すため、〆粕の生産にアイヌを酷使したことや、和人がアイヌの女性を暴行したことであった。松前藩は騒動を幕府に報告する一方で、ただちに鎮圧したが、幕府は一時ロシアの関与を疑い、盛岡など三藩に対して松前藩からの要請があれば出兵するように命じている。

林子平著「海国兵談」

その際、定信が自藩を通して塩竈《しおがま》明神の神職である阿部山城守からえた情報のなかには、仙台の林子平が海防の必要性を唱えた「海国兵談」を著していたこと、さらにそれを白河藩の家臣である南合彦左衛門が入手していたこと、が含まれていた。実際、林は天明八年に同書の第一巻である「水戦」の巻を、私家版として小数部のみを刷らせていた。定信はおそらく阿部から聞いた直後に、南合からそれを入手し、そこに記す海防体制を構築する必要性には共感を抱いたものと思われる。ところが、こうした国防に関する情報の人心への影響を恐れたこともあって、寛政二年五月に出版統制令を発したのであろう。

定信と本多が意見対立

さらに、騒動の鎮圧後には老中間で評議がなされている。その際、定信はロシアが武力による領土の拡大よりも交易を望んでいると見ていた。そこで、「異域」である蝦夷地を開発すれば、かえってロシアに狙われるので、日本の安全のためには、未開のままにして松前藩に統治を委任し続けるべきであると唱えている。

これに対して本多忠籌は、ロシアはアイヌを手なずけて領土の拡大を狙っていると見ていた。そのため、同地を幕府が直轄して開発するとともに、アイヌを手なずけるため、彼らの好む品を幕府の役人に安価で売らせる〝御救貿易〟を行うように提案している。そして、勘定奉行たちも本多の開発論を支持したものの、定信は自説を貫き、松前藩に対して統治の改善を条件にして蝦夷地の委任を継続させている。その一方で、寛政三―四年には普請役の最上徳内らを蝦夷地に派遣して、〝御救貿易〟を行わせている。

異国船への対処心得

寛政二年にはイギリス船が紀伊の熊野浦に寄港している。翌寛政三年には国籍不明の船が対馬海峡を通り、長門と石見の沖合をへて北へ向かっただけでなく、またもイギリス船が紀伊の周辺に出現していた。そこで、幕府は寛政三年九月二日に大名に対して、異国船が漂流している際には、船員を上陸させたうえで幕府に処置をうかがう。もし先方が抵抗すれば、大筒などにより打ち払い、隣領とも協力して対処するように通達している。

軍備の強化

こうして、定信は鎖国体制が確立して以来の強硬な姿勢を示しているが、海防を充実させるだけでなく、武士に武芸の修行を浸透させる好機と考えていた。そこで、九月には長崎に砲術稽古場を、翌寛政四年七月には江戸郊外の徳丸原に大筒稽古場を、それぞれ設けている。また同年三月からは、諸役人の旗幟と具足などを調査させ、九月には旗本で軍学者でもある福島国雄をそれに参加させている。さらに、軍役動員の参考資料とするために、福島に対して彼の先祖が慶安年間に私的に作成していた軍役令を提出させている。これは幕末になると、幕府が公式に発令していたものと誤認されている。

林子平を処罰

これに先だつ寛政三年の八月と、九月に異国船への対処を通達した直後の二度にわたり、江戸では大風雨により甚大な被害がもたらされた。その結果、米価が高騰して打ちこわしが起こりかねない状況となり、幕府は米問屋に圧力をかけて事態を鎮静化させている。しかも、右の通達の直後からロシアによる朝鮮侵略の噂が広まって上方にまでおよぶが、この間に江戸では林子平著の「海国兵談」が、異国の脅威や海防の不充分さを指摘していることまでも流布していた。

そこで、幕府は社会の混乱などを招くことを恐れて一二月に林を召喚している。次いで、翌寛政四年二月には板木を没収し、五月には「海国兵談」に対する世間の注目を逸らすため、彼の著書のうち「三国通覧図説」を対象にして蟄居を命じている。

ラクスマンが来航

こうしたなかで、寛政四年九月三日にロシア使節のラクスマンが、漂流民の大黒屋光太夫らの送還とともに、貿易の許可を求める国書を携えて根室に来航した。そして、江戸への回航を求めてきたため、一〇月一九日に松前藩はこのことを幕府に報告している。

そこで、定信は自ら作成していた「海辺御備愚意」を老中の評議をへて修正し、一一月に将軍に提出している。次いで一一月八日には、海辺に領分のある大名に対して、異国船漂流時における各自の対処法を報告するように命じている。

海辺御備向御用掛に就任

その直後の一七日に彼は将軍から、江戸初期に講じられた海防政策を復活するためとして、海辺御備向御用掛に任命されている。これは海防政策を円滑に遂行するため、その正当性を示す肩書の付与を求めた結果であろう。次いで、江戸湾防備構想の実現をめざし、一二月一二日に勘定奉行に提案している。そこには、江戸湾の重要地点に奉行所を置き、各奉行には寄合を二名ほど任じる。その下には、旗本の小普請を二一三〇名充てる海手上番と、御家人の小普請一〇〇名を任じる海手下番を、それぞれ置いて三職をともに土着させるとある。これには、幕臣の就職難の緩和という狙いもあったが、大名に委ねなかったのは江戸周辺における反乱を恐れたからである。次いで、一二月から翌五年正月にかけては、勘定奉行に経費を試算させたり現地視察を行わせている。

相模と伊豆を巡視

三月一八日には、自ら勘定奉行や目付を従えて相模と伊豆沿岸の視察に赴いて四月七日に帰府し、房総は翌年巡る予定であった。今回の視察に際しては地形を絵によって記録させるため、田安家の家臣で奥詰見習を勤めていた絵師の谷文晁を随行させている。谷は旅行中の三月二四日付で「越中守殿付」を拝命し、帰府後に洋画の技法を応用した「公余探勝図」を完成させ、その任務を果たしている。

谷文晁「公余探勝図」（東京国立博物館所蔵）

定信は四月一〇日には、防御施設を設置する必要性とともに、奉行所を伊豆は下田・韮山など四ヵ所、相模は走水など二ヵ所に、それぞれ設置することを唱えている。そして、同僚の賛同をえて、五月三日に将軍から裁可されている。

「蝦夷地御取メ建議」

一方、彼は蝦夷地の防備については、クナ

シリ・メナシ騒動のあとに、蝦夷地の地理的状況を充分に把握したうえで、防備体制を築くべきことを痛感していた。そこで、「蝦夷地御取〆建議」を作成して寛政四年一二月一四日に同僚たちに回覧させている。そこには、①蝦夷地は非開発を原則とし、松前藩に委任して大筒を配備させるが、幕府役人には数年に一回巡視させるだけでなく〝御救貿易〟を行わせる、また②盛岡藩領と、弘前藩領の三馬屋の周辺などを、ともに三―四〇〇〇〇石ずつ収公して北国郡代を置く、③この職には、船の検査や俵物の集荷を行わせ、ここと江戸湾周辺に設ける奉行所には、オランダの協力をえて西洋式の軍船を建造して配備する、などとある。

ところが、両藩が領地の収公を拒んだため、寛政五年六月に盛岡藩を一〇万石から二〇万石に、弘前藩を四万六〇〇〇石から一〇万石に、それぞれ名目だけ禄高を増やし、家格を上げることを代償にして、承諾をえている。

宣諭使を派遣

これに先だつ寛政四年一〇月には、ラクスマンへの対策を老中間で評議するとともに、三奉行に諮問している。そのうえで、ラクスマンに幕府の方針を伝えるため、一一月一一日に目付の石川忠房と西丸目付の村上義礼《よしあや》を宣諭使に任じ、翌寛政五年に松前へ派遣している。彼らは六月二一日にラクスマンに対して「御国法書」を申し渡している。

そこには、日本の「国法」によれば外交関係のない国の船の来航を禁じ、もしも来た場合は砲撃するか、乗組員を捕らえることになっている。今回は帰国させるものの、漂流民の引き渡しは長崎に限られているので、今後のために入港許可証である信牌を与える。国交や貿易は認めないが、もしも望むならば長崎に赴いて指示を受けるようにとある。そして、これを申し渡した直後に、大黒屋光太夫らを受け取るとともに信牌を渡しているが、結局、ラクスマンは長崎に赴かないで帰国している。

鎖国祖法観

実は「国法」なるものは存在しない。寛永一六年（一六三九）にポルトガル船の来航を禁じたにもかかわらず、翌年長崎に来航した同国船を焼き討ちにして以来続いてきた、外交や通商のあり方をこう称しているにすぎない。ここで幕府が持ち出した、この鎖国祖法観と呼ばれるものは、のちにはロシア使節のレザノフとの交渉に際しても引き継がれる。そして、以後幕府内において次第に固定化されてゆき、ペリーの来航を迎えることになる。

定信は辞任直後の寛政五年一二月朔日に、尾水両家から在任中におけるラクスマンへの対応について尋ねられている。それに対して彼は、貿易は幕府にとっては利益もあるが、決してよいことではない。江戸湾の海防体制が整わないうちに、ラクスマンの願いを却下すれば危険である。そこで、長崎に行けば許可する可能性があることを匂わせて、穏やかに対応させた、と語っている。続いて彼ら三名は、もしもロシアに貿易を許した場合、同国船が樺太から佐渡や越後の沖を通り、長崎に赴く途上において抜荷を行えば、日本に大きな害をもたらす。特に羅紗類などが大量に流入すれば、奢侈を促すのでよろしくない、と語り合っている。

「御触書集成」の出版計画

ところで、定信は在職中の寛政四年九月一八日に、幕府の儀式の見直しを担当させていた目付二名と勘定吟味役一名からなる御式掛に対し、指示を下している。すなわち、板行して大名たちに配るためとして、家康以来の触書類を調査して永久の規準になるものを選ばせているのである。次いで一一月三日には彼らが若年寄に対して、同じ部類を同時に調査し、そこから選択するためとして、三種類の「御触書集成」の下付を願って許可されたものの、選択する際の基準は判然としない。

宝暦・天明期には、藩政改革により大名が経済的に自立化傾向を示すとともに、幕藩間に分裂的な傾向が見られていた。そうしたなかで、右の施策の直接の目的は、大名に倹約令をはじめとする幕府法を周知徹底させて、それらを遵守させることにあったのであろう。しかし、当時の白河藩では後述するように役人の勤務内容などを、幕府に準じて改めており、幕政に参与していた御三家では藩主一族に対する尊称や役名などを同様に改めていた。そうしたことから、最終的には大名に幕府の制度やさまざまな施策までも模倣させ、幕藩が施政の内容をなるべく均質化させる。それにより、一体となって内憂と外患とが結びつきかねない状況に対処しようとしたのではなかろうか。しかし、この事業は定信の辞任後に立ち消えとなっている。

三　大奥や将軍との関係

大奥女中の職階

大奥女中の職階は、最上位である上臈年寄の下に年寄が位置し、ともに老女と称され、その下には中年寄・御客会釈（御客応答）・中臈などが続いていた。このうち上臈年寄は、公家の出身が多く御台所《みだいどころ》の顧問的な役割を果たした。そして、上臈年寄たちのなかから大奥の実力者が出る場合もあったが、年寄たちのなかから出る場合もあった。また中臈には御台所付と将軍付とがあり、彼女たちのなかには将軍の寵愛をうけて側室となる者がいた。

さて、明和初年頃の幕府の実力者は、勝手掛老中の松平武元、御側御用取次の田沼意次、そして大奥の上臈年寄の高岳であった。そのうち田沼意次は、大奥を懐柔し、長期にわたり政権を保持しようとした。ところが、天明六年八月に彼の推薦した医師の投薬により将軍家治の病状が急変して死去したことを機に、女中の発言力はいっそう強まっていたのである。

この直後、定信は上述した家斉に宛てたと推測される意見書のなかで、家斉が婚約者である茂姫に惑溺するならば危険であると警告している。これは、大奥女中だけでなく、茂姫の実家である外様大藩の島津家による幕政への介入を危惧したからであろう。

そこで彼は入閣すると、自ら奥勤めを兼ねたばかりか、同志である加納久周《ひさのり》を御側御用取次に登用し、さらに側用人には松平信明、次いで本多忠籌を任じている。そのうえ、彼らを老中（格）に進めてからも奥勤めを兼ねさせたように、自分や同志たちにより将軍を包囲し、教導と監視に努めている。

大奥の倹約掛

そして、天明七年（一七八七）から三ヵ年間の倹約を推進するなかで、大奥に倹約を浸透させようとしている。そのため、一〇月には老女の滝川・大崎・高橋に対して倹約掛を命じたほかに、大奥の事務や警備を担当する広敷役人の更迭にも着手している。大奥においてて倹約を実施するのは、それ自体の経費を節減するためだけではない。まず将軍の身の周りから質素にして範を示し、老中もそれに倣うとともに収賄をやめる。そうすれば、下々が帰服して世上に倹約が行き届き、最終的に備荒貯蓄が整うと考えていたからである。

大奥の反感

定信は天明八年三月四日に将軍補佐に就任すると、これをテコにして強力に改革を進めてゆく。しかし、就任直後に服部半蔵らが主君の側近に対して、大奥女中たちが毒殺を企んでいるという噂があるので、殿中では湯を飲まないように進言させている。これに対して定信は、湯には注意しているが、将軍から餅などを下賜されることがあるので、毒に中《あた》るかどうかは運次第であると答えている。このように毒殺の噂が流布するほど、彼に対する大奥の反感が強かったのである。九月には諸局に対して、明年春の将軍と茂姫との婚礼は簡素に行うので、大奥に掛け合った際に支障が生じたならば報告するように命じて、老女たちを牽制している。

将軍家斉を教育

一方、それまで将軍の家重や家治が政務に対して消極的であったため、田沼意次のような側近が政治を主導したり、大奥女中が政治に介入したりして、弊害をもたらしてきた。そのため、将軍家斉の政治に対する意欲の涵養を図っている。定信は、もしも田安家を相続していれば、自身が将軍に就任する可能性もあった。そうしたことから、自身なりの将軍像を描き、それを家斉を通して実現しようとしたのである。すなわち、上述した「御心得之箇条」のなかでは、役人たちを召し出して、政務や時勢などについて尋問するとともに、大奥からの表向に関わる請願は却下する。それだけでなく、御台所や側室、大奥女中、近臣を政治に介入させないように求めている。さらに、「老中心得」のなかでも、老中が老女の願いを取り持ちしたり、評議の際に大奥や御側御用取次らの意向に配慮することを禁じている。

このように、この時期に大奥による政治介入の阻止を規定した背景としては、まず茂姫と将軍との婚礼が迫っていたことがあげられる。しかしそれとともに、翌寛政元年三月二五日に側室の於万が家斉のはじめての子である淑姫を生んでおり、当時は妊娠中であったことも指摘したい。次いで一一月には、家斉の乳母を勤めたことのある個性の強い大崎が、茂姫に付属する女中たちと、将軍付の女中たちとの間に対立を生じさせたことを機に、実質的に解任されている。定信政権下における老女の更迭はこれが最初であり、続いて高岳や滝川も退いてゆく。

将軍家斉の房事

これに先だつ天明七年一一月一一日には徳川宗睦が大崎に対して、将軍の将来の健康を考慮して、房事を少しでも遅くはじめさせるように要望していた。しかし、上述のように将軍は茂姫との婚礼に先だって、高橋の姪にあたる於万を妊娠させていたのである。そこで、定信は翌寛政元年正月二八日には徳川宗睦に対して、将軍吉宗や家重、家治は婚礼のあと大奥に泊まり続けると房事に耽りかねないので、泊まらなかった。そこで家斉に、婚礼の当日は祝いであるから大奥に泊まるものの、その後は一ヵ月に七度ほど訪れて、房事が済めば中奥に帰るようにと言上したところ、了承したようであったと語っている。

将軍の婚礼

さて、寛政元年二月四日に将軍の婚礼が挙行されて茂姫は御台所と称されることになった。そこで、三月には勘定奉行に対して、御台所への合力は金六〇〇〇両と銀一〇〇貫目とすべきところ、倹約中のため五〇〇〇両と一〇〇貫目とする。残る一〇〇〇両は貸付金にして利子をえるように命じている。直後の五月一一日には、尾水両家からの諮問に対して側用人の本多忠籌が、若君が誕生した際には早めに女中の手から離して、男子に育てさせるという規定を作る必要性などを伝えている。これは定信の意向にもとづくものであろう。

ところで幕府は寛政元年九月に、翌二年から同六年まで五ヵ年間の新たな倹約令を発している。そこで、留守居から老女たちに対して、大奥も表向の役人同様に倹約すべきであり、心得違いがあれば表向へも波及することを弁えるように通達させている。そのうえ一〇月二六日には彼女たちに対して、①享保年間（一七一六―三六）には大奥の美服などを禁じていたが、そののち守られていないうえ、吉事には饗応が催されている、②大奥の風紀は世上の手本となるから、倹約を守らないと将軍の御為とならないので、先日も将軍から御命令があった、③将軍は自分の衣服が華美に過ぎることを御遠慮なさっている、という「老女衆心得のため覚書」を渡している。定信はあえて直筆でこれを作成し、将軍の許可を得たうえで渡しており、ここから定信の強い意志がうかがえる。結局、彼は在任中に大奥の支出を三分の一にまで削っていることから、大奥女中の不満が鬱積していったのは当然である。しかし、彼としては将来若君が誕生すれば、自ら扶育を担当する意向であった。

於万が男子を出産

こうしたなかで、寛政三年暮には於万の三度目の妊娠が判明している。幕府では家斉にとってはじめての男子の出産に期待しつつ、寛政四年前半には隠密による探索にもとづいて、広敷役人を連続的に更迭している。そして、寛政四年七月一三日に於万が期待に応えて竹千代を産むと、幕府内は喜びに満ちあふれ、彼女は八月四日に中﨟から老女の上座に昇進させられている。

女中と僧真隆を処罰

ところが、八月二二日に老中の松平信明から留守居に対して、次のように申し渡している。すなわち、①老女の梅の井は、将軍の思し召しにより御役御免とする、②表使の滝野は、右筆であるみさの近親でありながら、その不埒の行いを見過ごしていたうえ、自らも金剛院という寺の真隆という僧と文通したのは、職務上不適切であるので暇を与える、③右筆のみさは、勤め方に問題があるうえに、真隆という祈禱者に対して大奥向のことまでも伝え、祈禱を依頼したことは不届きであるので、暇を与える、④御伽坊主の栄三は、将軍の思し召しにより御役御免とする、⑤老女の高橋は、将軍の思し召しにより御役御免とし、将軍と格別の御馴染であったうえ、勤務上の功績もあったので隠居させる、という内容である。このうち、表使は年寄の指示を受けて代参に随行したり、広敷役人と応対するなど渉外的な業務を担当し、右筆は主として書類の作成を行い、御伽坊主は将軍に近侍して、御台所から将軍への用などを勤める。

真隆に対しては八月晦日に、女中などの「転役」のことは重大事であるにもかかわらず、祈禱を引き受けて金を取っていたなどとして、遠島を申し渡している。

右のなかで注目すべき点は、女中の「転役」などについての祈禱が罪状の中心であり、定信自身の指揮により処分が断行されたことである。当時、於万を支持する女中たちが、女子しか生めないように御台所を呪っていたとか、もう一人の側室で妊娠していた中﨟の於楽を薬を用いて堕胎させていたなどの噂があったという。

このように、於万を支持する女中たちによるライバル追い落とし工作が存在していたのである。そこで、真隆の罪状のなかの、女中の「転役」などについての祈禱を依頼されたという部分は、中﨟の於万が男子を生んで老女の上座に昇進することを、婉曲的に表現したのであろう。

女中に対する規定

これに関して、女中に対する処罰と同じ八月二二日に、定信から留守居に対して、今後老女の近親の者が中﨟に任命されても、「御親しき奉公」、すなわち側室にはさせないし、させたとしても御男子様を生めば、近親の老女は辞任させると、将軍が命じられたので老女衆に達するようにと伝えている。実は老女の高橋は、将軍からの信頼が厚かっただけでなく、一橋治済《はるさだ》に対して将軍の様子を毎日報告している。栄三も将軍から治済への使者だけでなく、高橋らの老女と治済との連絡役も勤めていたのである。

金剛院一軒と定信

結局、定信としては於万が竹千代を出産することにより、高橋が将軍への影響力をいっそう強めることを恐れたのであろう。そこで、定信はこの事件に絡めて、側室とその近親の老女に関する規定を作成して大奥に遵守させるとともに、将軍の世子時代から仕えてきた女中たちを排除したのである。そのため、これまで定信に対して、教導に従いつつも、彼の下城を確認させてから近侍の者と遊ぶなど、面従腹背で臨んでいた将軍は、彼に対する疎ましさをいっそう強めていったことであろう。

大奥と朝廷のつながり

ところで、大奥女中の笹岡は、寛政元年七月に二丸貸付金の不正貸付により、養父と義兄が処罰されていたが、閑院宮家の家臣の娘を養女にしていた。そこで、公家出身の梅の井に対する処罰や、尊号一件にもとづく朝廷の幕府に対する不満が、閑院宮家から笹岡へ伝えられたことであろう。それにより、彼女の定信に対する憎悪がより強められ、それが大奥全体、さらには将軍や一橋治済にまで波及していった可能性がある。

四　幕閣の分裂と解任

幕閣の合議制

定信は、側用人の松平信明を老中に進めた直後の天明八年五月一五日に、若年寄の本多忠籌をその後任に任じている。以後の幕政運営においては合議制を採用しながらも、この三名が中心となっている。そして、定信が主導し、本多は引き続き政策立案の諮問に預かり、信明は施策の実行役となり、尾張・水戸両家と一橋治済は引き続き顧問的存在であった。

ところが、この頃には改革に対する世間の不満が高まりつつあるなかで、定信・本多忠籌・松平信明の間に確執が兆している。すなわち、定信は天明八年一〇月頃から本多主従が収賄をしているとの風聞が頻りに流布していることを聞いている。寛政元年五月頃には、鷹好きの松平信明が御鷹場内にある鳥の住み付いている場所を、自邸内に囲い込むための政治工作を企てたことを聞き、信明に対しても警戒の目を向けはじめている。

さらに、本多は寛政元年五月一一日に水戸家の屋敷に招かれ、尾水両家に対して、当時の社会は老人の体のようなものである。そのため、「才力のある者」のみにより改革を行えば、強い薬を用いた治療のようになり、かえって危険である。そこで老中には、部下を活用できる点から、「徳義ある者」や、世間に通じている点から禄高が三万石未満の者を加えるべきであると語っている。

老中には禄高三万石以上の城主が就任する慣例であった。にもかかわらず、本多は一万五〇〇〇石の小身のうえ無城でありながら、老中への昇進を切望していたところ、定信から口実を設けて拒まれていた。その一方で、定信が敷いた改革路線に対して疑問を抱いていた。そこで、定信と信明を「才力のある者」と、自分を「徳義ある者」と、それぞれ表現しつつ、改革路線に警鐘を鳴らし、自らの加増をともなう昇進を婉曲的に請願したのである。

このように、定信が急進的な改革をめざしたのに対して、本多は蝦夷対策を除いては漸進的であり、信明も本多に近かった。そして、信明・本多両名は内心では改革の推進自体よりも、老中昇進を最大目標にしてきたものと思われる。

松平信明への対処

定信は、寛政元年一〇月七日付の本多宛ての書状において、信明の言動に対する疑念を伝えている。すなわち、自分からの相談には応じるものの、建議をまったく行わないことや、定信の政治運営に対して主君が不満を漏らしていたと、信明の家臣が語っていたという風聞を問題視している。そして、これは改革路線に不満である信明が、改革を挫折させるために、老中首座の地位を狙っている証拠であるとして、早めに信明に本音を出させて対処する必要性を唱えている。そして、本音を出させるため、自分は日常の政務から離れたいと、暗に大老昇進を提示しつつ本多の心底を探っている。

しかし、本多や尾水両家の要請によって、定信は老中として長期にわたり政権を担当することになり、寛政元年一二月二六日には元田沼派であった老中の牧野貞長から勝手掛を奪い、直後には老中辞任に追い込んでいる。

次いで、定信は尾水両家から要請され、やむなく翌寛政二年四月一六日に本多に対して、五〇〇〇石を加増して二万石としたうえで城主格としている。そのうえ、側用人から老中格に昇進させ、老中や若年寄の執務する御用部屋への出席を許して、財政にも正式に関与させている。次いで、一一月一六日には側用人の戸田氏教を老中に昇進させている。同時に、奥勤めとして引き続き御側御用取次の部屋に出席させている。また、定信は近江堅田藩主の堀田正敦とは親交がなかったものの、文武両道に秀でていたために期待している。実家が外様大藩である陸奥仙台藩主の伊達家である点が危惧されたものの、寛政二年六月一〇日に大番頭から若年寄に抜擢し、七月一二日には勝手掛に任じている。

幕閣人事の刷新ほぼ完了

こうして、この年に幕閣人事の刷新をほぼ完了し、財政部門では老中勝手掛は定信自らが担当している。そして、若年寄勝手掛には堀田正敦、勘定奉行勝手方には柳生久通、勘定吟味役には佐久間茂之と、牽引車的な役割を期待して信頼の厚い者たちを各役職に配備している。

定信が改革の前途を憂慮

しかし、改革に対して「下よりの勢いが突き上げる」、すなわち世間の反感が高まってゆくなかで、定信はこの一両年を難局と見て前途に対して危機感を強めていた。そうしたなかで、信明が世間の不満に乗じて御側御用取次の加納久周と結託して改革を歪めることを危惧していた。そこで、老中が一致団結したうえ、三奉行などに人材を配備し、さらに果敢に政治決定することにより、改革を貫徹することを望んでいた。また、将軍側近と表役人との接触を、必ず老中・若年寄に報告させたばかりか、信明の奥勤めを解くことなどを目論んでいた。

そのうえ九月には書類進達令を発して、筆紙の削減と機密の漏洩防止のほかに、将軍側近の財政への関与を予防することなどをめざしている。これにより、老中各自の情報入手も所轄事項を除いて制限されることになった。なおこの頃、本多は子息に対して教諭に託し、「友人に忠告するのは容易ではないから、穏やかに諭しても聞き入れない者に対しては、何度も言わないほうがよい」と暗に定信を批判している。

御三家と一橋治済

幕政に参与していた御三家は、改革の進展のなかで申し合わせをしている。そこでは、幕政改革の断行にともない、将軍の一族として改革方針を遵奉し、世上の模範になることを標榜しつつ、それに乗じて自藩の改革に拍車をかけようとしている。ところが、一橋治済が寛政元年九月に定信に対して、実兄である越前福井藩主松平重富の官位昇進を請願すると、定信は尾水両家とともに反対している。さらに治済が自らの隠居、および二丸への転居を企てると、寛政三年正月に定信は尾水両家と協議してそれを却下し、代償として権大納言に昇進させている。こうして、定信がおおむね冷淡な姿勢で臨み続けたため、治済は表面上は尾水両家とともに定信政権を支える姿勢を示しつつ、水面下では定信と暗闘を続けていったのである。

御三家に対する懐柔

こうして定信は、一橋治済や本多忠籌・松平信明との確執が深まるなかで、自らの支持勢力として御三家に対する期待を強めてゆく。そのため、彼らに対して拝借金を許可したほかに、寛政四年閏二月二八日には江戸城の吹上御庭の拝見を許している。さらに六月には尾張家に対して、実質的な藩札である「米切手」の発行を認めている。寛政二年に三河刈谷藩において一揆が起き、隣接する尾張家が自領への波及を危惧すると、四年六月に刈谷藩領の一部を陸奥に村替するなど配慮している。また、定信は実妹である種姫が嫁いだ紀州家の治宝《はるとみ》が、藩内において政治主導権を確立できるように援助している。

さて、定信は寛政三年三―四月に起きた〝盗妖騒動〟の直後に、本多と激論を交わしていた。そのため、遅くも八月下旬には本多の主たる勤務場所を、御用部屋から将軍の居室に近い御側御用取次の部屋に替えている。これは、奥向の統御や将軍への拝謁の便宜を口実にして、一般政務から遠ざけたのである。

辞任願の狙い

ところで、定信は老中就任以来、頻りに辞任願を提出し、それが慰留されることにより将軍の信頼を確認したり、人事を存分に行うなど、政治的に利用してきた。そうしたなかで、寛政四年に将軍は成長して二〇歳となったため、将軍補佐という職は〝有効期限切れ〟を迎えつつあった。さらに、この年の七―八月にかけて、上述した金剛院一件をめぐり大奥女中の取調べと処分を行っている。

そこで、将軍の自分に対する信頼を確認しておく必要があったうえに、信明の本心を探る必要もあった。そのため、寛政四年八月九日に将軍世子の誕生を理由にして、将軍補佐・勝手掛・奥勤めの辞任を出願している。同時に、一人で財政を担当するのは恐れ多いとして勝手掛への年限制の導入と、権勢が強まる契機になるとして正規の老中は奥勤めを兼帯しないという規定の制定を、ともに建議している。

老中勝手掛年限制を導入

この結果、八月晦日に今は大切な時節であるとして、将軍補佐と勝手掛の辞任については、慰留されて馬具を下賜されている。それとともに、勝手掛年限制が導入され信明が勝手掛に追加任命され、彼のみが来る卯年（寛政七年）までの間、同掛の定信と本多にすべてを相談しつつ勤めるように、命じられている。次いで一〇月三日には、奥勤めの兼帯が廃止され、定信とともに信明がそれを辞任しているが、定信はこののちは将軍補佐という職を根拠にしつつ、大奥の統制を行っている。

海辺御備向御用掛と蝦夷掛を担当

さらに定信は、一一月一七日には海辺御備向御用掛に任じられ、一二月には本多が担当していた蝦夷掛を自ら引き受けている。寛政五年三―四月には相模と伊豆を見分しているが、この見分には、周囲に対して自分が不在であっても政務に支障が生じないことを印象づけるとともに、信明の心底を探る狙いもあったのであろう。

帰府後の五月二四日には、老中に人材が揃ったうえ、勝手掛年限制により自分の業務が減ったとして、ほかの老中よりも早く下城することを願っている。これは実は将軍補佐が〝有効期限切れ〟を迎えていたうえ、対外的緊張に対して存分に対処するため大老、悪くても大老格就任を暗に願ったものと思われる。ところが、それが慰留されると七月五日にも執拗に請願している。

世上の反感が強まる

この頃には、諸施策に対する世上の反感がいっそう強まっている。まず、緊縮政策のしわ寄せは大きく、寛政五年正月に服部長兵衛は父の半蔵宛ての書状のなかで、次のように伝えている。それは、江戸の商人が「今年の正月は、ここ二三年のうちでとくに不景気であり、迷惑至極である」と嘆いていたというものである。さらに、幕臣の多くは文武の奨励に加えて、海防のための房総などへの土着案が流布したことにより、定信に対する反感を強めていた。

そのうえ、幕閣内部においても定信の独裁的傾向に対して反感が高まり、水面下で一橋治済・加納久周・本多忠籌・松平信明らにより反定信グループが形成されつつあった。さらに、定信に抑圧されてきたうえ、朝廷側から彼に対する反感を伝えられていた大奥も、それに加わったのである。しかも、この頃には信明が大過なく職務を果たしていたうえ、ラクスマンは七月一六日に日本を離れたことから、政変を断行する環境が整ったのである。

政変の断行

こうしたなかで、七月に本多が一橋治済の賛同をえ、さらに老中の評議にかけている。それは、定信の独裁的傾向が、将軍の親政を阻害するのを予防するため、将軍補佐と老中双方を解任するという案である。そして、尾水両家から強引に同意を取りつけている。

翌年、定信の在任中の様子について治済が両家に伝えたところでは、①近年は、定信の意見に対して異を唱えると不機嫌となり、重用されている者たちのほかは意見を述べないようになった、②彼一人で将軍に召し出されることは時々あるが、将軍に対しては自分以外の老中を一名だけ召し出すことを禁じている、③一両年以来、彼の威光が非常に強まったので、将来将軍は御苦労なさるであろう、④近年は、自分の気に入った者に対しては丁寧に、嫌いな者には不愛想に挨拶している、⑤本多に対して、近年は実意のある相談はまったくなく、人事についても、同僚との相談に先だって行ってきた内談を、まったく行わなくなった、とある。

結局、定信は改革路線をめぐる思惑の違いに人事問題が絡み、本多・信明に対する信頼感を低下させていったなかで、世間の反発が強まり改革が挫折することに対して強い危機感を抱いた。そして、あくまでも改革の貫徹をめざし、将軍補佐という地位を利用しつつ、各要職に配備した役人たちを自らの手足として駆使し、次第に独裁化へ向かったものと思われる。

定信の抵抗

当時三六歳であった定信に対して、七月二二日に将軍補佐と老中の双方を解任するという将軍の内意が伝えられている。これに対して、定信はあわよくば大老か大老格昇進、悪くても老中には留まれるものと予想していたために憤慨した。そこで、将軍補佐の留任、少将への昇進、御用部屋への出入りを強く求めたところ、将軍は将軍補佐の留任以外は認めたため、定信は落涙してありがたがったという。

将軍補佐と老中を解任

その結果翌二三日に彼は、願いを許して両職を解いて溜詰《たまりづめ》とし、少将（正確には左近衛権少将）に昇進させる、功績を賞して松平家を〝飛溜〟の家格とし、御用部屋に出入りさせる、と申し渡されている。同時に、①年始・五節句や月次などには、御用部屋を通って御座の間において将軍に拝謁させる、②別に月に二―三度登城して御用部屋に入り、側衆を通して御機嫌をうかがわせるが、月に二度は将軍から御座の間に召し出される、ことを伝えられている。このうち①は、通常溜詰は表向において将軍に拝謁するのに対して、定信はそれよりも前に、老中とともに中奥（奥）に入り、御座の間においてそれを行う。②は、これも溜詰が御礼日以外に月に二日、御機嫌うかがいのために登城するのに対して、定信は月に二―三度であるから、一人だけで登城する日があることになる。

この直後、彼は三奉行や目付たちに挨拶している。特に、目付に対しては落涙しつつ、①就任後三年目から辞任を願い慰留されてきたので、このたびはありがたい、②世上が、何事も自分の存念により行ってきたように見ているのは誤りであり、将軍の御意向にもとづいて職責を果たしたにすぎない、③このたびは死んだものと思っているので、このうえ御治世の様子を拝見し、機会があれば相応の御用を勤めたい、など長々と語っている。こうして辞任の真相を隠蔽しているが、ここからは未練がましさがうかがえる。

ともあれ、定信の辞任が発表されると、殿中では大騒動となってみなが茫然とし、重用された者のなかには泣く者もいた。ところが、本多のみは内心大いに喜んでいたため「大姦物」と評され、また町方では辞任を虚説と受けとめたという。

依願辞任を装う

次いで七月二八日に定信は御用部屋において、管掌してきた業務のうち、朝鮮人来聘は信明に、海防と蝦夷地取締りは氏教に、それぞれ引き継がされている。しかし、幕府は八月三日には、江戸湾の一部だけを警備するのは無意味であるし、武士の土着も困難であると発表している。

反定信グループは改革の部分的な修正を図ろうとしていた。ところが、世間の人々が定信の辞任が解任であることを知り、改革全体が誤っていたことが原因であると受け止めて、一斉に法令に背くことを恐れていた。そこで、九月一八日に大黒屋光太夫を将軍が親覧した際には定信を侍座させ、一〇月には将軍の鶉狩に彼を供奉させるなど、優遇ぶりを装っている。それにより、改革の正当性を誇示し、改革からの人心の離反を抑止しようとしている。

幕閣内の権勢分散

以後、老中（格）間においては定信が独裁化へ向ったことを反省し、本多忠籌の監督のもとで老中勝手掛に月番制を導入している。こうして、権勢の分散を図るために集団的な政治指導を行っている。これに対して、定信は尾水両家のうち、とくに水戸家を後ろ盾にしつつ、御用部屋への出入りを足がかりとして幕政への介入を図り、水野為長による世上の風聞の収集を辞任後も継続させている。しかし、介入は老中（格）たちの強い抵抗や、両家の政治的影響力の低下により失敗している。

尾水両家の定信滞府案

寛政六年には定信の久々の帰国が予定されていたなかで、この年の三月二四日に両家は信明と本多に対して、下々が定信を惜しんでいると聞いている。そこで、人心が穏やかで将軍の御為になるようにするため、定信に政治は扱わせないものの帰国させず、御用部屋において政治に関与しているように装うべきである、と伝えている。

これに対して本多たちは、①世上では彼が御用部屋で政治に関与していると疑っているため、彼自身が恐縮している、②世上では彼を惜しんでいるというが、みながそうというわけではない、③大名の帰国は重要な規則である、④彼を世上の感情のみを配慮して用いるのは、政治の軽視にあたる、⑤彼が帰国しても政治の緩みにはならない、として強く拒否している。

定信のほうは、元の同僚の自分に対する反感の強さを知るなかで、ひとまず撤退を図ろうとしている。すなわち、春以来たびたび老中に対して、将軍への拝謁の際に御用部屋を通っているので、ほかの溜詰とは異なるように見られるとして、その変更を内願している。その結果、四月五日に平日の御機嫌うかがいは御用部屋ではなく溜間において行い、御座の間において将軍に拝謁する際にも御用部屋を通らずに御錠口を通るように、と命じられている。

七年ぶりの帰国

こうして定信は五月一五日に帰国の暇をえ、六月一一日に江戸を発って一六日に七年ぶりに白河の地を踏んでいる。しかし、「退閑雑記」のなかで、政治に対して杞憂を抱く気持ちは、辞任後も寝食の間でさえ忘れることができないと述べるように、幕政に関わることに対して執着があったのである。

改革路線の部分的修正

幕府は定信の敷いた改革路線の遵守を標榜してきたが、彼の帰国を待つかのように、寛政六年一二月には北国郡代の設置計画を放棄している。翌七年四月には江戸湾防備計画を縮小し、のちには立ち消えにするなど、部分的に修正している。もっとも、定信はこののちも尾水両家との接触を続け、両家は寛政八年になると一橋治済に対して、定信を将軍世子の敏次郎（家慶）の教育係として推挙しようとしている。しかし、推挙を実行したのかは不明であるものの、結局任用は実現していない。そして、この年一二月には老中就任時から居住してきた西丸下の屋敷をようやく収公され、八丁堀に移っている。

定信の在任中、役人のほぼすべてが譴責を恐れて質素倹約や文武奨励などの方針に迎合していた。それらの方針の遵守にとくに積極的であった者は、定信が辞任すると消極的となり、ひたすら保身に努めるのである。

植崎九八郎の評価

ところで、旗本で小普請組の植崎九八郎は、定信による改革に期待して天明七年七月付で上書していた。しかし、改革に対する失望から、定信が辞任したあとの享和元年三月と翌二年八月にも上書している。そのなかで植崎は、享和二年五月に定信が下城したところ、幕臣に仕える足軽が彼を指さし、「あいつを見ろ、世の中を悪くしたのはあいつであり、馬鹿なやつだ」と悪口を吐いたのは、「前代未聞の珍事」であると指摘している。

そして定信について、格別の秀才であるものの、惜しむべきは狭量であるために、人と物とを使いこなせないばかりか、諸事の深い極意を見極められなかったことである。またそのために、隠密を使って隈《くま》なく探らせたり、諸事に対して疑心を抱いたり、さらに税が重くなったことから、世間が失望してしまった。結局、田沼意次と定信により天下が衰微し、現在の老中たちも大事については定信の方針を継承しつつ、少しずつ手を加えているにすぎないとして、痛烈に批判している。

第五　幕政改革推進中の藩政

一　御霊屋と寿像の活用

家中は「天下の手本」

定信は、入閣直後の天明七年（一七八七）六月に白河の家中に対して、①万事についていっそう慎み、質素倹約と礼譲に努めよ、②公儀の噂や大名の批判をするな、③大名や旗本への敬礼を厚くし、他家の家臣に対して横柄な態度はとるな、④内証の請願を取り次ぐな、⑤贈り物を受領するな、⑥江戸でも白河でも文武両道に励め、⑦白河は江戸に近いので噂がすぐ伝わるから注意せよ、などと通達している。次いで七月三日には、「わが家中は天下の手本」になりたいとして、質素倹約と武芸や学問への出精を促している。同時に、役職就任にともなう出費の増大に対しては、「内証の進物」、すなわち賄賂は受領せず、免除されるため浮いた大手門番と参勤交代費の転用と、質素倹約により対処するように指示している。

家中の根強い改革批判

これに関して、郡代格勘定頭の中島茂市は七月晦日付の書状で服部に対して、「御家中の着服が、もとの美服にもどらないように、なにとぞ天下一統が質素倹約に努めるように祈っています」と述べている。この発言の背景には、九月二一日付で定信が白河の月番たちに教諭したなかに、「これまで質素倹約を勧めてきた。しかし、家中ではそれを主君の物好きのように捉え、上は上、下は下であると唱えていると聞くが、はなはだよろしくないことである。また毎度言うように、命令に従う者を追従していると批判するのは、不埒である」とあるような状況が存在していたのである。

松平定信自画像（鎮国守国神社所蔵）

そこで月番たちに対しては、自分の留守中に彼らが家族を含めて質素倹約を率先垂範するように命じている。彼としては、家中に対して幕政の先導役たることを標榜することにより、質素倹約、さらには文武両道への出精を持続させる。同時に、それらが世上に浸透することにより、家中での持続にとって追い風となることを望んでいたのであろう。そして、入閣前に彼の周囲に集まり、または彼の入閣を後押しした御三家や牧野忠精《ただきよ》らの大名たちも、同様の目的から幕政改革に藩政を連動させてゆくのである。

自画像の活用

定信は入閣した際、狩衣《かりぎぬ》と指貫《さしぬき》を着て烏帽子《えぼし》を被り、短刀をさした自画像を二枚描き、側近の二名それぞれに与えている。この絵の隅には「撥乱而反正　賞善而罰悪」・「天明七年歳次丁未夏六月　源定信自写」と記している。これは、乱れた世の中を治めて正しい状態にもどし、賞罰を厳正に行いたいという、改革に対する決意を示している。

しかし直後に、服部が自画像を白河に下すことを懇請したため、定信が右のうち一枚を表装したうえで運ばせている。服部は一〇月朔日に同僚たちに対して、これを来年の年頭儀礼の場に掛け、その前で太刀披露や盃頂戴を例年通り行いたいと提議して、採用されている。のちにこれは、本来主君が在城するべき年の正月元旦のほかに、同三日・同一五日・七夕・玄猪（一〇月の亥日）にまで掛けている。実はその目的は、主君の帰国が遠のくなかで、身代わりである肖像画の寿像を用いて、家臣に対して主君への忠誠心と家中の序列を再認識させることにあったのである。

上京費用の確保

ところが、就任により出費が増加したうえ上京が予定されたため、財政が破綻する恐れが出てきた。そこで、天明七年一二月に月番に対して、家臣を大坂に派遣して摂津天田の富商である吉田喜平治に御用達の任命を受諾させるとともに、俵屋へも出金を掛け合うように命じている。翌八年二月の家臣の書状によれば、京都と大坂では白河藩への出入りを目論んで、定信の上京費として無期限で一‐二万両を貸し付けたいという富商が七‐八名いた。しかし、俵屋がこのたびの経費を負担すると申し出たという。

上京の際の規則と旅程

直後の四月には上京に随従させる家臣たちに対して、①粗服の着用、②無用の人足の使用禁止、③旅宿での出会や飲酒の禁止、④荷駄の軽減化、⑤重職者の家臣として世上に模範を示すこと、などを通達している。

そして、五月九日に江戸を出発して中山道を通っているが、主従ともに木綿を着服している。さらに、宿駅では家中の行動を監視させるなど、それまでの老中の一行とは異なるため、沿道では大変好評であった。定信としては、この旅を利用して改革に対する世上の期待感を上方にまで盛り上げる。同時に、老中首座の家中として世上に手本を示すことを標榜することにより、家中の引締めを図ったのであろう。また絵師を同行させ、途中の寺社などにある古物を写させたり、風景を描かせつつ、二二日に入京している。帰りは、六月一日に京都を出て伏見稲荷・万福寺・平等院をへて、大坂から堺・奈良を経由して伊勢神宮を参拝し、東海道を下って二七日には江戸に着いている。彼はこの旅について「上京紀行」を著している。

中井竹山が「草茅危言」を献上

この間、大坂において儒者の中井竹山と面談して政治上の意見を求めたところ、中井は寛政元年（一七八九）に「草茅危言」を著して送っている。さらに同地では、刀工の手柄山正繁を召し抱え、寛政三年には彼に作らせた脇差を将軍に献上している。また、出迎えた俵屋に対して木綿の袷《あわせ》羽織を与えたため、粗服の着用が上方に広まったといわれる。

入閣にともなう家中の不満

ところが水野清左衛門でさえ、服部に宛てた天明八年八月一〇日付の書状において、不満を漏らしている。すなわち、老中就任により業務が増えたため、最近まで家臣たちが不満ばかり漏らしていた。また、盆暮に諸家から贈られる、多額の銀子の受領を禁じられているのは残念であるし、京都見物はできたものの、長旅が辛かったため嫌になった、と述べている。

天明八年一一月一五日には家中に対して、天明四年以来の倹約年限中には損毛や白河における火災があり、前年には幕命により江戸への廻米を行った。そのうえ、役職就任にともない多大の出費を要しているので、倹約を五年間延長すると通達している。

しかし、前年一〇月に家中の質素倹約の手本とさせるため、月番たちに約定させていた事項も、この頃には徐々に守られなくなっている。また、幕政における武芸の奨励に合わせて、士風の高揚を図っている。すなわち、寛政元年正月からは江戸の藩邸において、講釈師として著名な森川馬谷から家臣に対して、「関ケ原軍記」を講じさせている。一方、白河では武芸の稽古が弛緩していたため、二月二九日には月番に藩主の名代として視察させ、引締めに努めている。

さらにこの年には、藩医に対して医学の修行を促しているほか、家臣の風俗を矯正するため町の銭湯に入ることを禁じ、のちに城下に専用の浴場を設けたものの、間もなく廃止している。また、城下の旅籠屋に飯盛女を置くことを禁じたものの、旅籠の営業に支障が生じたため、のちには一店につき二名のみ置くことを許している。

白河における民政

一方、老中の立場にある者の領内において治安が悪化すれば、天下に対して示しがつかない。天明七年一〇月には白河の質屋に対して、質屋株仲間を結成させて金利を年二四％と定めたうえ、担保の質物の調査などを命じている。これは、盗難品の排除とともに、高利に苦しむ人々の救済を図ったのであろう。さらに、天明八年からは白河の町々の境に木戸を設け、物騒な時には閉鎖して通行者を検査させている。寛政元年二月には、はじめて家臣二名に対して、武家地や町地を昼夜密かに巡回させ、その回数を報告させている。

越後領分における民政

越後領分にある寺泊においても、天明八年二月には講談師などの遊民や無宿の流入、および彼らの抱え置きを禁じている。また旅籠の宿泊者に対する検査を強化するとともに、夜番による町内の巡回を命じている。さらに寛政元年には、諸物価の調査とその引下げ、風俗の取締りと質素倹約の励行を申し渡している。その効果は不明であるものの、のちに幕府において実施する物価引下げ令を、試行したものと思われる。翌二年四月には町の職業改めを徹底しているが、これを機に町はずれや小路に木戸を設けて警備を強化するとともに、防火対策も講じている。なお、柏崎では寛政元年九月には目安箱を陣屋内から門前に移設しているが、投書を行いやすくして領民の不満を緩和しようとしたのではなかろうか。

御霊屋の整備

この間、天明八年頃からは世間が幕政改革に対して失望感を抱きはじめていた。そうしたなかで、藩の実情が外部に伝われば、世間において幕政改革に対する不満が高まり、それが逆に藩内に伝われば家中や領民が動揺しかねない。そのためか、急きょ御霊屋を建て替え、本殿内に御参拝の間と御名代の間を設けるなど整備したうえ、寛政元年二月一六日には遷座を大々的に挙行させている。

木像の製作

のみならず、前年に絵師を招いて、内々で自らを透き見させ下図を描かせている。それをもとに、江戸の人形町通りにある長谷川町に住む仏師の安岡了運を招いて藩邸内で木像を彫らせたところ、四四両一分の製作費を要している。この木像を小さな畳を敷いた台座に置かせると、長さは二尺三寸九分、幅は四尺五寸となった。それに狩衣を着せて烏帽子を被らせて「御神鏡」を添え、翌寛政元年四月に白河へ送らせている。その際、木像に田安家から持参した短刀を携えさせていることから、彼の実家に対する誇りが垣間見える。ともあれ、神鏡とは神体の前にかけておく鏡のことである。そこで、自らの寿像を刻ませることにより、神として祀られるための準備を、さらに進めたことになる。

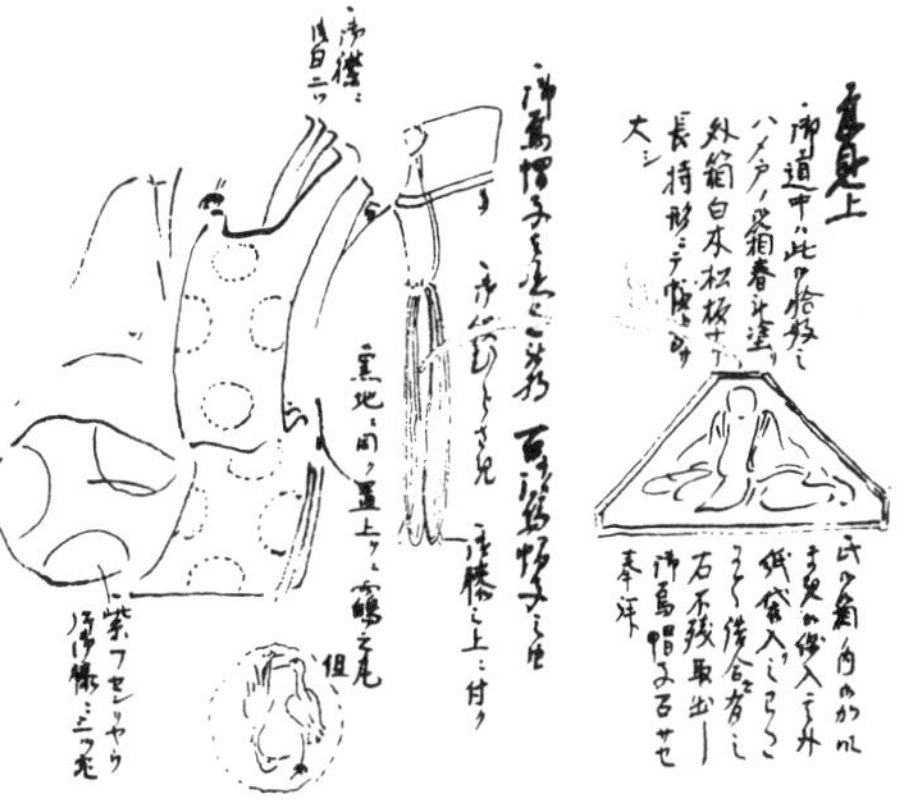

箱に収められた松平定信木像の仕様
（天理大学附属天理図書館所蔵「世々之姿」より）

須賀川町民の嘆願書

ところが、この直前の寛政元年二月二九日

には服部の屋敷の門扉に、「須賀川本町惣百姓共」の名で、服部宛てに二〇ヵ条を書き連ねた嘆願書が貼られている。そして、そこでは当町は、近年潰れ高の分の年貢諸役の負担が増して、難儀であったところ、天明三年分も賦課された。そのうえ、ほかの町よりも諸負担が多く、さらに町役人が不正を行っているとして、町入用帳《まちにゅうようちょう》の閲覧を求めている。この件に対する藩の対応は不明であるものの、ここから領内には天明の飢饉の影響が続き、依然として不穏な空気が漂っていたことが判明する。

蝦夷地の情報を収集

次いで、寛政元年五月に蝦夷地においてクナシリ・メナシ騒動が起きると、定信は白河の月番に対して、白河は奥州第一の場所であるとして警戒を促している。同時に、世上が動揺することを恐れて、騒動に関する情報の収集を隠密裏に行わせている。彼としては老中としてだけでなく、藩主の立場からも、外患、またはそれに関する風聞が伝播することにより、自領を含む奥州の民衆が動揺し、それを機に一揆などを起こすことを恐れていた。そのため、隠密裏に情報を収集させていたのであろう。そこで、寛政二年には非常時に備えて、城下の九番町あたりの農民たちを選んで在足軽と命名し、刀を与えて毎年米一俵を支給し、そのなかに小頭を任じている。

「御贖罪御規定」作成

これに先だつ天明七年には、死刑の執行に関して「御贖罪御規定」を作成している。

ここには、士民が罪を犯したことは藩主の教化が不充分なためであり、それは藩祖に対する罪である。そこで、藩主は処刑の日には私的な行動を慎み、月番も責任を自覚して娯楽的な外出などを憚るべしとあり、これは天明八年四月から実施されている。実は、これは熊本藩が宝暦年間に導入していたものを模倣しつつ、藩祖に対する罪を付加したものであろう。次いで、寛政元年七月からは、「御贖罪御奉納」がはじまり、藩主が不行届きを藩祖に詫びる文を、月番から御霊屋に奉納させている。しかし、内実は服部以外の月番に対して、立場の自覚と職務への精励を促そうとしたのであろう。

木製の寿像の安置

一方、御霊屋にある定綱像は厨子に安置されてきたが、天明八年に服部が祭礼の際に不都合であるとして、一存で神輿の新造を行わせている。ところが、寛政三年の時点では御霊屋の本殿内に、「御神輿」と「新御神輿」とを併置させ、定綱像を前者に定信の木像は後者に、それぞれ安置させている。そして「守国公御伝記」によれば、寛政四年には定綱に対して、国家を平穏にしずめ護ることを意味する「鎮国」と追号している。このように、定信は国許《もと》を長期にわたり留守にするなかで、家中の動揺を抑止するため、彼らの定綱に対する尊崇を積極的に利用している。そればかりか、御霊屋の一角を間借までして、自分自身を生きているうちから祀っているのである。しかし、自分を祀っていることは、月番など一部の者たちを除いては知らされていなかったものと思われる。

重臣の倹約批判

こうしたなかで、三輪弥右衛門（元暁）は月番でありながら、江戸から服部に宛てた寛政元年二月二二日付の書状において、世上では主君に対して、「しわいとばかり申して」いる。それればかりか、銀細工の製造を禁止したために、職人が難儀しているとして、「一方よければ、一方あし」であると伝えている。さらに、同僚に宛てた同年五月一〇日付の書状では、「ただただ質素というと陰気になりやすく、質素倹約は義理を失ってしまい、夢もなくなる」と、質素倹約そのものを痛烈に批判しているのである。三輪のこうした発言の背景には、これを支持する大多数の家臣や領民たちが存在していたのであろう。

二　本知の復活と溜詰昇格の内約

倹約の持続が課題

定信は寛政元年（一七八九）七月一一日に郡代らに対して、家中では質素倹約を命じた時だけしか守らない。そこで、倹約を持続するための規則を策定することにより、備蓄金を捻出するようにしたいと命じており、ここから家中の抵抗がうかがえる。一〇月には奥州街道に沿った白河の旅籠に対して、旅人に対する無礼や迷惑行為を禁じている。

一二月には、白河の町方とその周辺の在方が困窮しているなかで、旅人が悪評を領外へ伝えないように、町入用の削減や悪しき町役人の更迭とともに、町々への高札の設置を命じている。その結果、以前から博奕や奢侈を禁じていたうえ、天明八年（一七八八）正月には公儀よりの厳命もあったので、違反者は処罰するなどと記した高札が立てられている。これは、藩外に対しては幕府が命じる前から禁圧に努めてきたことを強調し、藩内に対しては幕府の権威を借りて、それらの遵守を促そうとしたのであろう。

「武器馬具之御定帳」完成

これに先だつ寛政元年九月には、前年秋に武備の充実をめざして作成を命じていた「武器馬具之御定帳」が完成している。しかし、それを発表して遵守させるには、前提として家中の経済的な安定が必要であった。当時、家中に給与すべき禄高＝本知は総計九万五七九五俵であったが、引米により五万三三九三俵と八八一両ほどしか支給していない。仮に一〇両につき三〇俵とすれば計五万六〇三六俵となり、本知の場合の四一・五％減となる。家臣の窮乏の原因は、こうした年来の引米に加えて、当時の米価安と諸物価の高騰にあった。そのため、当面の対策として一二月に神納金、および諸役所において倹約により捻出した益金の拝借を許しているが、実際はすべて郡代に藩庫から出金させている。これは、御霊屋に奉納させてきた神納金、および倹約の効用を誇示するとともに、藩祖の恩恵を認識させる狙いがあったのであろう。

本知の復活をめざす

そのうえで、引米の廃止、すなわち本知の復活に努めている。まず、寛政二年正月には年間の普請計画の策定と、諸向きにおける月ごとの収支決算、および毎年正月の総決算の実施を命じている。三月には、白河における毎月の収支決算を郡代らが検査し、さらに一ヵ年の増減高を勝手方御内用掛の服部へ報告するように命じている。次いで、定信は四月七日付の書状で郡代に対して、藩財政には一五〇〇両ほどの余剰が生じている。しかし、参勤交代と大手門番を勤めるならば四七〇両ほど不足するので、諸経費を徹底的に削り、本知の復活に努めるように命じている。ここには、俵屋・中屋・吉田などからの借金を止めるので、利金に充てる分が一ヵ年に五〇〇両ほど余ることや、俵屋に預け金をして利金をえようとしていることも記されている。

越後領分で女性を募集

一方、寛政元年二月には、奥州領分においては間引が盛んであることから、特に女子の人口が少なく、結婚できない男性が多かった。そのため、鏡沼村の大庄屋である常松次郎右衛門が、越後領分から結婚を望む女性を募集することを願ったところ、それを許可している。

さらに、白河藩は、当時藩主が幕政に関わっていたばかりか、農村人口の減少に悩んでいた点で水戸藩や泉藩と共通していた。そこで、両藩とともに、幕府に請い江戸の溜《たまり》に収容されていた無宿や寄場人足数名を引き取り、白河に送って農業などに従事させている。これは、幕府における人足寄場の設置や運営、さらに旧里帰農（奨励）令の立案や審議に際しての参考資料をえようとしたのであろう。そればかりか、自藩において勧農を推進するなかで、広告塔的な役割を期待したのであろう。

赤子養育手当を支給

また寛政二年四月一七日には、第二子から七夜過ぎに金二分、一二ヵ月目に二分の、合計一両を支給する赤子養育手当の導入を指示している。これは、人口増加による財政基盤の強化を図った措置であるが、実は須賀川の豪商である内藤平左衛門が自費により行ってきたのを、引き継いだものである。次いで六月には、領内の村々に対して、収納米の三分の一を籾で納めさせ、郷蔵に囲い置かせる。そして、三年ごとに摺り立てて収めさせれば、蔵を建てなくても、一ヵ年の収納米を在方に預けたことになるとして、役人に評議を命じている。

人口の動向

ともあれ、安永九年（一七八〇）における人口（御朱印地寺領は除く）は、奥州領分が三万三七七五名であった。それが、天明六年（一七八六）には一三五〇名減って三万二四二五名となり、寛政四年（一七九二）には一八三名増えて三万二六〇八名となっている。また越後領分は、七万三一六五名が七九名減って七万三〇八六名となり、さらに二九〇二名増えて七万五九八八名となっている。白河（僧尼・修験は除く）は四七一〇名であったが、二〇五名減って四五〇五名となり、さらに四六二名増えて四九六七名となっている。

そこで合計すると、安永九年の一一万一六五〇名が、天明六年には一六三四名減って一一万一六名となっている。ところが、寛政四年には三五四七名増えて、一一万三五六三名となっているが、これは藩や豪農商によるさまざまな努力の成果と思われる。

本知の復活を発表

こうして財政や農政の改革を進めるなかで、寛政二年五月にいたり家中に対して、年末からの本知の復活を通達している。すると、江戸においては家臣たちが感謝しただけでなく、外部の者たちも定信が襲封後、わずか数年で本知を復活させたことを称賛している。

家中の引締めを図る

直後の六月に、彼は本知の復活と引換えに、家中の引締めを図って通達を行っている。そこでは、一統が質素倹約を遵守したうえ、役人が尽力したことにより借金を返済できたとして、質素倹約や作法の遵守を促している。同時に、軍役人数の常備は免じるものの、その必要性を強調している。さらに、財政に余裕がないので、多大の損毛や公辺の御勤め向きなどにより、格別の支出が生じた場合、その半分については、家中に対して一年限り引米を行う一損引を命じ、それによる捻出分により補填するという。

また、ここでは文武を奨励し、このうち学問では直前の五月に、幕府において発令されたばかりの異学の禁に沿って、朱子学の学習を勧めている。そのうえ、重役や老年者への尊敬、質素な会合の開催、諸法令の厳守などを求めている。このほか、恥を藩外へ晒すことになるとして、家中の者に対する批判を禁じ、他家の者に対しては礼を尽くさせている。ここから逆に、当時の家中の実態がうかがえるが、もっとも恐れていたのは、藩主に対する批判が藩外に流布することであったと推測される。

“飛溜”昇格の内約

定信は寛政二年四月に辞任願を提出し、予想通り五月に将軍から慰留されていた。これは、将軍から長期政権となることや、これまでの施策の妥当性を認知されたことを意味する。ところが、この間に尾水両家に対して、勤続と引換えに溜詰《たまりづめ》に昇格させるように暗に求めていた。その結果、五月二八日に営中の御座の間二之間において、御側御用取次から次のように申し渡されている。

将軍は、定信の先祖のことを考慮して、家格を松山藩主の松平家と同じく“飛溜”とし、その申し渡しは功績が抜群であるため、勤続後に時期を見て行う積もりであった。ところが、定邦が病気であると聞いたので、定邦を喜ばせるために、このたび内々に行うとの御意向である。

これは、定邦の病状が悪化するなかで、一橋治済《はるさだ》が、〝常溜〟への昇格には反対であった尾水両家も承諾すると考えて、老中たちと協議したうえで、実行させたのである。定信にとって、このたびの殊遇の獲得は藩内に対して、定邦から負わされてきた責務を一応果たしたことになる。それとともに、幕政改革と連動させつつ推進してきた藩政と、幕府における役職の勤続とを、ともに正当化することを意味するのである。

定邦が死去

定邦は六月七日に六二歳で死去している。直後の一八日付の書状で定信は郡代に対して、軍用金と不時勤め金をそれぞれ三万両ずつ設け、双方を白河には二万両、柏崎には一万両ずつ分けて貯蔵するなどという目標を示している。翌寛政三年の夏には幕府において、「御勝手御改正」という財政改革方針を策定しているが、これは自藩の財政改革を参考にしていた可能性がある。

ところが、寛政二年七月五日の夜、屋敷に盗賊が入り、備蓄金のうちから千両箱を一つ盗んでいる。定信は外聞を憚って、この件を内密にさせたが、盗賊には金をえるだけでなく、改革政治に対する恨みを晴らす目的があったのではなかろうか。

知行目録を交付

さて、九月一五日には懸案であった「武器馬具之御定帳」の発表を断行している。一方、家中に対する知行目録の交付は、定邦の代に復活をめざしていた。しかし、御家族たちが自分たちの家は合力米《ごうりきまい》の名目で禄を与えられていたため、交付の対象外であったとして拒んでいたため、実現しなかった。そこで、定信は合力とは幕府においては御三卿が部屋住の時に給付されているように、扶持と同じであると説得している。そして、承諾を取りつけたうえ、一存で知行目録の書式を改め、一二月朔日に御家族たちを含めた一統に対して交付している。以後、家督相続や加増の際には、毎年この日に交付することにしている。

さらに、翌三年の元旦からは引米の実施中、公式には中止してきた家中と藩主との間の献上と下賜を復活しており、これも主従関係の強化策の一環であった。定信は、こうした幕府内・藩内の双方における政治的立場の相対的な安定を背景にして、寛政二年五月下旬には異学の禁を、一一月には旧里帰農（奨励）令、をそれぞれ発している。

財政の目算が狂う

ところが、本知を復活したものの、その直後に目算が狂い、寛政二年一二月一五日には次のように通達している。それは、本知を復活するならば辞任後に負担する参勤交代や、負担させられる可能性がある大手門番の費用が不足するとして、役人が反対していたものの、強引に導入した。しかし、当年は米価安となったために、財政が苦しくなったことから、予算を組み直して諸向きの予算や主君の生活費も削減する。今後、米価が上がって余剰が生じれば、その分は臨時費に充てる、というものである。

家中は、米価の低落により本知を復活した成果をえられず、そのうえ禄米の支給間隔を広げたことにより、臨時の出費に差し支えていた。そのため、寛政三年七月九日には御内用達の内藤順次に出金させ、白河の町人たちに口入をさせて有利子で貸し付ける、「金子才覚之主法」を導入すると通達している。一一月には、一〇ヵ年以来の借金証文の内容を封書で報告させ、提出された一〇〇七通を江戸へ送っている。ところが、貸付内容が公になったことにより、金主や口入人である勘定方役人が迷惑がるなどの混乱が生じている。

三　幕政と藩政との連関

敬礼の規定を作成

さて、本知とともに手馬や駕籠の所持も復活することになったものの、馬上などにおける会釈についての規定は存在しなかった。そのため、定信は家中の礼儀について幕府の規定をもとに斟酌して「殿中向幷於途中会釈之定」を制定し、寛政三年（一七九一）の春から施行している。ところが、八月には組頭衆が歩行する平士に遭遇し、規定通り下馬した際、先方が無僕のために下駄を草履に替えなかった、などの報告がなされている。

用番の担当期間を変更

さらに寛政三年六月には、月番たちが主君の在城中は一〇日間、在府中は一五日間の交代で、用番を勤めてきたのを、幕府の月番制に倣って一ヵ月間に改めている。これも幕府の権威を借りつつ、月番たちの業務処理に対する責任を明確化させようとしたのであろう。

こうしたなかで、幕府が九月二日付で大名に対して、異国船が漂着した際の対処法を指示している。定信は早速これを柏崎に伝達させているが、ここは沿海の地であるばかりか、藩財政にとって要地であるからだろう。

正室と側室が出産

同じ日には、正室の侍女として供奉してきて側室となった、大洲藩家臣の中井庄左衛門の娘を母として、定信にとってはじめての男子が生まれている。続いて一三日には、正室を母として二人目の男子が誕生している。そこで、正室が生んだことから後者を嫡子として太郎丸（定永）と、前者は次郎丸（定栄、真田幸貫）と、それぞれ命名している。嗣子の誕生によって、定信の藩内における立場は、以前よりも安定したものと思われる。

産業の発展をめざす

　ところで、産業の発展をめざし、寛政元年には城内外への苗木の植え付けを命じている。その結果、植林は城下を通る白坂から須賀川までの奥州街道沿いからはじまり、城内や領内各所にまでおよんでいる。そして、同一一年までに松・杉・栗・楮・桑・漆など二〇種類以上・約八〇万本が植えられている。また、寛政元－二年頃には白河の柏屋に対して融資を行い、袋町に機織の座を設けさせている。翌三年四月には薬種物産穿鑿掛を設置し、甲子山などにおいて薬種見分を命じている。次いで六月二一日には、家計の足しになるとして家中の婦人に養蚕と機織を勧めるとともに、桑と楮の苗木を与えて栽培を命じている。のちには、京都西陣から職工の泉源右衛門を招き、縮緬織など各種の織物を作らせ、定信やその家族が着用しただけでなく、縮緬などは京都にも売りに出している。

財政基盤の強化を図る

　さて、財政に余裕がないところへ、今後は海防の充実と子弟の養育により多大の出費が見込まれることになったためか、財政基盤の強化をめざしている。すなわち、寛政三年九月一三日には勝手方御内用掛のうち服部を、新設した地方《じかた》掛に転任させ、免下げ・新田開発・夫食・種貸・水路・植林・救恤・収納などを扱わせている。次いで一一月には服部の部下を任命し、彼らに対して廻村して荒地や用水路、新開場などに心を用いるように命じている。なお、寛政四年七月には村々に対して、沿革・境界・高札場・溜池・原・橋・山川・清水・産物など一五項目の調査を命じている。その報告書はおそらく文化二年（一八〇五）に編纂が終わった「白河風土記」ばかりか、産業の振興策にも利用されたものと思われる。

向築地に下屋敷を獲得

ところが寛政四年閏二月には、下谷にある下屋敷を相対替《あいたいがえ》により、まず加藤家に譲っている。次いで、水野・田沼・酒井の各家を介して、海沿いのため風光明媚であり、将軍家の浜御殿に隣接した、一橋家の向築地にある下屋敷二万二〇〇〇坪のうち、一万七六七七坪を取得している。これについて定信は、巣鴨にある下屋敷は食料の備蓄には手狭であり、将来の隠居所としても不適当と考え、それを下谷の屋敷と替えていた。のちに田沼・一橋両家が屋敷の交換を望んでいると知り、相対替を実施したという。その際、一橋家に渡した九五〇両を含めて、合計二四五〇両をも支出しているが、おそらく備蓄金の一部を充てたのであろう。

藩政と幕政への批判

定信は幕政に対する世上の不満が、藩政に対する藩内の不満と複合し、高揚して藩政・幕政双方の阻害となることを危惧し続けなければならなかった。ところが、寛政三年四月頃には幕臣である大田南畝《なんぽ》（四方赤良《よものあから》）が、文武奨励を皮肉った狂歌を咎められて更迭されたという風聞が、白河にまで伝わっている。それは有名な、「世の中に　蚊ほとうるさき　物ハなし　文武〱と　夜るも寝《（ママ）》られす」というものである。更迭は虚説であるものの、こうした江戸における批判を伝え聞くことを通して、家臣たちは自分たちの藩政に対する不満の正当性を、確認することになったものと思われる。

白河で風聞探索を強化

　次いで一〇月六日には、幕府における目付の町方掛の設置に倣って、白河の下横目を二組に分けて相互に牽制させることにより、風聞探索の強化に努めている。その背景には、彼らの勤務態度に対する不信感が存在していたのであろう。直後の一一月一〇日には江戸の藩邸において、「蛮国」による朝鮮侵攻という虚説が白河にまで広まっているが、風説が役職を勤める者の家から流れれば、世間はそれを信じてさらに広める。そこで、幕府や世上に関する雑説や家中批判などの伝達を禁じ、流布した場合は発信元を糾明すると達している。

　ところが、一一月には江戸において、駕籠に乗っていた主君に対して、町人が暴言を吐いた際、過剰に反応したとして供の者を譴責している。ここから江戸民衆の反感と、彼らに対する刺激を回避しようとする藩の姿勢がうかがえる。しかし、皮肉なことに処分したことにより、それが白河にまで伝わったのである。また、主君が襲封の際に家中に対して下していた命令が空文化していた。そのため、服部が寛政四年正月に、一役ごとにそれを筆写させ、請文《うけぶみ》を添えて提出させたいと建議したところ、採用されている。

武備と海防を充実

武備や海防については、寛政三年一二月五日に横目に対して、大目付と同じく諸流稽古所の巡回を命じている。翌四年四月朔日には、武芸の免許や目録の乱発を戒め、師範たちにそれぞれの授与基準を上申させている。ここから、武術の奨励に対して、師範と結託してまで抵抗する家臣と、その抑止に努める藩当局の様子がうかがえる。

また、家臣を幕府の大筒役に学ばせたうえで、寛政三年一一月には白河において大筒を鋳造させている。暮には、渡辺流砲術の師範である宮部林平と弟子の秋山郷右衛門を、柏崎陣屋に大筒を配備したうえ、現地の役人に対して操作を指導させるために赴任させている。翌寛政四年には、閏二月に秋山を柏崎郡代に任じて民政と海防の一元化を図りつつ、同地の納屋町海岸において異国船打ち払い訓練を実施させている。

また、四月には引米中に多額の債務を抱えていた者が多いため、無利息一〇ヵ年賦による拝借を許しているが、質入れした武器類の請戻し金額も対象に加えて、武備の充実をめざしている。

直後の五月には、宝永二年（一七〇五）に制定されていたものの、形骸化していた軍役人数規定を改定させて発表している。ここでは、武備の充実をめざして、三〇〇石以上の者に対して手馬の所持を命じ、それ以下の者にも所持を促し、さらに禄高に応じて下僕を召し抱えさせている。なお幕府において、役職ごとの旗幟《きし》についての調査を開始させたことを機に、この月には自藩において代官の指物《さしもの》を制定している。これは、海防ばかりか一揆の鎮圧に際しての使用も想定していたものと思われる。

農兵の設置

次いで、六月には農耕は心身の鍛錬になるとして、幕府の八王子千人同心などを例示しつつ、次のように通達している。それは、次・三男の希望者に対して、城下近辺にある須釜村内に開発可能地を与える。そして、家作料を拝借させ、年に一度の拝謁や文武の修業も許すというものである。ここでは、扶養者の負担の軽減、士風の矯正、耕地の拡大、民衆蜂起対策の強化という〝一石四鳥〟をめざしている。しかし、翌五年の年頭儀礼の際、新設された「農兵溜所」において、定信の掛軸の「御寿像」に対して平伏している者は八名にすぎない。

「八月晦日覚書」作成

この間の寛政四年八月に、定信は将軍に対して将軍補佐と勝手掛などの辞任を願い、功績を賞されるとともに長期勤続を求められている。彼はその際の問答を詳細に記し、「八月晦日覚書」と題して月番に与えている。これは、自らの功績に対する将軍の褒詞を伝えることにより、幕政改革の正当性と自藩への貢献を誇示しようとしたのであろう。そして同時に、幕政改革における自藩の先導役としての役割の、さらなる持続を匂わせたものと思われる。

「宇下人言」の題名の淵源

一〇月には幕府が幕臣に対して、大坂定番与力による砲術稽古への参加を勧めると、それに自らの家臣を参加させている。さらに、老中としての立場から幕府に提出する旗幟の絵図帳が完成すると、図案の修正について細かく指示している。またこの月には、自らの実名にもとづいて「ウ下二人言」と名づけ、〝あめがしたににんのことば〟と読ませる軍書を著しているが、この名称は自伝の書名である「宇下人言《うげのひとこと》」の淵源になったものと思われる。次いで、一一月には白河の重役たちに対して、各自の居宅の床下から火薬の原料である焔硝を採取するように命じている。しかし、履行されなかったため、翌五年正月に服部はそれを督促するとともに、率先垂範して採取している。

浅川分領農民の嘆願

こうしたなかで、寛政五年正月二二日には隣領である越後高田藩の浅川分領にある狸森村の農民数名が、村方出入に対する領主の裁定に不満を抱く一〇六名が連判した嘆願書を服部邸に持参している。ところが、これ以後越境者が相次いだため、白河藩の郡代は二六日に二八名の越境者全員を帰郷させている。これは、自領の民衆が刺激を受けて蜂起することを危惧したのであろう。

柏崎勤番を設置

幕府では六月に、ラクスマンの長崎への回航に備えてか、佐渡に異国船が来航した際の援兵の任を越後の高田・新発田・長岡の各藩に負わせている。そうしたなかで、定信は辞任後の八月に、柏崎に勤番を派遣することを決め、それに馬廻《うままわり》三名を充てている。

このように、白河藩の海防政策には、幕府のそれとほぼ同時進行で実施されたものが存在している。これは、老中としての立場からほかの大名たちに範を示すだけでなく、一領主としての立場から財政上重要な越後領分を防護したかったからであろう。

藩校立教館を設立

ところで、これに先だつ寛政三年一〇月には、城内の会津町にあった学問所を拡張して藩校を設立し、立教館と名づけている。そして、本田東陵を教授に任じ、その下に学頭や学校目付などを置き、藩士の子弟のうち一一歳以上の者に対して入学を命じ、朱子学による文教政策の推進を図っている。のみならず、この年には自分より一〇歳年下である家臣の広瀬典（台八・蒙斎）を江戸の聖堂付属学問所に入学させ、柴野栗山《りつざん》らから学ばせている。しかし、立教館を設けたものの、重役たちは子弟の就学に消極的であった。そのため、寛政五年三月には月番たちに対して、重役にはとくに学問の上達が必要であるとして、子弟の入学を促すとともに、学校目付には入学者の勤惰を報告させている。

しかし、皮肉なことに直後の四月には白河の河原において、要職にある者やその子弟を中心にした一二名が、町屋の娘を暴行する事件が起き、町方で話題となっていた。月番は、それが藩外へ流布すれば家中の恥になるとして憂慮し、定信も嘆きつつ処罰している。

家中の風儀の乱れ

江戸の藩邸では主君の登営中、横目が外出者を記録する「裏御門出入帳」を置いたため、家臣たちが当惑していた。ところが、寛政四年七月には灯籠見物と称して吉原を訪れた三名を、禁を破ったうえ、主君が在任中であるなかで、不慎みのいたりであるとして、追込みなどに処している。さらに、寛政五年の定信による相模と伊豆の見分中には、供の足軽三名が数回ずつ旅籠で買春をしていたことが発覚している。そこで、定信と服部はこれらの不祥事が世間に流布することにより、幕政改革と藩政改革の双方に対する反感がより強まることを恐れて、処分の程合いに苦慮している。

幕政と藩政

ところで、寛政五年六月に定信は、正室の産穢中における月番の菩提寺への代拝を、今後は幕府に準じて差し控えるように命じている。服部はこれに関して、「近頃万事にわたり、御改正になったことが多く、その際には幕府に倣ったことが多い」と日記に記している。これは、月番の担当する用番の勤務方法などを指すものと思われるが、藩政改革の尖兵的役割を果たしてきた服部でさえも、このように指摘するほどであった。そこで、ほとんどの家臣は、非常に当惑していたことであろう。

こうして、定信は質素倹約や武術の奨励など、自藩において採用してきた施策を、幕政にまで導入することにより、自藩における改革の追い風となることを期待した。その一方で、幕府から導入や模倣を命じられていないことまでも自藩に採り入れ、幕府の権威を利用しつつ家中の統制を図ろうとしているのである。

四　幕閣からの追放と藩政

辞任に関する落首

定信の辞任に対して、江戸では当初多くの者が依願を鵜呑みにし、直後には「白カワニ　金ノ水ハ　溜ノ間　少将楽デ　末ハ大老」という落首が流布している。ここでは、質素倹約を揶揄しつつも、少将昇進が大老就任への足がかりであると見ている。ところが八月上旬になると、「倹約て《（ママ）》　金ハ少将　溜之間　しつかり〆　越中ふんどし」という、彼の官名を用いつつ倹約政策の持続を危ぶむ、少々猥雑なものが流布している。そのためか、八月一〇日付の町触では、先月「重き御役人」が退任したために雑説が流布しているが、これまでの方針を守るようにと達している。幕府としては、彼の辞任を機に、世上が一斉に法令に背くことを恐れたのであろう。

溜詰の座順

一方、これまで溜詰の座順は、正四位下左中将である陸奥会津藩主の松平容頌《かたのぶ》のあとは、従四位下侍従の先任順に伊予松山藩主の松平定国、近江彦根藩主の井伊直中、陸奥会津藩嫡子の松平容住《かたおき》、讃岐高松藩主の松平頼儀《よりのり》であった。ところが、このたび定信は定国よりも上座となったのである。そこで、定信は自らの辞任が不本意であったにもかかわらず、家中に対しては、依願辞任したところ功績を賞されたが、「ほかの溜詰の方々とは待遇が異なるので、在任中の通りに心得るように」と命じている。

このように、辞任の真相を隠蔽しつつ、殊遇の獲得を誇示している。それにより、殊遇の根拠となっていた幕政改革や、それと連動してきた藩政改革の正当化、さらには幕政への関与の持続を匂わせているのである。

次いで九月晦日には、江戸においてはじめて家中の武芸を親覧すると通達している。一〇月には聖堂付属学問所に倣って、立教館において毎年考試を行うように命じている。これらは、辞任による家中の意識の弛緩を抑止する狙いであろう。

財政計画を再作成

この間、彼は八月朔日付の書状で月番たちに対して、在任中は出費が少なかった。しかし、辞任後のほうが参勤交代の復活や屋敷替えなどにより増加が見込まれるとして、郡代に対して財政計画の再作成を命じている。

倹約を延長

その直後には、白河の家中に対して、在任中は上京や海辺巡見などによる臨時の出費には、役人のやりくりにより対処してきた。しかし、今後は公務のほかに、幕府役人や御出入衆への音物《いんもつ》などが復活するうえ、官位昇進の経費や屋敷替えによる増改築費などにより出費が嵩むであろう。そこで、倹約を来年から三ヵ年間延長し、親戚筋への音物も省略すると通達している。ここから、役人の反対を抑えて強引に本知を復活していたところへ、辞任により支出の増大が見込まれていたことが判明する。

一損引による補填

ところが、寛政五年には多大な損毛が生じていた。そのため、翌六年三月朔日には、本知を復活して間もないので、損毛高の四分の三は一般経費の削減分により補填する。残りの四分の一については、主君やその一族の生活費、役料などを一歩引した分を充てたあとに、一〇石以上の者のみを対象にした、一損引による捻出分により補うと通達している。

こうして財政危機に対処していた直後に、江戸城中における待遇の変更を伝えられている。そこで、寛政六年四月八日付の書状で月番に対して、幕府の自分に対する優遇は今後も変わらないので、法令をなおさら慎み深く守るように、などと家中に通達させ、風儀の弛緩を防ごうとしている。次いで五月には、遠州流であった松平家の茶道を質素なものに戻そうとして「茶事掟」を著している。これは、辞任により自らの立場が弱まるなかで、茶器に贅を尽くしてきただけでなく、質素倹約をしきりに批判してきた、月番の三輪弥右衛門に対して強い姿勢を誇示しようとしたのであろう。

柏崎勤番の派遣停止

六月一六日に七年ぶりに帰国しているが、その途次については「退閑雑記」に記している。八月朔日には、前年に病死者を出していた柏崎勤番の派遣を停止して、毎年五名ずつを白河に待機させる方針に転じている。これは、ラクスマンの退去による対外的緊張の緩和に加えて、遠方に派遣される家臣の不満に配慮したのであろう。なお、この年には鉄砲の修行者に対して、非常時の練習になるとして、城下近くの山野において鳥獣の殺生を許している。また、鹿狩を行うごとに隊列を組ませ、号令も定めている。

武備の祭りの装束

次いで、八月二五日の武備の祭りは、少将昇進後はじめてであった。そこで、自身は少将として束帯《そくたい》を着用し、供廻りには布衣《ほい》や素袍《すおう》を身に付けさせ、組頭以上に対して拝見を命じている。これは、高い削減率で一損引を適用された門閥層に対して、自らの地位の高さや、それを獲得したことを藩に対する貢献として誇示する。それにより、彼らの不満を緩和できるものと考えたのであろう。

一一月には立教館において詩文や素読などの考試を行い、優秀者には褒美を与えている。このののちも帰国するごとに考試を行い、寛政七年には立教館において高齢者を祝う尚歯会を開催している。

立教館で考試を開始

またこの寛政六年には、白河において代々瓦師として歴代藩主に仕えてきた小林覚左衛門を、京都の陶器師である近藤平吉のもとで修行させている。のちには白河藩窯として香合を焼かせ、茶事に用いただけでなく、将軍周辺への献上品や贈答用までも製造させている。

瓦師を京都に派遣

しかし、この年の損毛高は前年を上回ったものの、寛政六年一一月二九日には、昨年に続いて一損引を導入すれば家臣の負担となる。そこで、一般経費を削減して来年一年間厳しく倹約したうえ、一損引の新たな基準を設けると通達している。同時に、質素倹約は窮屈に感じては続かないので、ほどよく心得て非常時の備えに心がけるように促している。これは、それまで倹約を強制してきたものの、家臣の抵抗により形骸化していたことを考慮したのであろう。

木村謙次の白河での見聞

ところで、常陸の農民で医学を学び、のちに近藤重蔵に随行してエトロフ島を探検することになる木村謙次は、寛政六年一一月から閏一一月まで白河に滞在している。そこでは家臣たちとも交流し、見聞したことを筆記している。ここには、町で定信を見かけたところ、七、八年前に見た時には顔色が青白かったが、今回は黒かった。そして、「軽率な行動をするため、威光と人望が乏しく見えるものの、眼光は鋭くて人を射るよう」であった。また、赤子養育手当は他国への外聞を考慮して、越後からの移住者に対してのみ与えている。民衆は彼を恐れて表向きは服しているものの、内心では苛酷な政治を怨んでおり、とくに下層民には城下の者でもそうした者が多いとある。さらに、銭湯が男女混浴であることや、旅籠のなかには規定外の人数の飯盛女を置いているばかりか、私娼もいるという。そこで、「目安」（筆者注―目明し？）を置いて、それには博徒を任用し、昼夜巡視させているが、彼らは密かに博奕をしている。また間引が禁止されているものの、効果がないと聞いている、などと伝えている。ここから、藩外における施政に対する高い評価とは裏腹に、民衆の面従腹背ぶりや法令の背馳がうかがえるが、おそらくは家中も同様であったものと思われる。

服部半蔵を処罰

こうしたなかで長岡藩から服部に対して、かつて同藩において罪を犯したあと、服部家に若党として仕えていた者の身柄を引き渡すように求めてきた。ところが、服部はそれを拒んだばかりか、定信からの捕縛命令にも応じなかったため、閏一一月一一日に「はなはだもって心得違いのいたり」であるとして、隠居と急度慎みを命じている。もっとも、服部は直後にこの人物を捜索して捕縛したため、一二月一九日に「格別の思し召し」により赦されて、老分に任じられている。この事件の詳細は不明であるものの、服部の態度と、彼に対する処分の厳しさが注目される。おそらく定信は、寵臣として自分の留守中に強権を揮ってきた彼を、この一件に乗じて厳しく処罰することにより、家中の自分に対する不満を逸らそうとしたのであろう。

翌寛政七年三月一四日には家中に対して、通行者が見聞きして他所へ伝えるとして、白坂辺りや境明神の茶屋などを訪れ、遊興がましいことをすることを禁じている。しかし、摘発は指示していないことから、家中の風儀への対応に軟化がうかがえるが、服部の排除ともども政治姿勢を多少変化させたのであろう。

茶道を統制

ただし服部を処罰した結果、三輪の発言力が強まることを牽制するためか、「茶事掟」と同じく、文末の名前の上に「左少将」と記して権威づけをしつつ、同月に「茶道訓」を著している。老年のうえに、定信のこうした茶道への介入のなかで、三輪は五月に江戸で隠居して長尾仙巣と改名している。さらに、この頃に定信は、三輪の子で、父と同じく茶道を好んだ三輪権左衛門に対して、父のために質素な茶室を建築するように命じ、蘿月庵を造らせている。そればかりか、のちには自ら「老のなみ」や「楽亭茶話」を著し、さらに六二冊におよぶ「茶道元書」を編纂して、遠州流を改めて家流を開いている。こうして、幕政から排除されることにより生じた余力を、藩政や文化に振り向けてゆく。そして、茶道のみならず、のちには武道にまで家流を創立し、藩内における文化の統制までもめざすのである。

心学者に巡講させる

この年六月には、前年に本多忠籌《ただかず》が心学者の北条玄養を自領に招き、領民に対して講話を行わせていたのに対抗してか、白河領にも北条を招いている。そして、以後寛政一〇年まで毎年、赤子の養育を中心に巡講させている。

一損引の規定変更

ところが、この年も一万石以上の損毛が生じていたため、寛政七年一〇月一九日には一損引の導入を避けるために、規定を変更している。すなわち、従来は損毛高が九〇〇〇石までならば、一般経費の削減分により補填し、一万石余りであれば、一般経費の削減分と一損引による捻出分とで半分ずつ補うというものであった。それを一万九〇〇〇石までは一般経費や主君の生活費を削って充て、二万石になれば一年間のみ、かつての基準で引米を行うと変更したのである。

これについて「守国公御伝記」には、本知の復活後は文化五年（一八〇八）までに一―二万石の損毛が四―五度あったため、主君の生活費と諸役所の経費を削って充て、俸禄は全額支給したとある。なぜか、寛政五年の一損引の実施には言及していないものの、本知の廃止や一損引の導入は、家中の統制や軍備の充実の支障となるため、経費削減により対応せざるをえなかったのである。

浴恩園を造園

ところで、彼は寛政五年頃から築地の下屋敷において造園に着手し、翌六年にはそれをほぼ完成している。それは、水門を開くと江戸湾から海水が流入する二つの大きな池を中心とした回遊式であり、そこに五一ヵ所の景勝地を設けている。また、二つの池の中間にある「たまもの《(賜)》山」の下にある「たまもの《(賜)》池」には、将軍から拝領した蓮を植えている。そして、ここを将軍家より拝領するという恩に浴したとして浴恩園と名づけ、友人たちを招いて、景色を眺めて詩を作り歌を詠みつつ、酒を酌み交わしている。寛政八年頃には、辞任願を認められて山水を楽しめる、将軍からの恵みのありがたさを、家中の子女たちにも感じさせたいとして、弁当を持参しての入園を許している。

三郭四園を造園

また小峰城では、当初は二丸下にある屋敷に居住していたが、狭かったため、辞任後は三丸に屋敷を造って住んでいる。自分の居間である敬簡堂の周囲には、寛政六―一〇年の間、帰国ごとに南園、西園、東園の順に、合わせて約一万四〇〇〇坪の庭園を造園し、三郭四園《さんかくしえん》と命名している。このうちの南園には三二の景勝地を設け、その中心にある太清沼には、浴恩園と同じく将軍から拝領した蓮を植えている。この三郭四園では、詩歌会や茶会や琴碁書画会、さらに舞楽の演奏会を催し、その際には自ら万歳楽を演奏するなどして家臣と交流している。また、武術の稽古会も催して武芸を練磨させ、さらに九〇歳以上の領民を招待して尚歯会を催している。

こうした浴恩園と三郭四園の造園と、そこにおいて各種の文化的事業を実施した目的としては、まず彼自身が楽しむことにあった。次に、家中に対して自分が将軍から殊遇されてきたことを誇示することにより、辞任が依願であることを匂わせることにあった。それればかりでなく、彼の施策に対して反感を抱く家中、とりわけ彼の帰国を嫌う白河の家中や庶民を懐柔する狙いもあったのであろう。

洋学への関心

ところで定信は、西洋の自然科学に対する関心も強く、洋学の知識を政治に利用しようとしていたものの、それが世上に広まって幕政への批判が起きることを警戒していた。そこで、田沼時代の幕府による改暦事業を引き継ごうとして、寛政三年には自らが所蔵する天文書を阿蘭陀《オランダ》通詞の本木良永に訳させ、完成した「星術本原太陽窮理了解新制天地二球用法記」を、寛政五年に幕府に献上している。

一方、北方の地理やロシアについての情報をえるため、寛政元年には「ニューウェ・アトラス」という地図を入手して本木良永に翻訳させていた。ラクスマンの来航にともない、寛政四-五年頃からは西洋の地理や軍事の書を積極的に集めている。しかし、定信はオランダ語のアルファベットは学んだものの、蘭書を読むことはできなかった。そのため、寛政四年からは元阿蘭陀通詞の石井恒右衛門（庄助と改名）を、寛政五年からの短期間には蘭方医である桂川甫周の弟で、洒落本などを著していた森島中良を、それぞれ召し抱えている。

「遠西軍書考」を編纂

このうち石井は、大槻玄沢の所蔵していた「蘭仏辞典」を、稲村三白の依頼によって寛政六-七年に訳している。これに稲村らが手を加えた結果、寛政八年に日本最初の蘭日辞書である「波留麻和解《ハルマわげ》」が完成している。さらに定信は寛政七-八年頃には、収集した洋書から軍事関係の事項を抜粋させ、石井に和訳させて「遠西軍書考」を編纂させている。

空気ポンプの製造と実験

また、寛政五年七月から翌六年春の間に、ガラス製の「リユクトポンプ」（空気ポンプ）を造らせている。ここには、鳥などを入れて空気を出し入れし、生物にとっては空気が不可欠であることを確認する実験を行っている。そして、その様子を伊勢桑名藩主の松平（奥平）忠和に見せて驚かせたばかりか、この器具を美作津山藩主の松平康致《やすむね》に貸与している。

亜欧堂田善を召し出す

一方、銅版画を所持し、それが海防のための正確な地図を作成する際に必要な技術と考えていた。そこで、寛政六年には領内巡見の際、須賀川において亜欧堂田善（永田善吉）の画才を見いだし召し抱え、のちには彼に銅版画の技法を学ばせている。

第六　藩政専念から幕政関与へ

一　浅川騒動と藩政

ブロートンが来航

寛政八年（一七九六）八月には、イギリス人の探検家であるブロートンが乗ったプロヴィデンス号が、絵鞆（室蘭）に来航し水や物資を求めている。彼はマカオに帰ったあと、翌年別の船に乗り、江戸湾外から房総半島の外縁を北上し、絵鞆に再来航したため、対外的緊張がいっそう高まっている。そこで、幕府はそれに対処するために直後の八月、徐々に政治に対する影響力を強めていた一橋治済《はるさだ》と将軍が会談したうえで、老中の松平信明《のぶあきら》に勝手掛を専管させ、老中間の軸に据えている。

松平定綱に「大明神」号

一方、定信は寛政九年正月に唯一神道の宗家である吉田家に乞い、藩祖定綱、すなわち「鎮国」に対して「大明神」の神号を得ている。そこで、これを機に御霊屋を御宮と改称するとともに、社殿を以前よりも立派に建て直している。

次いで、二月には定信が立教館の幼少の生徒に対して、学問の目的と君臣・家族・朋友などのあり方について「立教館童蒙訓」を作成している。六月七日には、文武の師範などの指導者と、他国への遊学者に対して手当の支給を命じている。そのうえこの年には、広瀬典を立教館の学頭に任命しているが、寛政一〇年には本田東陵の後任として教授に昇進させ、同一二年には物頭格とし、侍講を勤めさせて藩政にも関わらせることになる。

広瀬典像（白河市歴史民俗資料館所蔵）

浅川騒動が発生

こうしたなかで、寛政一〇年正月には浅川騒動が起きている。越後高田藩主の榊原家では、陸奥石川郡の浅川に陣屋を設け、白河など四郡のうちにおいて合わせて八万四六三六石余りの分領を治めてきた。ここでは、藩が農民に馬をせりにかけさせ、購入者には強制的に落札金額を有利子で貸与するとともに、種駒の借用者にも貸付を行う迫駒《せりこま》仕法《しほう》を導入している。もっとも、隣接する白河藩でもこれを導入していたが、定信は迫駒拝借金の利息は半額とし、種駒の貸付金を無利息・六ヵ年賦に緩和して、馬産を促し、農業生産の向上をめざしている。

ところが、浅川では迫駒仕法の重圧に、大庄屋の横暴や、豪農から任命された駒付役人らの不正などが重なるなかで下層民が苦しんでいた。そのうえ、前年には春の悪天候により苗が大被害を受け、農民が見分や減免を要求していたものの、大庄屋たちが拒んでいた。そのため、ついに農民が蜂起して、村役人や駒付役人らの家を打ちこわしたうえ、陣屋に押しかけて包囲し、大庄屋の廃止と不正行為をした村役人の処罰を求めている。

白河藩が派兵

そこで陣屋の求めにより、二六日には白河藩が武備の祭りの参加者を中心に、鉄砲・長槍を携えた一番手から三番手まで、合わせて四八〇名を送り込み、棚倉・三春・二本松の各藩も派兵している。さらに白河藩では、これとは別に自領民の動揺を警戒して白坂に二五名、旗宿に二五名、須賀川に三五名を、それぞれ派兵しているほか、増見にも送っている。そのうえ、信達分領の近領においても騒擾が起きていたため、保原陣屋にも二名を派遣している。

一方、浅川では二六日に一揆勢のうち二六名が惨殺され、翌二七日には役人の策謀によって騒動は収まっている。この間、諸藩からの加勢は待機したままであったが、定信としてはかねてから推進してきた武備の充実の正当性を、藩内外に誇示する絶好の機会となったことであろう。

民衆蜂起対策

白河藩では直後の五月五日に、はじめて砲術角前勝負の式を挙行するなど、この年からは御宮に対して五節句にも各種の演武を奉納させ、武備の充実に努めている。翌寛政一一年には伊勢の外宮に献納するため、越後領分において造らせた湯釜を、俵屋の持ち船で米とともに大坂に運ばせ、積み替えて伊勢に送らせている。これは、自領やその周辺における民衆蜂起の発生を恐れて、五穀豊饒を祈願したのであろうが、対象の神社が日本の宗廟である点が注目される。

定綱の一五〇年遠忌を挙行

さらに同一二年九月には、定綱の一五〇回遠忌を挙行させているが、初日に定信が狩衣《かりぎぬ》、供は布衣《ほい》などをそれぞれ着用して参拝したあと、武芸の祭りを催している。翌日には武備の祭りを例年よりも盛大に行い、定綱像を安置した神輿を丸の内に渡御している。その際、供奉する先備《さきぞなえ》には侍大将以下に小具足・陣羽織・旗を用いさせ、弓や鉄砲を郡《こおり》方の士卒一五名にまで持たせ、和党曲輪《くるわ》において備を立てさせている。これは、いわば軍事パレードであり、家中に対して非常時に対する準備の重要性と、主君への忠誠を再認識させるとともに、領民を威圧する狙いがあったのである。次いで三日目には、家臣たちに酒を下賜したあとで舞楽を催し、自ら狩衣を着て羯鼓《かっこ》を鳴らしている。

これらの様子は、家臣の吉村宣徳が「白河鎮国大明神御祭の記」として記録している。ここから、この祭りが開始された天明年間と比べて、武備が充実しているばかりか、御宮と、それに関わる儀式が拡充・整備されていることがうかがえる。

このように、外国船の来航や、浅川騒動に刺激された自領民の蜂起に対する強い危機感のなかで、家中の子弟の育成とともに、家中の一体感を演出する必要から、藩祖の権威のさらなる利用を図っているのである。

立教館を拡張

享和二年（一八〇二）には立教館の規模を一六〇〇坪にまで拡張して講堂などを増改築し、教育の充実を図っている。内部には、定信が「立教館」と揮毫した額が掲げられた講堂を中心に、句読局・習書局・数学局・文庫などのほかに、弓場・砲術場・剣術場・槍術場・居合場・柔術場という武術関係の施設や寮などが置かれている。

ここでは書院格と舞台格以外に、無格の子弟の希望者も学ぶことができた。学科は漢学が中心であり、入学すると素読科から会読科をへて看書科に進む。そして文学部には、漢学のほかに和学・数学・天文学・習字学・画学・音律および舞楽・儀式学・蘭書学が置かれている。一方、武術部には兵学・剣術および長刀術・弓術・馬術・柔術および棒術・居合術・鉄砲および火矢術・遊泳および漕舟術の学科が設けられている。そして、文学部の漢学などとともに、武術部のうち一科目を修めることが求められている。

総合武術を創出

また、彼はこの年には領内を巡見するとともに、「甲乙流組合之書」を著わしている。彼は内憂と外患に対処するなかで、実用的な総合武術を創出している。それは、定綱が家臣とともに立てていた甲乙流剣術を復興し、これと起倒流柔術を合わせ、工夫を加えて命名した、総合武術としての甲乙流であり、右はそれに関する書である。彼は、これを皮切りに各種の武術において新流派を創出してゆく。

「御百姓心得方申聞書」を通達

これに先だつ寛政一一年正月には、「御百姓心得方申聞書」を各村に通達している。ここでは、間引の禁止と赤子養育手当の支給、極貧のため結婚できない者に対する拝借金三両ずつの許可、農業への精励と質素倹約への努力、松や杉などの植付けに重点が置かれている。また、村方への浪人者の居留を禁じているのは、一揆の扇動を恐れているからである。このうち赤子養育手当は、それまで二人目の子供から、七夜過ぎと一二ヵ月目に、それぞれ二分ずつを与えてきたものを、寛政九年にそれぞれ倍増して合わせて二両に増額していた。そこで、それ以後も依然として間引が盛んに行われていたことがうかがえる。

郷学を設立

寛政一一年二月には、領内の老人に対して酒食を与えて人心の収攬に努めている。五月には、庶民教育のため小峰城の大手門前に敷教舎を、須賀川町の郷士の屋敷内には敷教第二舎を、それぞれ設立している。そして、教育方針として「敷教条約」を作成して広瀬典に漢訳させ、立教館から出版させているが、内容は庶民のあり方や間引の禁止などである。

信達分領を巡見

彼は同一二年八月には往復一一日間かけて、疝気（下腹痛）を癒すために飯坂温泉を訪れているが、信達分領の巡見も兼ねている。その際には広瀬を随行させ、保原陣屋をはじめとして各所を巡り、七〇歳以上の老人を集めて酒食を与えている。さらに、源義経の部下であった佐藤継信・忠信兄弟の忠臣としての生きざまに感銘を受けていたため、彼らの墓を訪れるなど史蹟を見学し、帰路には敷教第二舎を視察している。そして、分領の領民が貧困に苦しんでいたことから、以後一〇ヵ年間にわたり免率を下げている。

このような定信の領内巡見においては、史蹟や名勝、伝承地などを訪れて、写生や拓本の採取を行ったり絵師に写生させ、宿泊地の村の老人に酒をふるまう。さらに、紀行文を自ら書くか、または随行者に書かせ、随行させた絵師に描かせた絵を、それに添えさせたことが指摘されている。なお、この寛政一二年には、彼との間に多くの子女を儲けていた側室の中井氏が死去したため、白河の常宣寺に葬っているが、さぞかし悲嘆にくれたことであろう。

産業の発展に尽力

この間、産業の振興にも努めており、寛政一一年には白河の本町の者に対して資金を与え、キセルを製造させている。享和元年には製造高二〇〇両を見込めるようになり、他国へも販売されている。その際には、軽輩の家臣に家計を補わせるため、子女にキセルや織物の内職を勧めている。さらに、寛政一二年には享保期に鉄を採掘したことのある南須釜村とともに北須釜村にも、たたら製鉄の設備を造っている。そして、村民には農間に原料となる砂鉄の採取や、燃料となる炭の製造を行わせ、それらを買い上げている。

一方、城下に薬園を設けて朝鮮人参や附子《ぶす》などの薬草を栽培させたほか、附子は作付を望む者に対して種を与え、収穫物を薬園に買い上げさせている。それらは、領民の治療に用いさせるだけでなく、朝鮮人参とともに江戸の薬種問屋に販売させている。なお、小野蘭山が享和三年に著した「本草綱目啓蒙」のなかには、江戸では良質であるため白河附子として珍重されていると記されている。このほか時期は判然としないものの、塗物役所を設置したり、または孟宗竹・生姜・たばこ・藺《い》草を栽培させ、国産の育成を試みている。

南湖を造園

ところで、享和元年には不作となったことから農民の救済を兼ねて、彼らに土を運ばせて賃金を払っている。そして、城下の南にある大沼に堤防を築いて水を溜め、沼を浚渫して灌漑用の溜め池を兼備した南湖という名の庭園を竣工している。これにより、ここでの操船術の修練が、のちに房総の防備を命じられた際に役立つとともに、周辺にある湿地の新田開発が可能になっている。

また、ここは自然の景観を生かした、約一万六〇〇〇坪の庭園であり、ほかの大名庭園とは異なって柵や塀がなく庶民にも開放されている。とくに湖岸の丘陵の裾野に設けられた茶亭の名称は共楽亭であり、その構造は、二間の間に敷居や鴨居を設けていない。そうしたこともあり、身分の上下を超えてともに楽しもうという意味が込められ、日本最初の公園とされている。しかし、内実は家臣を慰撫して、自分に対する不満を逸らすとともに、民衆を懐柔して蜂起を予防する狙いがあったのであろう。

学田新田を開発

南合彦左衛門は立教館設立の際に学頭となり、寛政五年（一七九三）からは郡代に転じていた。文化三年（一八〇六）頃から南湖の水を引き、城下の有力者三名に五〇三町歩余りの新田を開発させて新百姓を入植させている。そこは、徴収した年貢を立教館の経営費に充てたことから、学田新田と総称されている。このように定信は襲封以来、農村復興などの諸政策を、領内の豪農商と連携しつつ、彼らの資金を利用しつつ推進しているのである。

農村の実情

享和二年四月には郡中の村々に対して、小前《こまえ》の困窮が増しているが、農耕を怠って流行の風俗に浸り、奢侈に耽るのは、大庄屋と村役人の指導不足によると戒めている。そして、贅沢な衣服の着用や、三味線などの遊興や見物を禁じるように通達している。彼の在任中、江戸においては質素倹約が浸透し、辞任後は徐々に奢侈に戻っていったが、ここから自領においてもほぼ同様の状況であったことがうかがえる。次いで、享和三年六月と八月には、阿武隈川が大洪水を起こして白河が大被害を受けているので、多くの復興費を要したことであろう。

「御家格御祝日」を制定

さて、嫡子の定永は文化二年六月一九日に将軍にはじめて拝謁を許され、一二月一六日には従五位下式部大輔に叙任し、すぐに従四位下に昇叙している。定信は自身は、襲封直後に家の先例を破って二六歳で従四位下に昇進していた。ところが、定永の場合ははじめて将軍に拝謁を許された年であるうえに、一五歳であるのは、自分がもたらした寛政五年の家格上昇の成果であるとして、七月二三日を「御家格御祝日」と定めている。そして、家臣たちを登城させたうえ、本年は一統に対して、来年からは御殿詰の面々にのみ赤飯を下賜することを決めている。そのうえ、翌年の七月二三日からは新たに老分一名を名代として、白河にある歴代藩主の菩提寺である常宣寺と円妙寺に参拝させている。こうして、自家に対する功績を家中に再確認させることにより、彼らを服従させ続けようとしている。

「楽亭筆記」を執筆

また、この文化二年には「楽亭筆記」を著して、重職の心得を示している。このうち月番に対しては、①最重要の職であるから、篤実にして倹約を守り、下々の手本となるべきである、②大名は三〇〇名ほど存在して交際範囲が広いため、多くの情報を得て政治能力が養われるが、「大臣」（家老、白河藩では月番）は各家に一〇名ほどいるものの、交際範囲が狭いためにうぬぼれがちである、③主君が直裁しないと「国家」（筆者注―この場合は藩を指す）は治まらないので、少々不満があろうとも直裁をするように仕向けるべきである、④家臣の意見を主君に達し、主君の指示を家臣に伝えたうえ、備荒貯蓄や国産の育成にも尽力すべきである、などとある。これは、自ら続けてきた親政を正当化したものであろう。

さらに、郡代に対しては、①民は国の本であるが、「仁政」といって恵み過ぎると、彼らは甘えてさらに貧窮し、逆であると心が離れるから、臨機応変に生かさず殺さぬように心掛けるべきである、②町人と利を争うと負けるから、彼らを心腹として、彼らの術計に入って利用すべきであるが、音物《いんもつ》をもらえば利用されるだけである、③農民を無智と思ったり町人の利勘を侮ると、彼らの術中に入って欺かれるだろう、などとある。ここでは、「仁政」を推進したり、豪商と連携しつつ施策を講じる際の注意点を指摘しているが、襲封直後にめざしていた理想的なものではない。藩政さらには幕政を運営するなかで培われた現実的なものである。

この頃には、広瀬や南合という、ともに立教館と関わりの深い側近的人物たちを重用しつつ、藩政を運営している。しかし、それに対して月番たちは強い不満を抱いていたものと思われる。ところが、前年九月のレザノフ来航により対外的緊張が再び強まるなかで、藩政全体の引締めを図ろうとして「楽亭筆記」を著した可能性がある。

「白河風土記」を編纂

なお、この文化二年には寛政年間に着手した「白河風土記」一四巻の編纂が完了している。編纂の中心人物は広瀬であり、小峰城の郭内および郭外と、白河・岩瀬・石川の各郡にある村々の沿革・境界・城下からの方角と里程・高札場・寺社・溜池・橋・山川・産物・古城蹟などが記載されている。これは、幕府が林述斎を総裁に任じて文化一〇年から編纂を開始させた、「新編武蔵風土記稿」の先蹤になったものと思われる。

ところで、定信は天明八年の上洛の途上に、石山寺に参詣して「石山寺縁起絵巻」の模写を提案している。のちの享和年間には、側近の絵師である岡本茲奘と谷文晁の養子文一らにそれを行わせ、欠損部分は文化元年から翌年にかけて谷文晁に補作させている。さらに文化元年には、「天満宮略伝絵巻」を作成させて北野天満宮に奉納している。さらに、古書から輿と車についての記事を集めて考証し、住吉派の絵師に図を描かせて付した「輿車図考」を著している。そのうえ、文化四年頃には「春日権現験記」二〇巻を描かせている。同八年には彼が序文を記した「平家物語絵巻」一四巻を作らせているが、こちらは彼の意匠により描かせたうえ、自ら詞書《ことばがき》を記している。

「集古十種」を編纂

このほかに、全国各地に所蔵されている碑銘・鐘銘・兵器・銅器・楽器・文房具・扁額など一八五九点におよぶ古書画や古器物、古武具を模写して収録した、八五冊からなる「集古十種」を編集させている。これは寛政一二年に広瀬が序文を書いたあと、享和から文化初年までに刊行されたとされ、この間の享和元年四月には将軍から献上を命じられている。なお、同書に収載する武田氏伝来の楯無鎧《たてなしのよろい》は、所蔵する甲斐の菅田天神社が寛政四年に江戸で甲冑師に修理させたあとに将軍の上覧を仰ぎ、翌年自社へ戻している。定信は、この間に複製品を製作させ、寛政七年に白河の鹿島神社に奉納している。

「古画類聚」を編纂

そのうえ彼は、「石山寺縁起絵巻」・「伴大納言絵詞」などの絵巻物のうちの部分図や、「源頼朝像」などの古画や彫刻などを収載した「古画類聚」を編集させている。しかし、こちらは定信の死去により未完で終了し、刊行されていない。「集古十種」と「古画類聚」の資料収集には、谷文晁・白雲・巨野《おおの》泉祐《せんゆう》らの絵師があたり、このうち谷文晁は寛政八年の夏から京都・大坂・奈良を調査に訪れている。

「集古十種」（福島県立図書館所蔵，福島県立博物館提供）

定信の絵画観

定信は、絵は言葉では正確に表現できない情報を伝えることができるから、古物が失われたとしても、絵を通して昔のことを知ることができる。そればかりか、長らく伝存してきた物の「徳」を、多くの人々が知って敬うことにより、文化が発展してゆくと考えていた。ところが、幕府において文化財の編纂事業を行う前に失脚したため、白藩においてそれを実行したのであろう。そして、幕政復帰の望みが絶たれていたなかで、代わりに文化人としての名声をえようとしたのではなかろうか。

白河関の場所を考証

このほかに彼は、同藩が北方の守備を担っていると自任していたためか、古代に白河関があった場所を考証し、そこを旗宿と断定している。そして、寛政一二年に表には自ら揮毫した「古関蹟」の文字を、裏には確定の経緯を、それぞれ刻ませた碑を建てさせている。

二 ロシア船の侵攻と幕府に対する意見書の提出

「孝義録」を拝領

幕府においては、松平信明《のぶあきら》をはじめとする、いわゆる〝寛政の遺老〟たちが、定信の敷いた改革路線を基本的に継承してゆく。そうしたなかで、享和元年（一八〇一）八月には定信に対して刊本の「孝義録」を下賜している。

易地聘礼の実現に関与

また、この年には対馬藩の家老大森が定信に対して、朝鮮側では易地聘礼《えきちへいれい》においては、日本側の上使を従来通り老中が勤めるものと予想しているが、上使にはいかなる者が任じられるのかと尋ねている。これに対して彼は、このたびは朝鮮側が前回と同じ位階の者を任じる場合、老中でなくとも、老中と同じ四位の大名を起用すれば軽視には当たらないと答えている。そこで、対馬藩はそれに従って交渉して朝鮮側の了解をえている。同藩としては、定信が易地聘礼の発案者であるばかりか、幕府の外交に携わる林述斎と友人であることから、幕府側の意向を探ったのであろう。これに対して、定信はこの件に関心が強いことから回答したのであろう。

一方、幕府は寛政一一年（一七九九）に東蝦夷地を松前藩から仮上知し、蝦夷地御用掛を置いて蝦夷地の開発を進めたものの、財政負担が大きかった。そのため、享和二年に非開発の方針に転換し、蝦夷地奉行（のち箱館奉行）を設置し東蝦夷地を永久上知している。ところが老中の松平信明は権勢を強化し、将軍や一橋治済との間で軋轢を生じていった。そこで、享和三年一二月二二日に病気を理由にして辞任し、次座の戸田氏教が首座に繰り上がっている。

松平定国の死去

この半年後の文化元年（一八〇四）六月には、定信と和解していた松平定国が死去している。そこで、彼の遺言を承けていた定信は七月一二日に幕府に対して、「葵御紋付」の着用を後嗣である立丸（定則）にも認めるように請願し、却下されているものの、以後は立丸を後見している。

レザノフの来航

この年の九月にはロシア使節のレザノフが、かつて定信がラクスマンに与えていた信牌を携え、通商の実行を求めて長崎に来航している。これに対して幕府は、翌二年三月に信牌を取り上げたうえ、中国・琉球・朝鮮・オランダ以外とは通交や通商をしないという祖法があるとして、強硬に要求を拒絶している。定信がラクスマンへの対応に用いていた主張が、このように幕府内において次第に定着しているのである。

この時に、定信は強硬な対応が後難をもたらすことを恐れて、幕府に対して二―三度進言したものの却下され、レザノフのほうは憤りながら出港している。この事件を担当していた老中の土井利厚は外交手腕が乏しく、冷遇すればロシア人は再来航しないと考えていたうえ、首座の戸田氏教は責任回避に努めていたのである。そして幕府は同三年正月に、ロシアとの紛争を恐れて、大名および沿海に知行地を持つ幕臣に対して、レザノフが退去した経緯とともに、異国船の来航に対しては穏便に帰帆させるように命じている。

幕府財政が悪化

この間、幕府財政は文化初年から経常収支が再び赤字に転じている。そのため、文化二年六月には経費削減のために代官を減員し、減員した代官に割り当てていた幕領の一部を大名に預けようとしている。その際、「家事国政などの評判が良く、手本になるような大名に預けたい」と勘定奉行たちがうかがうと、老中たちは以前在任して幕府の方針をよく理解しているとして定信を候補にあげ、勘定奉行たちにうかがい案を作成させている。

幕領を預かる

そこには、定信は以前から越後領分が幕領と錯綜しているため、いささかの出入りが起きても、関係者が江戸に召喚される。そのため、その費用が村方の重荷になっているとして、隣接する幕領の預所化を内願していた。そこで、五万石余りを通常通り、まずは五ヵ年間預けたいとある。実はこれは、定信が在任していた寛政五年五月に、大名の預所に対して原則として三・五・七年の年期を設け、統治の善悪などを審査したうえで延長の可否を決めると定めていたことにもとづくのである。

そして、右のうかがいは八月一六日に許可され、白河藩は三島郡のうちでは四〇〇〇石余り、蒲原郡のうちでは四万六〇〇〇石を預けられ、それらを合わせて統治するために出雲崎陣屋（預地役所）を設けている。定信にとって、幕領の統治はこれまでの施政が評価されたことを意味し、藩内に対してその正当性を誇示できたことであろう。このように、幕府が彼に対して好意的になってきた背景には、彼の外交経験や海防についての識見を再評価しようとする空気が醸成されていたからと思われる。

牧野忠精・松平信明との関係

一方、彼は寛政三年一〇月一三日に娘の婉姫を牧野忠精の嫡子である忠鎮《ただつね》と縁組させていた。忠精は、同一〇年に娘を松平信明の嫡子である信順《のぶより》に縁組させているので、忠精を中心にして定信と信明とが接近しつつあった。次いで文化二年九月、すなわち定信が幕領を預けられた直後に、牧野忠鎮と婉姫との婚姻が整い、牧野・松平（定信）両家はいっそう緊密に結びついている。のち文化五年七月には牧野忠鎮が死去しているものの、内約により翌六年暮れに婉姫は忠精の養女となって越後村上藩主の内藤信敦と縁組している。この結果、定信と忠精との関係は維持される一方、同年二月には忠精の娘と信順との婚姻が整っている。

さて、文化三年四月二六日に老中首座の戸田が死去したため、次席の牧野忠精が首座・勝手掛・朝鮮人来聘掛を継承している。ところが、牧野のほか土井利厚・青山忠裕の老中たちは対外政策の経験が乏しく、レザノフが退去したあとの緊張状態を乗り切れるか覚束ないうえに、朝鮮問題も抱えていたのである。

すなわち、幕府は易地聘礼の実現をめざして、文化元年六月には文化六年春の実施を

瓦《かわら》が語る日本史
中世寺院から近世城郭まで

山崎信二著

かつては重要な建物にだけ葺かれた瓦。大陸より伝わり、日本独自のスタイルを確立した造瓦の変遷を、瓦工集団の発展を辿りつつ豊富な図版を交えて描く。寺院・城郭の瓦を分析し、組織で異なる鬼瓦の形態も迫った労作。

四六判・二六八頁／三三六〇円

キリシタンの文化（日本歴史叢書67）

五野井隆史著

キリスト教の招来した思想と技術は、日常生活はもとより医療・教育・芸術などあらゆる分野に及び、日本人の生活規範に影響を与え生き続けている。ザビエルの宣教に始まる進展と迫害の歴史を、人の一生に見立てて叙述。

四六判・三二六頁・口絵二頁／三一五〇円

江戸時代の医学
名医たちの三〇〇年

青木歳幸著

日本医学の制度や思想の源流は江戸時代にあった。曲直瀬道三《まなせどうさん》・杉田玄白・華岡青洲・シーボルト・緒方洪庵ら名医から、無名の在村蘭方医まで。新視点を交えつつ江戸時代医学史を通観。日本医学の特質と課題を解明する。

四六判・三〇四頁／三三六〇円

小松帯刀《たてわき》（人物叢書／通巻269）

高村直助著

幕末の薩摩藩家老。強藩をつくりあげ、大政奉還から王政復古を導き出した演出者であり、維新外交を担ったが、早すぎた死が歴史的評価を低くした。幕末維新史を大胆に見直しながら、奮闘の生涯を描く初の本格的評伝。

四六判・三三〇頁／二二〇五円

（本書より）

定めて担当役人を任命している。同二年五月一九日には対馬藩主に対して、そのことを朝鮮に要請するように命じたため、同藩では家老の古川図書を一〇月一三日に朝鮮へ送っていた。しかし、この間に朝鮮においては「戊午協定」の捏造が発覚したため、同国政府は文化二年八月に訳官らを処刑していた。そのため、この件も含めて審議したうえで、同三年六月に古川に対して易地聘礼の拒否を伝えており、同年五月当時は正式の回答を待っている段階にあった。

松平信明の復職に関与

こうした状況のもとで、幕府の外交に不安を抱く定信は、かつて自らの政治主導のもとで蝦夷問題に関わり、自分の辞任後からは朝鮮問題を管掌してきた信明に期待したのではなかろうか。そこで、牧野に対して信明の復職を提案したところ賛同し、さらに侍講を勤める林述斎からの助言もあって、将軍が許可したものと思われる。

その結果、信明は五月八日に三河の吉田城において出府命令を受け、同月二五日に登営したところ、将軍から老中、それも首座に異例の復職を命じられている。これにより、首座から第二座にもどった牧野に対して、引き続き勝手掛と朝鮮来聘掛を担当させているのは、信明への権勢の集中を回避しようとしたのであろう。

ロシアの蝦夷地襲撃

ところが、日本側の対応に憤激したレザノフからの指示を受けた部下の海軍大尉フヴォストフたちが、九月に樺太のクシュンコタンを襲っている。翌四年四月には南部・津軽の両藩兵三〇〇名が警備していたエトロフ島に上陸して放火し、五月にも礼文島沖や利尻島で日本船を襲っている。

伊達政千代を後見

これに対して幕府は、三月に西蝦夷地を上知して蝦夷地全域を直轄化している。四月から六月にかけて秋田・庄内・仙台・会津の各藩にも動員を命じ、六月はじめには牧野の提案により若年寄の堀田正敦を蝦夷地に派遣することを決定している。堀田は親戚にあたる仙台藩主伊達政千代（周宗《ちかむね》）の後見を続けてきたが、出張中は友人である定信にその代行を依頼し、一〇月には帰府して将軍に状況を報告をしている。

幕府要人と会談

この頃の定信の動向を見ると、文化四年六月に出府する予定であったが、幕府からの要請があったためか、文化三年一一月に出府して文化五年五月まで在府している。そしてこの間、林がしばしば訪れたばかりか、堀田や牧野のほかに松平信明なども彼らの藩邸や自邸において会い、さらに先手頭兼鉄砲方の井上正路が訪れている。また、以前から続けてきた「源氏物語」の筆写以外に、借用した外国の軍事関係の書籍の筆写にも励むとともに、軍事関係の著述や家中に対する軍事に関する指示、さらに武芸の親覧なども行っている。

幕府に意見書を提出

こうしたなかで、文化四年六‐八月には幕府からロシアの蝦夷地襲撃について諮問され、牧野らに対して四度にわたり意見書を提出している。そのなかで彼は、幕府がロシアと戦って敗れて貿易を許可することになれば、幕府の武威と御威光が衰えて、その支配が崩れる。そこで、ロシア船や千島列島を攻撃するか、ロシアに謝罪させることにより、武威を示して面子を立てたうえ、貿易を認めて紛争を処理すべきことを唱えている。さらに、海防体制の構築は必要であるが、大名に海防を強化させれば、今以上に困窮して領民に負担を転嫁し、領民の蜂起を惹き起こすことを恐れている。また、このたびの蝦夷地への出兵にともない通行量が増大した奥州街道筋では、沿道の民衆が負担に苦しんで不穏な状況をもたらすことも危惧している。

江戸湾防備計画に関与

幕府は一一月には井上正路に、伊豆・相模・安房・上総の四ヵ国の海岸を巡視させ、大砲の設置場所を見分させている。一二月には、定信の唱えていたロシアに対する貿易許可案は採用せずに、ロシア船の打ち払いを命じている。しかし、翌文化五年二月に井上が定信と面談したあと、四月に幕府が井上と浦賀奉行の岩本正倫《まさのり》らに、前年と同じ地域を巡視させていることから、定信の江戸湾防備計画への関与がうかがえる。

また、幕府は文化四年から阿蘭陀《オランダ》通詞に蝦夷地御用を命じたうえ、蘭書を翻訳させている。一二月にはオランダ商館長のヅーフに対して、欧州での海戦の仕方、とりわけ大筒の使用法を尋ねている。さらに、同月には天文方の高橋景保《かげやす》に対して、「蛮書」をもとにした地図の作成を命じたところ、景保らとともに亜欧堂田善が、初の官製世界図であり銅版の「新訂万国全図」を文化七年に完成している。

フェートン号事件

次いで文化五年八月一五日には、ナポレオンのフランスと対立するイギリスの軍艦が、長崎港に侵入してオランダ商館員を捕えた、フェートン号事件が起きている。その結果、幕府は翌六年にヅーフに対して海軍士官二名の招聘を依頼したものの拒否され、さらに文化八年には高橋の提案を容れて蛮書和解《わげ》御用を設置している。こうした、幕府による外国知識の吸収を図るための一連の措置は、定信の助言にもとづくものと推測される。

易地聘礼に依然関与

ところで、これに先だつ文化五年四月には、対馬藩が幕府の許可を得ないで書契を朝鮮に送ったことが問題化し、藩主に差控をうかがわせるべしという意見もあった。しかし、同藩は定信の斡旋によって幕府の了解をえ、この件は不問に付されている。ここから、彼が朝鮮通信使問題をめぐって依然として同藩から私的なかたちで相談を受け、幕府も彼のそうした役割を了解していたことが判明する。

三　自藩における軍備充実

戒名についての遺言書

文化四年（一八〇七）二月一七日には、定邦の未亡人（筑前福岡藩主黒田継高の娘）が七六歳で死去している。定信は、これを機に自身の死について考えたためか、死後に神として日本を守るという自らの宿願にもとづいて、自分の戒名を守国院殿とすべしという遺言書を作成している。

七月には家中に対して、白河における防衛意識の高揚を賞している。しかし、同時に陸奥の岩城地方と越後の海辺は自領に近かったり、または自領の一部にもなっているから油断は禁物である。文武に励み質素倹約に努めて、非常時に備えるように達している。

越後領分の動向

次いで八月には、越後において郡代を勤める駒井忠兵衛（乗邨）が彼に対して上書している。そこでは、柏崎・出雲崎両陣屋の内外が平穏であることや、預所から箱館へ送る米を新潟へ運んだものの、箱館行きの船が来ないこと、越後の沿海部ではロシアの襲撃事件により一時緊張が走ったことなどを伝えている。なお、預所を管理する出雲崎陣屋は、災害によりこわれたため、この月に柏崎への移転を通達している。ところが、遠いとして反対運動が起きたため、翌年地元に新陣屋を設立している。

広瀬典の建言

また、これに先だつ四月には広瀬を風土記御調方に任じ、越後の三島郡を廻村させて実情を把握させたところ、彼は一二月に上書して次の建言を行っている。それは、①当年は北越において、水難により他国に出た者が多いと聞くが、人口が多い国とはいえ後年の減少を予防するため、他出しないように教諭することが必要である、②非常時に備えて、蝦夷地に関する情報を収集するため、仙台と会津へ家臣を派遣すべきである、という内容である。ここから、広瀬が農村の荒廃ばかりか、ロシアの動向をも危惧していたことがうかがえるが、これは定信の意向にもとづくのであろう。また定信が幕府に対する意見書のなかで指摘しているように、奥州街道を通る多数の蝦夷地派遣者により、領民の負担が重かったことから、この年には当該の村々に銭二〇〇貫文を与えている。

海浜御備掛を設置

軍備については海浜御備掛を置いたうえ、越後領分の沿海部に鉄砲と大筒の配置を企て、それらを操作するために必要な人数を調査させている。さらに、一六名の物頭のうちの四名を新設した鉄砲頭に任じ、その下に大筒役を置いて、月に六回砲術を稽古させている。また、得物組《えものぐみ》を設けて家中の二・三男から選んで任じ、非常時には取扱いを得意とする武器を使わせることを定めている。

「感忠銘」碑

なお、この年には白河結城氏の遺臣の子孫が、同氏の居城であった白河城（搦目城）の址に、南朝の忠臣とされる結城宗広親子を顕彰する磨崖碑を造っている。その際には、広瀬が撰文し、定信が自ら「感忠銘」という題字を揮毫している。家臣の統制に苦慮してきた定信としては、対外的な緊張が高揚するなかで、この建碑に乗じて彼らの自分に対する忠誠心を涵養する狙いがあったのであろう。のち文化一四年八月には、伊達郡の霊山にある北畠顕家《あきいえ》の遺跡に、住民の求めに応じて石碑を建てさせ、この題字も広瀬が撰文し、定信が揮毫している。

柏崎陣屋への指示

文化五年二月には、柏崎陣屋に宛てて封書により異国船来航時の対処法を達し、来航時にそれを開封するように指示している。そこでは、船の破砕や乗員の捕縛は失敗する可能性があるため、①大木を削り穴を開けて大筒を擬装して、出雲崎・寺泊・柏崎に置く、②大のぼりに「白河領」と大書して竿に結び、海辺の山上や柏崎などに多く建てる。さらに、③異国船が来ても近寄らず、夜に花火を上げて番人らの眠りを覚ますとともに、異国人を驚かせる、④出雲崎・寺泊・柏崎では家ごとに水桶などを備えさせ、異国船が火矢を放った際には消火させる。そして、⑤異国船が領内に寄り付いて衝突を起こさないように、ほかへ赴かせることが大切であるとしている。

彼がこのように指示したのは、貧弱な海防体制のもとで船の破砕などに失敗すれば、自身の藩内における権威が失墜する。それぱかりか、世上において海防の権威という名声を失うことを恐れたためと思われ、この点は彼がラクスマンの江戸湾への来航を恐れた時と類似している。

「秘録大要」を執筆

次いで四月には「秘録大要」を著しているが、これは彼が収集してきた欧米や蝦夷地の地図をはじめ、「遠西軍書考」など四八巻にもおよぶ書籍の、閲読の順序や研究の注意点を示したものである。

海防などで財政悪化

五月の帰国直後には家中に対し、近来は奢侈になったとして、質素倹約により武備の充実に努めて非常時に備えさせつつ、家計を補助するとして金子《きんす》を支給している。同時に、近年は子供たちの婚姻や、定永がはじめて将軍に対して拝謁を許されたことなどにより莫大な出費が生じていた。そのうえ、去年は損毛が多く、加えて柏崎の海防など武備を整えたので入用が増している。近年は、不足分には備金などを充ててきたが限界を迎えており、二万石以上の損毛には引米を導入する規定であるが、それでは各自が暮らせなくなる。そこで役人を減らすので、格段に倹約するようにと通達している。なお、この年の四月に定永は阿波徳島藩主蜂須賀治昭の娘である綱姫と結婚しており、それにも多大の出費を要したのである。

六園を造園

ところで、定信は江戸大塚にあった幕臣の別邸や百姓地を約一万二〇〇〇坪も買収して抱《かかえ》屋敷としていたが、この年にはここに六園《りくえん》という庭園を造成している。この名は、ここが春園・秋園・集古園・百菓園・竹園・攢勝園の六ヵ所と、六園館という御殿からなるためである。このうち集古園の石蔵には書画と器材のほかに、「集古十種」などの版木や原本を収蔵しているが、ほかの区域には各種の植物が植えられている。

翌文化六年六月に、江戸から帰国した家臣が服部に対して、趣向を凝らした向築地の屋敷は文化二年に着工した。しかし、九分通り完成したところで翌三年二月に全焼したため、三〇〇〇両ほど無駄になってしまった。このたびの再建費用は一三〇〇両ほどの請負であるものの、結果的には二〇〇〇両近くを要するだろうと伝えている。

武備をさらに充実

一方、軍備については文化五年七月に、火器を用いる足軽たちを効果的に活用するため、彼らを各組から離して城代組に転属させて大筒組と小筒組を設ける。そして、緊急時には臨機応変に各組に付けることにしている。また九月の武備の祭りには、極めて多数の者を参加させたばかりか、自分の愛馬までも隊列に加えさせ、士気の高揚と家中の団結を図っている。さらに、砲術の練習場を設けたほかに、南湖における操船を親覧している。

武芸の新流派を創出

そのうえ、これまで実用的な兵法の創出に努め、寛政の末頃には砲術の三木流・荻野流・中島流・渡部流の各師範から皆伝をえて、それぞれの長所をもとに新流派を立てて三田野部流と命名している。この頃にはそれを家流と改名し、翌文化六年には「家流火術之書」を著している。また、兵学についても新流派を立て、文化七年に「家流兵学之書」を書き、隠居後には弓術と馬術の新流派を創出し、さらに槍術と剣術についてもそれもめざしている。こうした新流派の創出には、実用性の向上のみならず、既存の諸流派に刺激を与えて指導と修練に励ませる狙いもあったのであろう。

次いで文化六年七月には、柏崎勤番は土地柄に不慣れのため地理や操船に不案内であるとして、代わりに定詰《じょうづめ》を設置して四名を任命している。彼らには陣屋の外に屋敷を与え、平時の業務は免じ、武術、とりわけ砲術の修行に努めさせつつ、農耕と漁労を許可している。

この頃の定信については、江戸にいた家臣が文化五年四月二八日付の書状により服部に対して、「憚りながら、主君は在所が御嫌いですから、帰国は御迷惑でしょう」と伝えている。

白河で大火発生

ところが、翌文化六年二月二五日には白河で大火があり、二丸・三丸のほかに侍屋敷や立教館も焼失している。そこで、家中の英気を引き立てるとともに城の周辺部を威圧するため、大筒を町打するように命じている。次いで七月には、当春の火災により莫大な出費を要したとして、来年から一〇年間にわたり主君の生活をさらに切り詰める。それとともに、書院格のうち類焼者以外の者に対する役料と諸師範への手当金などを、一分ずつ削減すると通達している。さらに家臣や町屋などに対して、建築資材として八〇〇〇本以上の木材を支給している。

「立教館令条」を作成

一方、最初に御宮、次に立教館の再建を行わせ、一〇月一九日には学則ともいうべき「立教館令条」を作成している。ここで、中央に安置すべきものとして伊勢の内宮の御祓を挙げているほか、孔子像を安置せず、釈典を行わないとする点などは、他の多くの藩校とは大きく異なっている。

隠居の内願却下

これに先だつ五月には、江戸にいる家臣が白河にいる家臣に書状により、「向築地の屋敷が結構にできました。そこで、主君は八‐九月頃まで御引き籠もりのうえ、幕府に対して隠居を願う御意向です。その際には、若殿様に対しても溜詰《たまりづめ》を許可するように願う含みで、この件を担当する掛を置かれました。この件の内談のためか、牧野様が下城後に時々御越しになり、昨日も長時間滞在されていたと聞いていますが、大変な密事です」と伝えている。実際、この直後に定信は多病を理由にして隠居を内願したものの、八月二九日に却下され、帰国は定永に代行させるように命じられている。

隠居内願の目的

定信が隠居を願った真の目的としては、次の二点が推測される。それはまず、幕府の外交や海防に関わり続けるとともに、自分に対する反感が漂っている国許へ帰らず、浴恩園のなかで暮らすために、公務を遁れて在府することである。次に、自分の幕府に対するこれまでの貢献を足がかりにして、定永が相続した際に謝礼のため将軍に拝謁する老臣を増員させる。そのうえ、定永を早めに溜詰に昇格させ、最終的には自分の生前に自家の〝常溜〟昇格を実現することである。

四　房総沿岸の防備

江戸湾の防備を拝命

幕府は、ロシアの蝦夷地襲撃、さらにはフェートン号事件を機に江戸湾防備の必要性を痛感していた。そこで、文化七年（一八一〇）二月二六日に白河・会津両藩に対して、相模の浦賀付近および安房と上総の浦々に、大筒台場などを設置させる。その最寄りの場所に領地の一部が替えられたうえで、家臣を配置して警備するように命じている。

これについて会津藩の記録には、先年巡見した岩本正倫や井上正路が、江戸湾口は幕府では守りがたいので、高禄の大名に預けるべきことを上申した。その結果、最寄りの大名に預けるべきところ、定信は「別段の御方」である。会津藩のほうは、藩主である松平容衆《かたひろ》が幼主であったものの、武備の充実に努めてきたため、長く江戸を守るために選定したと聞いている、と記している。

防備拝命の思惑

かつて定信が立案した防備計画では、幕府が多大な経費を負担するうえに、大名の反乱を恐れて幕臣に防備を担わせようとして、彼らの反感を買っていた。そこで、このたび幕府は大名、それも将軍から信頼の厚い者に担わせることとし、海防や外交に精通していたうえ、意見書まで提出していた定信に白羽の矢を立てたのであろう。会津藩のほうは、表高は二三万石と白河藩よりはるかに多いものの、〝常溜〟とはいえ溜詰であるばかりか、家門、さらに城が東国にあるという点ではほぼ共通する。そのうえ、領地が隣接して交流もあり、さらに武備の充実に努めてきたことから選んだものと思われる。

定信としては経済的負担を危惧しつつも、任務を果たすことにより、さらに家格が上昇することを期待したのであろう。そこで、拝命の直後に家中に対して、①家格が上昇したものの、これまで何の御奉公もしてこなかったところ、家柄が格別である会津藩とともに拝命できたことは大変ありがたい、②会津藩とは一体となって勤めるべきであり、異国船に江戸湾へ侵入されれば、両家が面目を失うばかりか、御国威に関わる、などと教諭している。こうして、自家よりも格上である会津藩とともに担当することが、名誉であると強調することにより、家中の不満を宥めようとしている。

三月には家中に対して、一統の出費は去年二月の白河大火により嵩んでいたが、海防のための派兵によりさらに増そうとして、五ヵ年間の厳しい倹約を命じている。

領内の状況

この頃の領内の状況は、広瀬が四月に定信に対して行った上書からもうかがえる。そこでは、立教館に幼年の者が多数出席していることを喜んでいる。しかし、定信が二・三男の風俗を矯正する必要性を唱えたことに対しては、六年前よりは改善されているので、抑えると反発するとして反対している。さらに、新百姓が存続しているため田地が増えたものの、役人は古田の維持に努めるべきであると述べている。ここから、定信は依然として家中の風俗の矯正と古田の維持に苦慮していたものと思われる。

「受苦図」を活用

彼は江戸の菩提寺である深川の霊巌寺の僧の勧めに応じている。そして、この年から同九年にかけて、白河の常宣寺の僧に間引に対する戒めを描いた「受苦図」を用いさせ

房総の防備を担当

て、周辺の領民を教化させ、人口の増加を図っている。これは、房総の防備を担うことにより、今後莫大な出費が見込まれるため、財政基盤の強化を図ったものと見ることもできよう。こうして、彼は士民の教化に朱子学・心学・神道ばかりか、仏教までも動員しているのである。

一方、四月には広瀬を含む白河・会津両藩の家臣、および幕府役人により見分が行われている。五月には房総沿岸の防備を白河藩が、相模の沿岸のそれを会津藩が、それぞれ担当することが決定している。これについて会津藩の記録によれば、当初は相模に三ヵ所の台場を設けて、会津藩に預けるという案があった。ところが、巡見した役人から上総の富津にも陣屋のようなものを建て、大筒を設置したいという建言があったため、房総にも三ヵ所の台場を

「受苦図」(常宣寺所蔵)

設け、こちらを会津に預けるらしいと聞いた。そこで、五月に若年寄の堀田正敦に対して、当家は幼主であり、定信は官位などが格別である。しかし、当家の家臣が不快感を抱かないように「枢要の場所」と、禄高に応じた台場数を引き受けたいと請願したところ、老中の評議により方針が急転したという。

台場と陣屋を設置

この結果、会津藩では相模の三浦郡に観音崎陣屋と台場を設けて拠点とし、ほかに三崎陣屋、その向かい側にある城ヶ島には台場を、平根山には出張陣屋と台場を、それぞれ設置することになった。これに対して、白河藩は上総の周淮郡に百首陣屋と台場を、ほかに安房の安房郡に波左間陣屋と洲之崎台場を、さらに白子村にも出張陣屋を置くことになった。なお、定信が自藩の番頭《ばんがしら》に対して、幕府の海外情勢に対する疎さを批判しつつ、両藩の台場の活用法を述べた「海岸御備大意」は、この頃に作成されたのである。

広瀬典の諫言

家中においては五月頃に、房総の御備場への多人数の派遣を予想し、それを拝命することを恐れて、みな落ち着きがなく、それが話題の中心となっている。七月に広瀬はまたも上書し、①世間では、主君から自分と郡代の堀田新左衛門が大変寵遇されていると噂されているが、それは藩のためにならないとして抑制を求めている。それとともに、

②主君は格別人望があり、何事も意のままになるのに、日頃から不要なことをいいすぎると諫めている。しかし、その一方では、③「房総も御考え通りになりましたが、二、三万石のところは、充分には叶いませんでした」と述べている。このうち①は、かつて定信が服部半蔵を寵遇し、家臣たちの反感を招いていたことを指すものと思われ、②は家中のほぼ全員の気持ちを代弁したのであろう。③からは担当地域については希望が叶ったものの、替地については満足していなかったことがうかがえる。

房総派遣者を任命

一〇月からは、番頭二名以下の定詰を任命しはじめたが、広瀬は一一月の上書では、房総に派遣する者に対する手当の支給案に賛成している。しかし、①赴任者に対して途中で妻子に江戸を見物させ、無用の費えをさせないように教諭すべきである、②預地を引き換えられる場合は、非常時の指揮に便となるように土地続きのほうがよい、などと唱えている。このうち、後者にある預地とは越後にあるものと思われるが、預地の所在にも内憂または外患への対処を念頭に置いていたことがうかがえる。

一方、定詰の不満を緩和するため、文化八年二月には一五〇石以下の者に拝借を許している。そのうえ、一統に対しては当年に限り取米高を一倍増し、増やした分を引越料に充てさせることなどを達している。その際、窮乏している者が多いのは、不時の入用が生じただけでなく、本知を復活してから家宅や衣服などに見栄を張り、飲食も増長したためであると指摘している点は注目される。

次いで閏二月には、房総の台場付近に異国船が出現し、主君が出馬する状況になった際、後詰として江戸表まで赴く老分に随従させる、物頭以下の名前を発表している。

房総への領地替

こうしたなかで六月に幕府は、人足や船を徴発しやすいように、白河藩に対する賄料として、上総の天羽・周准両郡のうちと、安房の安房・朝夷・平の各郡のうちで、合わせて三万二三四二石余りを与えている。その代わりに、陸奥の伊達・信夫両郡のうちの二万〇五二〇石余りと、越後の岩船郡のうちの六九七八石余りを上知したうえで、そのまま預けている。

越後にある以前からの預所に対しては、期限切れを迎えた文化六年に新たに五年間の支配を命じていた。しかしその直後に、幕府は新規ならびに不安の残る預所以外は、すべて無年期とする方針に転じたが、それへの切り替えは年期明けか、家督相続の際に行うと定めていたようである。

大筒と軍船を配備

さて、台場の施設費は幕府が負担したものの、武器の費用は両藩が拠出することになっていた。そこで、白河藩では白河から大筒を運ぶと多大な経費を要するため、越後から鋳物師を現地に呼び寄せて大筒を造らせている。また、商人の吉田嘉平治から贈られていた大船の模型を、白河において家臣の海防教育に用いてきたが、これを参考にして勝崎丸と必勝船という軍船を新造し、波左間陣屋に配備している。

こうして防備費用が嵩んだため、文化八年六月にはかねてから倹約中であったが、新たに三年間の厳しい倹約を命じている。八月に広瀬はまたも上書し、房総への移住者を家族を含めて、少なくとも六-七〇〇名とし、一人の衣食に要する出費を一年に五-六両ずつと仮定する。すると、年に三-四〇〇〇両の減収が生じると見て、城下の町人たちが落胆している。そこで、隠居前に領内経済の振興を図るべきであると述べている。ここから定信と広瀬が、遠くない時期における定信の隠居の実現を見込んでいたことがうかがえるが、振興策が講じられたかどうかは不明である。

派遣家臣の生活

この年に台場と陣屋が完成し、百首陣屋には二〇〇名、波左間陣屋には五〇〇名程度の家臣を、それぞれ家族連れで常駐させている。そこでは、購入した農地を与えて農耕をさせたほかに、武芸の稽古場や学問所を設け、文武両道を修行させている。

さらに、白河に倣って定綱のみならず、おそらくは内々で定信自身をも祀った鎮守社を設置している。毎年正月一五日の具足祝いには、一同に甲冑を着用させて行進させ、拝礼させている。また、日頃から火術の演習を行わせたほか、百首台場は対岸の観音崎の台場と、洲之崎台場は対岸の城ヶ島と、それぞれ向かい合う位置にあるため、春と秋には会津藩と共同して大筒の試射を行わせている。

房総の担当地域を視察

文化八年の一〇―一一月の間、定信は自ら担当地域を巡見して家臣を激励している。そして、この紀行を「狗日記」として残すとともに、同行させた絵師の巨野泉祐に往復の真景図を描かせている。この時に、家臣が同地の領民の習俗を矯正しようとしたところ、それを漸進的に行うように命じている。それとともに、九〇歳以上の者に対しては手当米を支給させ、海防を末端で支える領民の懐柔を図っている。

易地聘礼が実現

ところで、これに先だつ文化六年七月には、朝鮮が易地聘礼を幕府の指示による措置と確認したうえで、その実施を承諾している。その結果、文化八年五月に対馬において通信使の接待が行われ、四位に昇進させられた小笠原忠固《ただかた》が上使として、定信と親交の深い林述斎と脇坂安董《やすただ》が副使として、それぞれ派遣されている。その際、定信は同地に赴く林に巨野泉祐を随行させ、往復の間に真景図を描かせたところ、それは文化一一年春に完成している。これは、自身が提案し二〇数年後に実現した易地聘礼を、自ら確認するばかりか、絵を通して後世に伝えようとしたのであろう。

将軍からの褒賞

そして、一〇月一九日に登営した際には、将軍から「朝鮮通信使の接遇を対馬において行うことは、その方が在任中に建議していたことであったが、このたび滞りなく済んで喜んでいる」と褒賞されている。しかし、内実は定信を易地聘礼の発案者としてだけではなく、実現のための黒子役を勤め続けてきたことも含めて賞しているのであろう。

こうして、定信は途中に断絶期間があるものの、対露・江戸湾防備、のみならず対朝鮮という、寛政期から継続する対外的な課題に関わってきたのである。

第七　隠居から死去へ

一　隠　居

隠居を慰留される

定信は、五五歳となった文化九年（一八一二）三月に家中に対して、近年多病のため隠居をうかがい慰留されていたが、去年一二月から疝瀉《せんしや》と腰痛を患ったうえ、最近は記憶力が低下したため、公務に支障が生じているので、改めて幕府に出願すると達している。

この月には、安房の洲之崎台場を勝崎台場、波左間陣屋を松ケ岡陣屋、遠見番所である白子出張陣屋を梅ケ岡陣屋、上総の百首（城山）台場を平夷山台場、百首陣屋を竹ケ岡陣屋とそれぞれ呼ばせている。これは、駐留している家臣の士気の高揚を図るための措置である。

隠居が実現

そして、四月六日に幕府から彼の隠居と、嫡子である定永の家督相続が認められて、定永は父にならって越中守と改め、同時に房総の防備を継承するように命じられている。

将軍に拝謁する家老を増員

「浴恩園真景図巻」たまもの池周辺と四時亭を臨む図
(天理大学附属天理図書館所蔵)

また、預所のうち越後の五万石余りは今後無年限とし、増地された奥越両国にある分は、これまで通り預けられている。

さらに、襲封に対する将軍への謝礼として拝謁する家老を、定信の代に家格が上昇したことを理由にして、松山藩の四名を根拠にしつつ従来の二名から三名への増員を願っている。その結果、それは許されて同家の以後の例格となったことにより、定邦の宿願の一つがようやく実現している。

幕府はこれに先だつ文化五年一二月に、大名に対して東西両蝦夷地を恒久的に警衛させる代償を与えている。すなわち、陸奥盛岡藩主の南部利敬《としたか》を二〇万石高および侍従に、陸奥弘前藩主の津軽寧親《やすちか》を一〇万石高および従四位下に、それぞれ格上げしているのである。そこで、それらの先例にもとづき、財政上の理由から江戸湾の防備を担うことに二の足を踏む定信に対して、条件を提示して承諾させていたのではなかろうか。条件とは、後年における彼の隠居と定永の相続、およびその際の将軍に拝謁する老臣の増員、将来における定永の溜詰《たまりづめ》昇格である。

浴恩園に移居

さて、定信は隠居直後に、向築地の浴恩園に移居し、楽翁を名乗っている。この時から文政一一年（一八二八）の除夜までの一六年間の出来事を「花月日記」に記すことになるが、この日記には親友の堀田正敦から序文を贈られている。以後、定永は頻繁に浴恩園を訪れ、定信のほうは毎年定永が帰国する前日と着府の際に上屋敷に赴いたばかりか、定永を後見し続け、海防に対しても常に心を用いている。

家中の動向

次いで、文化九年五月には家中が難渋しているため、給付すべき米金からの天引きが多い者に対して、それを年延べにして懐柔を図っている。

この頃の国許《もと》の状況の一端は、広瀬が四月に定信に対して行った上書からうかがえる。そこには、藩校への諸生の出席は減らないものの、毎月六度、講堂で教授らが小学や四書を講じる惣聴講への出席者は少ない。また郡代などは御用達商人が訪れると大酒を飲んでいるとある。次いで九月の上書では、役人たちが人材の育成を論議しないので、この先人材の枯渇が見込まれることや、勝手役人が賄賂を進物同様にほどよく受け取っていることなどを指摘している。

翌文化一〇年六月には家中に対して、舞台格以下のうちに、上級の家臣に対して無礼を働く者がいるとして、敬礼の規定を遵守するように命じ、規律の維持を図っている。家中の風儀には依然として課題があったのである。

孫の定和誕生と生母の死

しかし、広瀬はそれ以上に定永の藩主としての権威確立を危ぶんでいたため、文化一〇年六月に上書のなかで、「この一年が最も大切です。そこで、大守様（定永）に御威光が付くように、上（定信）は口を出すべきではないでしょう。役人は大守様よりも上を恐れているので、父子の間に問題が生じないようにすべきです」と進言している。しかし、広瀬の憂慮は定信が生存する限り解決しなかったものと推測される。

この間、文化九年九月には、定永の子として永太郎（定和）が生まれ、若殿様と呼ばれている。一方、定信は生母である香詮院（とや）に対しては、時折藩邸に招いたり、彼が田安家を訪れて対面してきた。文化九年一一月末に彼女の病状の悪化を聞くと看病に努めたが、彼女は一二月四日に八五歳で死去している。

本多忠籌が死去

一二月下旬には本多忠籌《ただかず》（水翁）の死を聞き、自分の辞任の頃から彼はなぜか冷淡となり、彼の致仕後に再会を求めたが断られていたので、戸田氏教などを介して再び求めた。しかし、先方には恥らうことがあったのか、またも拒まれたと日記に記している。もっとも、定信は自分の辞任時における本多の役割を暗に非難しているものの、自分の在任中における本多に対する処遇や対応には触れていない。

定永が溜詰に昇格

こうしたなかで、文化一一年四月一八日付の書状で、留守居から服部に対して内密に、藩命により「御権門之事」について尽力し、それが順調なので、遠からず慶事があろうと伝えていた。実際、直後の五月には定永が帝鑑間席から溜詰に昇格させられ、六月には侍従に任じられている。これに関しては溜詰昇格の日に、「二三年　金が少々　溜の間　子がならうとは　たれも白川」という落首が流布している。そこで、世間にとっては、家督相続後間もない定永の昇格が意外であり、蓄えていた金を政治工作に充てた結果であると見る向きがあったことがうかがえる。定信のほうは日記に、五位となったあと四〇歳過ぎに従四位となる家例であったところ、定永が一五歳で従四位下に叙され、二四歳で溜詰に進めたことに感激したことを記している。さらに、牧野忠精がこれは定信の功労にもとづいていると語っていたことも、自慢げに記している。

越後で打ちこわしが発生

ところが、前年の凶作により米価が高騰していたなかで、文化一一年四月には村松藩の増税に対して全藩一揆が起きている。それはまもなく鎮静化に向かったが、五月に入ると長岡藩領の栃尾町、次いで白河藩領の五泉町で打ちこわしが起きている。

鎮圧のため派兵

そこで、白河藩の出雲崎陣屋の役人が赴くはずであった。だが、二三日には蒲原・岩船両郡にある白河藩の預地・幕領・旗本領の錯綜地において、小作農五〇〇〇名が米の安売りなどを求めて打ちこわしを行ったため、そちらの鎮圧に向かい、二六日に一揆勢を退散させている。一方、幕府の水原代官所では、村上・黒川両藩に出兵を求めている。白河藩の役人のほうは会津藩、次いで白河にまで加勢を求めつつ、近村から集めた人足を使って鎮圧に努めた結果、全体で一四〇名を捕縛している。

この間、白河では打ちこわしの発生を聞き、慌てて一番手から四番手まで合計六〇〇名を派兵している。次いで、六月に江戸の定信に対して事態を注進したところ、彼は定永に対して助言を行っている。さらに定信は、一揆勢は大筒から小石を発射すれば崩せるが、このたびは夜中に討ち手を密かに送り込んで、張本人を斬ればよい。むしろ、盗人が参加しないように速やかな対処が必要であり、このたびは村松領民の蜂起に他領民が刺激されたのであるから、日頃からそうしたことに備えるべきである、と日記に記している。次いで八月の日記のなかでは、当時江戸において雨天が続くなかで、前年に凶作であった奥州の作況を、藩の重臣がよそごとと見ていることを嘆いている。

打ちこわしの逮捕者を処罰

幕府は翌一二年四月に、白河藩の出雲崎陣屋による前年の処置を褒賞し、直後の五月には逮捕者を遠島以下に処しているが、同藩の預地にある一村がもっとも処罰者を多く出している。また、この月に藩では前年の五泉町の件により、無宿人二名を含む三名を斬首と獄門に処している。定信としては、この一連の蜂起の被害地に海辺を含むところから、内憂と外患の結合に対する危機感を、よりいっそう強めたことであろう。

「函底秘説」を執筆

なお、彼の著した「函底秘説」は四部からなり、前の三部は外国船への対処法を、最後の「一揆群盗之巻」は百姓一揆へのそれを、それぞれ論じている。このうち後者は、右の蜂起直後に書かれたものであるが、そこでは今回の白河藩の会津藩に対する出兵要請とは裏腹に、他領から援兵を依頼されたならば、拒絶すべきことを唱えている点が注目される。

文化一二年八月には、藩から幕府に対して請願したためか、越後領分には海沿いの村々が多いなかで、房総の警備を担当させたため、人数の配置が行き届かなくなった。そこで、越後の預所のうち海沿いの二万七〇〇〇石余りの村々を、内陸部の村々と最寄替すると命じられている。

これに先だつ文化一一年六月には、家中には敬礼の規定があるものの、近頃は舞台格以下、とくに若党や中間のなかに素行の悪い者がいるとして、主人から注意するように命じている。

翌文化一二年二月に広瀬は上書のなかで、定信の代以来、外からは家中一統が教化されたと見えるほどであるから、定永の代において守成に努めれば教化が定着してゆこう。そして、定和の代には、家中一統がさらに風教に馴れることにより、真の風儀となり、「忠誠敬謹」の者が増えよう。そこで、定永は徳を養い賞罰を厳正に行うべきであると述べている。このように、定信から当時最も信頼されていた広瀬でさえも、家中の風儀に対する世評と内実との落差を認めているのである。

直後の三月には、家中の衣食について毎度通達しており、御先代（定信）も規定を作成していた。しかし、近来奢侈になったことにより困窮を招いたとして、規定の遵守を命じている。次いで文化一三年九月には、御先代が天明年間から毎度命じていたうえ、去年の春にも通達していた。ところが、依然として新役から古役に対する酒食の振舞が行われているとして、その禁止を求めている。これらから、藩では定信の入閣前から再三指示しており、彼の退職まではある程度は遵守されていた。しかし、以後は次第に軽視され、隠居後は無視されるようになっていったものと思われる。

五〇歳の年賀を挙行

文化一三年に定信は五九歳となっている。二月一一日には、文化四年から延期してきた自身の五〇歳の年賀を、それに託して自身と定永に対して殊遇を与えてきた将軍に報謝するという内慮で挙行している。その際、詩歌を嗜む者たちからそれらを献じさせて、祝いを盛り上げようとしている。しかし真意は例によって、家中に対して自身の家に対する功績を再確認させることにあったのであろう。

次いで、五月には帰国の途中に房総の陣屋を巡見した定永が、同地から定信に対して毎日手紙を送り、定信のほうは巡見を終えて帰国する定永を送るため、六月はじめに千住を訪れている。

塩竈明神を参詣

そののち定信は、幕府から湯治の許可をえて九月中旬に江戸を出発し、白河の甲子温泉で沐浴し、仙台の塩竈明神を参詣したあとに松島を見物し、一〇月末に着府している。この間には小峰城に宿泊して定永と対面し、立教館や砲術の訓練を視察したほか、白河関の碑や「感忠銘」碑を訪れている。旅の真の目的は、文化一〇年に日本側がゴロウニンを釈放して以後、日露間の緊張が緩和していたことを、塩竈明神に感謝するとともに、長らく遠ざかっていた藩領の実情を把握することにあったのであろう。なお一二月には日記のなかで、前月に遠江の掛川藩領において発生し、横須賀・田中藩領にまで波及した百姓一揆に対する、自分の周囲の者たちの無関心を嘆いている。

海荘を造園

彼はこの年に江戸の深川入船町にある幕臣の所持していた土地を買収して抱《かかえ》屋敷とし、海荘《はまやしき》という約一〇〇〇坪の、彼にとっては五つ目の庭園を造っている。彼はこれ以後、浴恩園から江戸湾を通って船で行き来している。彼の庭園趣味は有名となり、文政五年には加賀金沢藩主の前田斉泰から、国許にある庭園に対して命名を依頼されている。そこで、宏大・幽邃・人力・蒼古・水泉・眺望の六つが揃えば名園になるという意味で「兼六園」と名づけ、それを揮毫した扁額を贈っている。

当時の藩政運営について定信は、翌文化一四年三月に月番たちが「共和」しつつ主君を助けているが、自分が彼らを教導してきた成果である、と自慢げに日記に記している。

家中の騒動

ところが、服部半蔵の日記によれば、文政元年（一八一八）四月一八日に元大目付二名と元横目六名が処罰され、このうち元横目に対する申し渡しの内容が判明している。それは、彼らは在職中に「御政事向き基本」を改めるように評議したうえ、出府して主君に言上した。そのことは、尊慮に違うとして解任したものの、御為を考えたことであるとして、処罰しなかった。しかし役人たちを誘ったことは、党を結び主君を利用することであるから、不埒の至りであるが、宥恕して隠居と急度慎みを命じる、というものである。彼らの職務の中心は役人の監察であるものの、改革の内容は不明である。これに対して、藩当局では党派の結成を問題視することにより、難題からの回避を図ったのであろう。この事件について家臣たちは「前代未聞」とか、「大変大騒動」と述べているが、このあとの藩の対処は不明である。

ところが、事件後の七月に広瀬は定信に対して上書し、たびたび内願してきたように、政治への参与を辞退して教授職に専念して人材を育成したい。これまで時々諮問されて細事までも言上してきたが、今後は上申を望んだとしても、それは表向きで行って封書は通常は提出しない。大守様（定永）は今後は私の意見よりも、誠実な役人たちの意見を聞くべきである、と述べている。ここから、これまで定信が広瀬の意見を定永に採用させてきたことがうかがえるが、広瀬としては定信や自分の介入が定永の藩主としての自立を阻害していると見ていたのであろう。

松平信明の死去

この間の文化一三年正月には異国船が伊豆の下田港へ漂着したため、房総の両陣屋からも出兵している。三月末には、かねてから老中の松平信明《のぶあきら》に牧野忠精邸での会談を懇望されていたので、久々に会ったところ話が弾んだというが、話題は海防かもしれない。しかし、九月には老中の牧野忠精が勝手掛を病免し、同掛は青山忠裕と土井利厚の両名が引き継ぎ、忠精は一〇月には老中をも病免している。続いて文化一四年八月二九日には松平信明が病死しているが、内実は一六日という。

幕府財政が危機的状況

松平信明政権は、緊縮財政により健全財政をめざす定信政権の方針を継承していた。ところが、蝦夷地入用などにより支出が増大して赤字財政に転落し、文化一二年頃には危機的状況に陥っている。この間、臨時的な経費の膨張に対しては、農民に対する国役金や有力町人に対する御用金のほかに、大名に対する御手伝普請などの賦課により乗り切っていたものの、とくに大名の不満が高まっていた。

信明に対する評価

定信は訃報に接すると信明について、「発生した事柄には対処できる。しかし、長期的視野に欠けて消極的であるばかりか、決断力が乏しかったので、補佐する者がいればよかった。とはいえ、才能があって重厚でもあるので、今彼に勝る人はいない」と日記のなかで評している。ところが文政五年の日記では、対外政策が三〇年も手遅れになったのは信明の責任であると批判している。

ともあれ幕閣人事の変動により、定信は幕政に対する影響力だけでなく、重い財政負担を強いられてきた房総の防備に対する意欲をも低下させていったものと思われる。

水野忠成の栄進

こうしたなかで、八月二三日には、将軍家斉の小姓を勤め、のちに水野忠友の養子となっていた忠成《ただあきら》が、西丸側用人から老中格に昇進して西丸側用人を兼ねたうえ評定所出座を命じられている。さらに、文政元年の二月二九日には勝手掛を担当し、政策の転換による財政の再建をめざす。そこで、四月一六日には低品質の真文二分判を新鋳し、これを皮切りにして貨幣改鋳による出目《でめ》の獲得を推進していく。こうして田沼意次と同じような将軍側近出身者が、幕閣を主導することになったのである。

この直後に定信は、病気が治癒した忠精と酒を酌み交わしているが、若年からの友はみな死去し、今残っているのは彼と自分だけであり、世の中は変わるものだと日記に記している。

田沼家が復興

八月には忠成が老中に進み、その直後には勝手掛となって奥勤めを兼ねたものの、外交には疎いという評判であった。次いで、文政二年八月には田沼意次の四男で、水野忠友の養子となったものの、義絶されて実家を相続していた意正（忠徳）が、西丸若年寄に就任している。彼は、文政六年七月には旧領である遠江の相良への転封を命じられている。

二　桑名転封

イギリス船の来航

日露間の緊張が緩和したあとは、ロシア船に代わってイギリス船がたびたび日本に接近してくる。まず文化一四年（一八一七）九月には、イギリス船が安房白浜村や大島沖に出現している。文政元年（一八一八）五月には、イギリス人のゴルドンが商船ブラザース号に乗船して浦賀沖に来航し、貿易の許可を求めているが、幕府は「国法」を伝えて退去させている。しかし、藩では五月末に老中から、ブラザース号に勝崎台場前を通過されたことを咎められたため、両藩の台場がある洲之崎と城ケ崎の間は八里もあるので阻止できないとして、会津藩とともに担当の免除を願おうとしている。実は、定信は春先に両藩の台場では対処できないという上申案を作って幕府関係者たちに見せた。しかし、杞憂であるとして提出を慰留されていたところ、このたび予想が的中したという。

幕府では両藩が担当を辞退することを恐れたためか、七月末に台場前の通過は深い霧が原因であるとして、白河藩の対処を賞している。しかし、従来からの防御方針の欠陥が露呈したため、両藩が協議して建議している。その結果、文政二年四月に幕府から、異国船を白河藩領である上総の富津において防ぎ止めるように命じられている。

会津藩が担当を離脱

ところが、財政の悪化に苦しむ会津藩は幕府に対して、「奥羽の押さえを担っているうえに、相州の海防を勤めているため、両所の防備を全うできない」として海防の免除を願っている。文政三年一二月にそれを許可され、防備は浦賀奉行が継承し、川越・小田原両藩が非常時の援兵を命じられ、白河藩は竹ケ岡陣屋から家臣が交代で富津に赴いて勤番することになった。

安房の台場と陣屋を富津に移転

文政四年九月二八日には、幕府から安房の勝崎台場と松ケ岡陣屋を富津に移し、ここと竹ケ岡とで防備するように命じられ、金二〇〇〇両を移転料として下賜されている。そして、文政五年四月には台場と陣屋の富津への移転が完了している。この月にイギリスの捕鯨船サラセン号が薪炭の補給を求めて来航すると、家臣が同号に移乗して浦賀に回航させたため、七月に幕府から賞されている。ところが藩にとっては、房総の防備に加えて、文政二年に寺泊の近くに台場を築造したことも、財政の大きな負担になっていたのである。

房総防備の辞退を請願

定信は子孫の戒めとするために著した「修行録」には、異国船と戦って犠牲者が出たうえで、防備の解任と桑名への復帰を願う積もりであった。ところが、定永が文政元年頃に防備の解任を狙い、房総は白河から遠く派兵に不便であるという理由を挙げて転封の出願を決めていた。そして文政四年の夏頃に、幕府から転封の候補地として武蔵忍を打診された。これに対して、土地が狭いとして拒んだため、幕府では佐倉について審議しているものの、不許可になりそうであると、文政五年一二月に記している。

しかし、定信は財政負担の軽減だけでなく、外国の戦力の優秀さを知っているため、戦闘の回避をも望んでいたと思われ、内実は防備の解任を狙って定永に請願させたのであろう。これに関して佐倉藩の記録では、白河藩が文政元年頃から転封運動をはじめ、文政四年に佐倉への転封が実施直前となった。そこで、藩主の堀田正愛《まさちか》が分家の堀田正敦らと協議して、老中の水野忠成らに工作して未然に防いだという。

水野忠成に関する川柳

ところで、定信が幕政改革を推進していた際、世上では「白川の　清きに魚の　すみかねて　もとの濁りの　田沼こひしき」という狂歌が作られていた。しかし、のちに水野忠成が老中となって賄賂や奢侈が流行すると、「水野出て　元の田沼に　なりにけり」という川柳が広まっていたことは有名である。

これに関して、「花月日記」の文政二年一二月条には、「なかれ出る　泉のもとは　清けれと　池のみさひに　末や濁らん」という歌が見える。「みさひ」とは水錆と書き、溜まり水の水面などに浮かぶさびのようなものを意味する。そこで、この歌は先の二つを意識しつつ、水野忠成の登場による幕政の転換ばかりか、溜まり水と溜詰を懸けて、水野に対して贈賄を行う自家を諷していると解釈できないであろうか。

基本政策を後退

文政四年二月には家中に対して、倹約に努めてきたものの、米価下落に加えて年々損毛が多かった。そのため、昨年から役料などの天引きを復活したうえに、調達金を上納させてきた。しかし、それでは不充分であるとして、藩主の在城中における月次や朔望の御礼と御殿講釈の回数削減、文武や医術の修行者などに対する手当の差し止めなどを命じている。しかし、この通達は家臣団の統制や資質の向上など、これまで定信が力を入れてきた方針を後退させるものである。

財政窮乏の原因

そこで藩財政を見ると、定信の辞任により参勤交代などが復活したことや、多くの子女たちの結婚費用、白河の大火災により出費が嵩んでいたうえに、房総の防備によるそれが莫大であった。一方、奥州領分のうち伊達・信夫両郡以外の総人口は、延享から安永まで減少の一途をたどるなかで、文政五年には安永九年の七四・七％にまで減少している。ここから、この間に定信が人口増加を図って講じたさまざまな施策は、長期的には効果が乏しかったことになる。それが税収の減少をもたらしたこともあって、備蓄金を使い果たし、借金により賄ってきた結果、債務はこの頃には一万四六〇〇両余りとなっている。これらから、領内の人口が減少したうえ、房総の防備などにより財政が破綻し、城中の儀礼までも削減し、調達金を課すなかで、多大な費用を使って転封を工作していたことがうかがえる。

ところが一〇月に幕府から、来年将軍家斉に対する従一位と左大臣の宣下が挙行されることが発表されている。先例に従って溜詰が京都へ名代として派遣されることになったが、直後の一一月に広瀬が上書している。ここでは、宣下にともなう京都への名代拝命を遁れるため、財政窮乏のところへ、これにより四-五万両の借財ができては、御備場の維持ができなくなると主張すべきことを唱えている。また、同時に推進している転封工作にも「大物入」を要するため、財政が維持できない、と述べている。しかし、翌年名代には讃岐高松藩主の松平頼恕《よりひろ》が任命されている。

桑名への転封

文政六年三月二四日に、伊勢桑名藩主の松平（奥平）忠堯《ただたか》が武蔵忍に、忍の阿部正権《まさのり》が陸奥白河に、白河の松平定永が伊勢桑名にそれぞれ移る、三方領地替が発表されている。この結果、白河藩松平家は宝永七年以来、一一三年ぶりに旧領に復帰することになった。これは、阿部正権が幼少で襲封したものの、病弱のために将軍に対するはじめての拝謁ができなかったことが契機になって断行されたものである。阿部家では、幕府関係者に撤回を働きかけたものの、定信の工作が存在していたことを知り、断念している。

新たな領地

この結果、松平（久松）家は伊勢において、桑名・員弁・朝明・三重各郡に合計八万三〇四二石余りを統治することになった。越後においては、刈羽・三島・魚沼・蒲原各郡において五万九〇八五石余りを継続支配し、岩船郡および蒲原両郡の一部は上知されている。このほか、越後の預所も依然として管理し、それは柏崎陣屋が担当しているが、房総の防備は免じられ、両台場は幕府の代官が管理することになっている。

それればかりか、寒冷な奥州から、温暖でなおかつ東海道の要地に移ることになったのである。そこで、江戸では「白川に　古ふんどしの　役おとし　今度桑名で　しめる長尺」という、定信による政治工作の存在を匂わせる歌が広まっている。

転封を喜ぶ

この日に定永は、定信と協議のうえ家臣に対して自筆書状により、房総の防備を拝命したことは名誉であるが、費用が嵩んだうえに遠隔地のため、家臣の派遣にも苦慮した。そこで、防備を長く勤めるために近所への転封を内願したところ、思いがけずに桑名へ転封となり、防備も免除されてありがたい。桑名は大鏡院様（定綱）が拝領された由緒ある地であるが、宝永年中に高田へ転封となり上下が嘆いていたので、このたびは本望至極である、と伝えている。

桑名で一揆発生

しかし、松平（奥平）家の桑名藩では、以前から財政を補うために「助成講」を設け、各村の庄屋に村民から集金させ、積み立てさせていた。そこへ転封が伝わり、村民たちは返金を拒まれたため、八月には城下に押し寄せたほか、庄屋宅など二〇〇余軒を打ちこわしている。結局、一〇日に藩は農民たちを解散させているが、返金を行わないまま藩主は九月に忍に向けて出発し、代わって九月に松平（久松）家が入城している。次いで、翌七年に松平（久松）家の桑名藩と松平（奥平）家の忍藩は、それぞれ打ちこわしの関係者を斬首などに処している。

白河での混乱

一方、松平（久松）家では奥州領分において、各村が迫駒《せりこま》代金のうちから少額を積み立てていた村益金を預かり、毎年利息を支払っていた。ところが、前年が不作であったため、九月になっても年貢徴収に努めていたうえ、農民に貸与していた迫駒の貸付金を強引に取り立てている。そこで、村益金の返金と、迫駒貸付金の年賦による返済の許可を求めて多数の農民が藩庁に押しかけている。そのため、一応帰村させたものの代表を拘束し、村益金は来春に江戸において返済すると約束し、内金を与えている。

また家中に対しては、家財道具は売却せずにすべて搬出させ、不要になった書類は売却すると外聞が悪いとして焼却を命じている。ところが、家臣たちは町人からの借金を踏み倒している。そして御宮と立教館は桑名へ遷し、九月二八日には小峰城を阿部氏に引き渡している。また、同月には幕府から御備場にある大筒や軍船などを引き渡す代わりに、金二〇〇〇両を下賜されている。

桑名転封は、家臣に与える引越料も含めて九万両を要し、これをすべて豪農商などからの借用により賄っている。その結果、借金はそれまでのものを含めて合計一〇万四〇〇〇両余りとなった。そこで、本知の継続を断念し、文政七年七月一〇日には家中に対して、御手伝金という名称を用いて禄米を削減することを申し渡している。これは、同年から一〇年間（天保四年まで）、二〇〇〇石取りに対しては四分五厘を削り、以下逓減して最低は舞台格および無格の六石以下の者を一分五厘とするものである。

幕府に「白河風土記」などを献上

文政七年二月には幕府に対して、「白河風土記」と「白河古事考」を献上して賞されているが、ともに広瀬が編纂の中心となっており、後者は白河郡の歴史を記したものである。これらを献上したのは、藩領の風土や歴史の詳細な把握まで行って統治に努めてきたことを、幕府に対して誇示するためであろう。

定和が島津重豪の娘と結婚

文政九年二月一五日には、嫡孫の定和が将軍にはじめて拝謁を許され、四月には元薩摩藩主であった島津重豪《しげひで》（栄翁）の娘孝姫と結婚している。実は定和は、婚約者である田安斉匡《なりまさ》の娘猗姫が結婚前に死去したため、文化一四年に孝姫と縁組していたのである。定信は、かつて外様大藩の島津家を警戒していたが、婚姻によって定和が将軍家斉の義弟となり、自家の家格がさらに上昇することを期待したのであろう。

定和を教育

七月には定和に対する教育の一環として、君臣関係・下情・法令・賞罰など藩主としての心構えを記し、堀田正敦の序文を付した「花月亭筆記」を与えている。一二月には一五歳の定和が従五位下近江守に叙任し、すぐに従四位下に進んでいるが、これも父定永と同じく定信の功績によるのである。

なお定和に対しては、「花月亭筆記」のあとに同じく心構えを記した「花橘録」を与えている。ここには「将来、溜詰は家筋のことであるから願っても、老中就任は決して願ってはならないが、任命されれば充分に勤めるべきである」とある。また「君主が下を疑うのははなはだよくなく、疑えばそれを真実のように思い込むようになる。そこで、疑いの心を持たず、正しく直なる心で下を使うべきである」とある。これらは、ともに彼のこれまでの人生における苦い経験にもとづいているのであろう。

古稀の祝いを挙行

次いで、文政一〇年正月一五日には定信・定永・定和の三世代にわたる夫婦が揃ったなかで、定信の古稀の祝いが催されている。二月には将軍家斉が左大臣から太政大臣に昇進しているが、現職の将軍による太政大臣の兼任は前例のないことである。これは実は、天皇が授ける官位により将軍の権威を高めることを狙って、幕府から朝廷に要請した結果である。五月には、この件で定永が京都への上使を勤め、閏六月には父に続いて少将昇進を許可されている。しかし、藩ではこうした公務が重なったため莫大な出費を要し、借財がさらに増加してゆく。

続いて、一〇月に定信は定和に対して「婆心録」(「閑なるあまり」)を著して与えている。ここでは、机上の空論である日本の兵法では、外国の優秀な戦力には対処できない。藩主が軍事の研究よりも先に、率先垂範して倹約に努めて正道の政治を行い、家臣や領民を服従させることこそが軍法の基本であると説いている。これも、家臣や領民の統制に苦慮してきた、自らの経験にもとづくのであろう。

頼山陽が「日本外史」を献上

一方では、頼山陽が自分の著書である「日本外史」の献上を願ったため、文政一〇年九月にそれを許すとともに、「集古十種」全巻と銀二〇枚を与えている。次いで、文政一一年五月には、家臣教育の留意点について「陶化之記」を、一一月には「神武の道」について述べた「体口伝」を、それぞれ著している。

ところが、一一月一二日には越後のうち信濃川に沿った三条などにおいて、大地震が発生している。そのため、桑名藩領のうち三条の周辺だけでも、全壊が約一三〇五軒・半壊が四三七軒・死者は一名・けが人は一〇九名という被害が生じている。藩では救済に努めているが、これも藩財政にとって大打撃となったことであろう。定信のほうは成稿した「花月日記」を、この年の一二月三一日条で終えているが、翌文政一二年正月には老人の摂生について「老のをしへ」を著している。

寵臣たちの死去

この間の文政七年には、隠居したのちに日記と号していた服部半蔵が、翌八年には南合彦左衛門が、さらに同九年には水野為長が、それぞれ没している。また広瀬は文政八年には定和の養育掛となり、さらに用人に進んだものの、同一一年には病により致仕し、同一二年二月一〇日に江戸の藩邸において六二歳の生涯を閉じている。

定信の能力と意欲

さて、定信は幕藩領主のなかでは極めて有能であり、政治や文化など多方面にそれを発揮した。このうち政治の面においては、死後に自ら神となって日本を守ることをめざしている。そのうえ、早くから内憂と外患との結合に対して危機感を抱き、それを回避するため藩政のみならず幕政の改革にまで意欲的に取り組んでいる。その際、さまざまな立場の人々に対して一定の規範を設け、それの遵守を求めているが、内容は概して微に入り細にわたるものであった。さらに対象も、士庶はもちろん、幕府内では将軍にまでおよび、藩内では当主である自分のほか、家族や子孫にまでおよんでいる。

藩財政については、一時的には一定の〝成果〟をえたものの、それは時代の潮流に押し流されてゆき、房総の防備からも逃避せざるをえなくなった。一方、彼が幕政において講じた外交政策や朝廷政策は、結果的に幕末維新までの外交や政局に大きな影響をおよぼしている。また文化の面においては、その保存や継承に努めたことにより、後世に多大な貢献をしている。

広瀬典が「羽林源公伝」を執筆

こうしたなかで、彼は藩外において定着していた〝名君〟のイメージを、後世にまで伝えようとしている。そのため、藩政のみならず幕政に対する自らの尽力ぶりを誇示するとともに、講じてきた施策の正当性を主張するために、広瀬に自身の伝記を書かせている。これは、おそらく桑名転封以降に完成し、「羽林源公伝」と命名されている。題名のうち源は、実家である徳川家が本姓とするものであり、久松家は徳川家の前の家名を下賜されている。次の羽林とは、近衛府の中・少将の唐名であるから、少将就任の実現こそ定信が自らの業績としてとくに強調したかったことなのであろう。

しかし同書においては、天明三年の領内における打ちこわしをはじめとする民衆蜂起、倹約や文武奨励に対する家中の反感や抵抗。彼を養子に迎えた養父定邦の目的と、田沼意次に対する政治工作。藩政および幕政改革に対する世上の反感、辞任の真相など、自分や自家にとっては恥辱となりかねない事柄を隠蔽、または歪曲させている。

この点は、「宇下人言《うげのひとこと》」だけではなく、彼の死後において家臣や、その末裔により編集された定信の伝記も同じである。さらに、彼は儒教精神に満ちた優れた政治家であることを伝えようとしてきたため、戯作の「大名かたぎ」を焼却しているが、南合彦左衛門が内々で筆写していたため、それは今に伝わっている。

三　趣味と交友

風貌

定信は眉が薄くて長く、眼光は清く明らかであり、肉付きは並みであったが、髪は三〇歳頃から薄くなった。晩年には少し肥え、隠居後には自分の姿を後世に残すために、新たな自画像を作成している。

日常生活

毎日、午前五-七時に起き、午後七-八時に床に就くことは、松平家に移ってからも生涯変わらず、衣食は質素であった。また、ふだんは言葉少なであるものの、声は低くはっきりしており、叱る時には声がきつく高いこともあった。一方、閑暇のみならず夜中に目が覚めた時にも無為を嫌い、書き物などに耽っていた。また、断酒を志した際には、そうすれば楽しく語る機会を失って憂鬱になると、医者から諫言されている。

また「修行録」のなかでは、「神武の道」を中心とした心身の修行過程について述べ、そこでは健康管理や房事についても、赤裸々に告白している。

自身の寿像を拝む

毎年定綱の命日である一二月二五日には白河、のちには桑名に遷した御宮を遥拝している。また、六〇歳に近い頃、すなわち文化年間の後半には、外患に対処する意気込みを示すためか、自身を鎧直垂《よろいひたたれ》姿にした木像を江戸の職人に彫らせている。そして、それを浴恩園内に感応殿なる生祠を設けて安置している。さらに、あおぎたっとぶという意味から名づけた瞻仰堂《せんごうどう》という拝殿を近くに置いて、自ら毎朝拝むだけでなく、側近に供え物を奉げさせている。

「自書略伝」の〝神勅〟

この木像に関して、彼は文政三年（一八二〇）八月二五日付で「自書略伝」と題した小文に〝神勅〟を書きつけている。そこでは、自分は一二歳の頃から、生きては天下のために忠を尽くし、死しては忠義の鬼となることを思い立った。それを実現するために、二〇歳余りの頃から「神武の道」の修行を続けてきた。もっとも、幕政においては十分の一も国家に報いることができなかった。そのため、自ら辞任して永く国家を守護し奉り、永く藩翰の任を守ろうと心に誓い、ついにその志を遂げた。私の正しさは天地の正しさであるから、凡人は疑いを抱くな、などと述べている。

これをこの時点で作成したのは、当時めざしていた房総の防備からの撤退が実現した場合、死後において日本を守るという抱負との矛盾を批判されかねない。それに備えて、あらかじめ行動の正当性を主張しておこうとしたのではなかろうか。

楽翁の意味

隠居後には日記のなかで、それまでの旭峯・風月などの号を、安らかな御代だからこそ、世を捨てて楽しみの身になれるとして、楽翁と改めたと述べている。しかし、文化六年頃から「花月老人」の号も使いはじめたという。

浴恩園内にある建坪が二〇〇坪ほどの千秋館に住んで、文筆活動や読書を行ったり、園内を歩いて景色を眺めるのが楽しみの一つであった。さらに、房総の防備を担っていた時期には、関係者がここと同地とを船で往き来している。また、異国船来航に備えて、定永と協議してここに船や鉄砲を配備して出動態勢を整えていたばかりか、側近を遠方に住む火術や兵学などの師範のもとに派遣して学ばせている。

蔵書

蔵書は、隠居後に作成された「浴恩園文庫書籍目録」によれば、法帖類を含めて二三三六タイトルもある。そのうち和歌は約一二%を占めて最多であり、また有職類が約七%もあり、芸術関係も約五%を占めている。これに対して、文政三年時点における立教館の蔵書数は、「白河文庫全書分類目録」によれば一九〇六タイトルである。こちらは有職類が約六%と最多であるが、朱子学以外の儒書や、林子平の「三国通覧図説」も収載されている。一方、彼自身の著書は「守国公御著述目録」によれば一三八部もあったが、このほかにも数十部あったといわれている。

すでに述べたように、和歌に秀でていたが、烏丸光胤《からすまるみつたね》や日野資枝《すけき》らの堂上歌人の指導を受ける一方、堂上派の北村季文や、江戸派の村田春海らの歌人とも親交を重ねている。そして、契沖や下河辺長流の和歌を高く評価するとともに、心にもないことを詠むことを批判している。また、平安末から鎌倉はじめにかけての代表的歌人である、藤原定家や西行ら六名の私歌集の総称である「六歌集」を尊び、自身も新古今調の歌を詠んでいる。

そして、文政九年には自らが和歌を詠む際の参考とするため、「六家集」から類題集を編纂して「独看和歌集」と命名したうえ、子孫が利用する際の便宜を図るためとして出版している。次いで文政一〇年には、享和年間から文政七年までに詠んだ歌を集めた

「よもぎ」・「むぐら」・「あさぢ」の三集を合わせた「三草集」を出版している。これは「独看和歌集」の出版とともに、人生の終焉を強く意識したなかで、自分の文学的才能を世上に後世まで伝えようとしたのであろう。

日記

日記には、まず公的な事柄を対象にしたものがある。次に、「花月日記」のように日常の私的な事柄について、素材を選んで文章を構成し、場合によっては表現効果を高めるために虚構をも加え、推敲しつつ何度も書写して完成したものがある。しかし、本書の執筆に際しては、「花月日記」にこうした制約があるとはいえ、彼の老年期の挙動をうかがうことができる貴重な史料として使用してきた。

古典の書写

また、趣味の一つは古典の書写であり、これについて「源氏物語七部書写竟宴抄」のなかでは、田安宗武の註説による源氏物語の書写からはじめたとしている。そして、文化初年から六五歳となった文政五年までの二一年間だけでも二〇〇部余りを写している。そこには源氏物語が七回、万葉集と廿一代集は二回、六家集も三、四回含まれており、日本の文芸が多い。

絵画

文化財の保護については上述してきたが、古画、とりわけ絵巻物を愛好し、それは父の宗武譲りである。天明八年（一七八八）に上洛した際の寺社拝観が契機となって関心を強め、のちには「集古十種」ばかりか「古画類聚」にも絵巻物を載せている。

絵画では右のほかに、鍬形蕙斎《くわがたけいさい》に対して寛政七年（一七九五）以降に、吉原の遊女の一日を「吉原十二時絵詞」として描かせている。次いで、享和三年（一八〇三）には江戸の景観と賑わいぶりを「東都繁盛図巻」として、文化三年（一八〇六）には職人の風俗や庶民生活を「近世職人尽絵詞」として、それぞれ描かせている。

ところが、もとは北尾政美を名乗っていた鍬形や、「近世職人尽絵詞」の詞書を担当している四方赤良《よものあから》・朋誠堂喜三二・山東京伝は、ともに改革中に弾圧されたり、文筆活動を自粛していた者たちである。このように、定信は幕政担当者としての建前と、絵画の愛好者という本音を使い分けているのである。

なお、彼自身は若い時には南蘋《なんぴん》派の絵を学んでいたが、のちには真の姿ではない作品は、後世になにも残さないと考えるにいたっている。そこで、特別な場合を除いて絵を描かず、前に書いたものも焼却したという。

さらに、実父である田安宗武の遺志を継いで舞楽（雅楽）の復興に努め、雅楽の典拠となる故事を諸書から集めた「楽典」を編纂しているが、未完成のうち焼失したため、改めて編纂させている。また、楽人に対する質問をもとに「俗楽問答」を著し、近世になって復興された雅楽はもとの姿を伝えていないことや、家祖の霊廟に対する祭礼には神楽などを用いるべきことを唱えている。

洋学

また、洋学についても上述したが、軍事関係の知識を中心にして強い興味を抱いていた。そこで、書籍を収集したばかりか、文化一〇年六月二日にはトランペットを模造させている。文化一二年九月一一日には、「蛮国」製の万力の模造品を造らせて、それを浴恩園において操作させている。

これに先だち、ヨーロッパの本草学博物書であるドドネウス著「CRUYDE-BOEK」の翻訳を、家臣の石井庄助に命じている。寛政五年頃から訳業を始めた石井の没後は、田安家の侍医である吉田正恭に託した結果、文政四年に「遠西独々涅烏斯《ドドネウス》草木譜」として完了している。次いで、文政一二年に出版の準備ができたものの、藩邸の焼失や定信の死去により延期されている。

庭園

庭園の鑑賞が趣味の一つであり、自然の地形や環境を生かした整備を進めている。そして、浴恩園や三郭四園、さらに南湖においては、祖父の吉宗が江戸の飛鳥山で行った手法にならい、景勝を選定して命名している。続いて、それにちなんだ漢詩と和歌を名士たちから募り、それらの筆蹟をそのまま刻ませた碑を建てさせている。これは、自らの風流心を満たすとともに、文芸界における自らの影響力の強さを誇示しようとしたのであろう。

そのうえ、浴恩園については「浴恩園真景図巻」を、星野文良に制作させている。これは、一流の文人たちに作成を依頼した和歌・漢詩・書などを収載した巻物や、蓮を九〇余種も収めた「清香譜」などの植物の図譜とともに、「浴恩園画記」と総称されている。

なお、「守国公御伝記」は、彼は無用のことは倹約したが、有用のことには費用を惜しまず、また好みで行ったことには、手許金を減らしつつ充てたとしている。としても、財政が苦しいために家中に倹約を強いるなか、「集古十種」などの編纂と刊行、多数の書籍の購入、絵巻物の作成、さらに土地の入手と造園・維持に要する費用が、それぞれ実際に支出全体なかのどのような部分から捻出されたのかは判然としない。

交友の条件

辞任後からは、友人との私的な交際を徐々に復活し、隠居後は浴恩園を舞台にして交友関係を広げている。交友関係を結ぶ際には、彼の在任中のことには触れないことと、在任者は職務について語らないことが条件であったという。このうち前者から、彼にとって在任中のことは苦い思い出だったことがうかがえるものの、後者について牧野や林などは対象外であったのである。

林述斎と堀田正敦

もっとも信頼していた友人は、林述斎と堀田正敦であり、堀田は定信の花月に対して水月を雅号とし、ともに和歌の詠作に励んでいる。定信は自然の風物・政治・道徳などについて著した「花月草紙」を、文政元年以降に出版しているが、堀田はこれに対しても序文を贈っている。定信のほうも、文化一四年には堀田の歌集である「水月詠藻」に対して、長文の仮名の序文を寄せている。のみならず、随筆の「花月草紙」に対しても堀田から序文を寄せられ、それを堀田・林両名の勧めにより文政年間に刊行している。このほかに、肥前平戸藩主の松浦静山とも親交が深かったが、静山は後嗣である熙《ひそむ》の室に定信の五女蓁姫を迎えている。

詩歌会と歌集

定信とともに文化活動を行った者には、林・堀田・松浦以外に、牧野忠精らの大名や、成島司直《もとなお》・屋代弘賢《ひろかた》らの学者、谷文晁らの画家、北村季文らの歌人がいる。彼らが中心となって催した詩歌会から生み出された歌集のなかには、次のようなものがある。たとえば「詠源氏物語和歌」であり、堀田が文化一一年に主催した、「源氏物語」の巻名を題にして詠んだ歌会にもとづいている。そこには、定信のほかに牧野・林・松平信明《のぶあきら》の嫡子である信順《のぶより》・松浦静山・塙保己一《はなわほきいち》ら総勢五六名が参加している。さらに「浴恩園和歌」は、文化一二年に定信の求めにより浴恩園にある五一ヵ所の名勝を詠んだものである。堀田の跋文があり、各名勝ごとに頼春水・大田南畝《なんぽ》らが詩を賦し、林が総まとめをしている。

一方、堀田や林たちは、定信が在職中に幕府権力の強化を目的として提起していた編纂事業を継承している。そして、「藩翰譜続編」・「寛政重修諸家譜」・「徳川実紀」・「新編武蔵風土記稿」を文化〜天保期に、それぞれ完成している。

交友相手の特徴

右のほかに浴恩園を訪れて交友した大名には、藩政に尽力したり、または藩政に対して定信に助言を求めたり、好学である者が目立っている。たとえば、彼の娘婿である伊予大洲藩主の加藤泰済《やすずみ》は、財政の安定に努めるとともに、士風の刷新や商業の統制に努めているばかりか、自身で出版を行っている。同じく娘婿（牧野忠精の養女）である越後村上藩主の内藤信敦は、書や詩文を好む一方、藩政改革に努めて藩校の設立や新田開発・殖産興業など行っている。

伊予松山藩主の松平定則は定国の遺児であり、定信の訓育を受けたものの若くして没している。そのため弟である定通が相続し、文政三年と同六年には定信に請うて、広瀬を松山藩邸に招いて家中に対して講義をさせている。さらに厳しい倹約令を発し、備荒貯蓄に努めている。文政六年には松山に東雲神社を建てて藩祖である定勝を祀り、文政一一年には藩校の興徳館を拡張して明教館を設立している。

このほかに相模小田原藩主の大久保忠真《ただざね》は、財政再建に努めるとともに藩校を設け、二宮尊徳らを善行人として表彰しているほか、詩文や和歌を好んでいる。

水野忠邦が訪問

文化一一年二月二七日には当時、肥前唐津藩主であった水野忠邦が訪れている。水野は当時二一歳で、藩政改革に意欲を燃やし、この年三月一五日に江戸を発って初入部する。そこで、その前に藩政改革の手本的存在として世に知られていた、定信の助言を乞うたものと思われる。定信との対面は水野の政治行動に大きな影響を与えたことであろう。

また定信は同一二年一二月二日に、肥前平戸藩主となった松浦熙が、理屈では藩を治められないことを知っていた点を褒めている。また武蔵川越藩主の松平直温《なおのぶ》に対しては、同一三年四月一八日に志が熱いと治を急いで害を招くと説いているが、ともに自らの経験にもとづいた教諭といえよう。

下野黒羽藩主の大関増業《ますなり》は、国学や武術の修学により家臣教育に努めるとともに、文化一四年には藩政の方針を定めるため「創垂可継」を著している。また、因幡鳥取西館新田藩主の池田定常（松平冠山）は好学で有名であり、著作が多かった。

島津重豪が来邸

薩摩鹿児島藩主の島津斉興もたびたび訪れているが、祖父である重豪も娘と松平定和との縁組後にしばしば訪れ、逆に定信も重豪の高輪にある屋敷を訪問している。そのうえ、実母の義理の兄にあたる尾張藩家臣の山村良由は、施政を評価されて天明七年には家老に抜擢され、寛政五年には従五位下伊勢守に叙任されていたが、致仕後に来訪している。さらに、公家も来訪しており、文化年間にはかつて尊号一件の際に江戸への召喚を命じたこともある、武家伝奏の広橋伊光《これみつ》を招いている。

浴恩園の役割

このように、浴恩園においては文化交流だけでなく、定信の家族や親戚の団欒、家臣に対する拝観を通じての忠誠心の涵養、さらに大名に対する助言も行われているのである。そればかりか、定信は隠居という政治性の薄い立場を利用して、幕閣の要人たちから内政や外交に関する情報の収集を図ったものと思われる。さらに、あわよくば持論を幕政に反映させたり、自家に対する殊遇を獲得しようとしたのであろう。

四　死去と死後の評価

病臥

定信は、文政一二年（一八二九）の正月下旬から風邪をひき、二月三日には高熱を発したため、夫人や定永らが看病に努めている。ところが、二月一〇日に広瀬の死去を聞いて落胆していたところへ、二月一六日には大塚の六園が焼失している。

江戸で大火発生

そのうえ、三月二一日には神田佐久間町河岸から出火し、火は日本橋から芝まで広がり、多数の建物が焼失し二八〇〇余名もの焼死者が出たという。そのなかで、松平家の八丁堀の上屋敷、築地の下屋敷である浴恩園、さらに中屋敷までも類焼している。避難の際、定信は屋根とすだれが付いた大きな駕籠に乗せられ、寝たまま搬出されたため、道が塞がって群衆が迷惑したという。ところが、桑名藩と福井藩では退避する際に、邪魔な町人を切り殺したという噂が世上に流布している。

大火に関する落首

そして、大火に関する落首や落書が、無届けの一枚刷りによって多数刊行されている。そのなかにはこの噂に関する、「越中が　抜身で逃る　其跡へ　かはをかぶつて　逃る越前」とか、「ふんどしと　かはかぶりが　大かぶり」という、説明を憚らざるをえないようなものも収載されている。当時「越中」は定永が名乗っていたとはいえ、これをかつて出版統制を行った定信に対する、業界による〝復讐〟と見ることもできよう。

また、二つの火事により大塚の六園にある土蔵は焼失を免れたものの、八丁堀と浴恩園の土蔵にあった武具・馬具や、形見分け用の唐物などは灰燼に帰している。なお、浴恩園の跡地には明治維新後に海軍兵学校が設置され、関東大震災後になると東京市の中央卸売市場（現東京都中央卸売市場）が移設され、現在にいたっている。

伊予松山藩邸に仮寓

一方、被災した桑名藩では、当初は伊予松山藩の上屋敷に避難したが、手狭のため四月一八日には同藩の三田にある中屋敷に仮寓している。松平定通は桑名藩側を厚遇したが、松山藩側の家中は家主であることを誇っていた。これに対して、桑名藩側は当時藩主が溜詰としては松山藩の上座であったうえ、その分家ではないと自負していたため、双方の家中間でいさかいが起き、屋敷を二つに仕切ったという。

〝常溜〟昇格の内願

この間の三月には定信から依頼された田安斉匡が、御側御用取次に対して、次の請願を行っている。

（上略）楽翁は御由緒もあり、そのうえ将軍補佐を勤めていたので、できるならば永々溜間詰（〝常溜〟）に昇格させてもらえないだろうかと、私に内々で言ってきました。幕府の御様子は知りませんので、断ろうと思いましたが、楽翁は近い間柄であるうえに、現在は病気であり全快しがたいと聞きます。そこで、断りながらも御手前様まで御相談におよびました。もしできますならば、御評議に掛けて下さい。

（下略）

定信は死期が迫るなかで、養父定邦から負わされた「永々溜間詰」（〝常溜〟）への昇格を、御三卿の威光を借りて実現しようとしたのである。しかし、将軍からこの件を諮問された老中たちは、定信の功績はすでに〝飛溜〟昇格や少将昇進により賞している。そこで、このたびの内願を許せば、ほかの〝飛溜〟の家々にも影響がおよぶとして反対している。そこで、将軍は彼らに田安斉匡に宛てた、「近江守（定和）はことさら人物がよいので、将来は父と同じ溜詰となろうと、将軍が噂されている」という挨拶案を作成させている。次いで、三月二八日にそれを伝えさせている。

死去

さて、定信は仮寓において病中も毎月侍臣たちと歌会を催している。また、しばしば定永と藩政を論じあっていたが、横臥が思うに任せないので近習頭の田井柳蔵から介護され、一時回復の兆しが見えていた。しかし、治療の効なく五月一三日の八ツ時（午後二時）頃から呻き声をあげはじめ、七ツ時頃（申の刻、午後四時）に医師が診察するなかで急に脈拍がかわり、七二歳で死去している。

辞世の句は松浦静山によれば、「つくづくと　独りむかえば　我身だに　月の中なる心地こそすれ」である。そして、将軍からの見舞いの使いが派遣されたあとの同月二九日に発喪され、葬儀は六月五日に挙行され、その際には将軍から香典を贈られ、遺体は霊巌寺に埋葬されている。

墓碑

戒名は、霊巌寺の住職が遺書をもとして作った、守国院殿崇蓮社天誉保徳楽翁大居士である。のちには、桑名の照源寺にある松平家の先祖の墓の側に「楽翁源公墓」の碑が建てられて、歯骨と装束が納められている。別に、寛永年間に藩祖定綱が上野寛永寺内に建立していた東円院と、高野山大徳院にも分骨されたという。なお現在、霊巌寺にある墓碑の「故白河城主楽翁公之墓」という銘文は、協議のうえ定められたものである。また、自身の木像を安置させていた感応殿は、遺言により東円院内に桑名城の方角に向けて再建され、三回忌のあとからは、一般人に対しても毎月三日間参詣が許されている。

子女

定信は子女を九名儲け、そのうち四名は正室である加藤泰武の娘から生まれ、長女の百代姫は大洲藩主加藤泰済に嫁ぎ、嫡子の太郎丸（定永）は家督相続し、阿波徳島藩主の松平治昭の娘と結婚している。さらに、三女の福姫は伊予松山藩主の松平定則と婚約したものの、婚礼前に死去し、六女の烈姫は信濃高島藩主の諏訪忠恕《ただみち》に嫁いでいる。

側室の中井氏からは五名が生まれ、次女の婉姫は越後長岡藩主の牧野忠精の嫡男である忠鎮《ただつね》に嫁ぎ、忠鎮の死後に越後村上藩主の内藤信敦に再嫁している。次男の次郎丸（定栄）は信濃松代藩主の真田幸専《ゆきたか》の養子となり、幸貫《ゆきつら》と改名している。また、四女の庸姫は近江彦根藩主の井伊直中の嫡男である直清と縁組しているが、婚礼前に直清が死去したため、上野高崎藩主の松平輝延の嫡男である輝健に嫁いでいる。そして、輝健の死後に輝延の養女になり、越中富山藩主の前田利幹《としつよ》に嫁いだものの、離縁されている。さらに、五女の蓁姫は松浦熙に嫁ぎ、七女の恒姫は早世している。定信にはこれらの実子のほかに、養子と養女が合わせて六名いた。

松平定信の墓（霊巌寺，東京都江東区）

「守国大明神」号

藩では、定信の遺命にもとづき天保四年（一八三三）に吉田家に乞い、定信に対して守国霊神の神号を受けている。天保五年には神号を守国明神と改め、安政二年（一八五五）には定綱並みに守国大明神と改めている。この間、遺言にもとづき桑名城内に鎮国大明神と合祀し、同一日に祭礼を行っている。

家臣が編纂した書籍

これに先だつ文政一三年には、若年から側近く仕えてきた田内親輔が、定信の入閣を讃えた落書などを収めた「蚊遣火」を著している。次いで、天保六年には定永の命により定信の事績を「御行状記料」として編纂し、さらに弘化二年（一八四五）には「楽翁公著述目録」を著している。

そのうえ、水野為長が幕政改革中に世上の風聞を収集して筆録し、定信に提出していた報告書を、定信の遺品から見つけている。そこで、抄本を作成し、段落の末尾に「〜のよし」とあることから、「よしの冊子」と命名している。一方、岡本茲奘も弘化二年に定信の事績を記した「感徳録」を編纂している。

定永の内願

ところで、定永はおそらく天保三年の「二月四日」付で幕府に対して、〝常溜〟昇格を内願している。そこでは、定信の辞任の際に伝えられたとする「御演説之趣書付」を根拠として挙げている。その書付には、将軍としては定信を〝常溜〟として遇したいものの、容易ならざることである。そこで、〝飛溜〟とし、万一代々のうちに無能な者がいても、出仕さえできるならば溜詰にしたい、と記してある。そして、定永は自分は家督相続時点で溜詰になれなかったが、父の病中に忰の定和に将軍の御内意が下っている。そのため、内願してきたが、いまだに実現していない、と訴えている。これに対して、老中はその演説なるものの存在を否定し、内願を却下している。

とはいえ、天保四年七月には定和が祖父である楽翁の功績を理由にして溜詰格とされ、八月に侍従に任じられている。これは幕府が、定永の執拗な内願と他家に対する殊遇との兼ね合いを考慮した結果なされたのであろう。ともあれ、定永は天保九年にわずか四八歳で死去し、定和が天保一〇年に相続して溜詰となっていたが、天保一二年に三〇歳で没している。定和の嫡子である猷《みち》は、島津重豪の娘を母として生まれ、天保一二年に家を継いで嘉永二年（一八四九）に溜詰となったものの、安政六年（一八五九）に二六歳で亡くなっている。猷が天保一三年に発した通達には、借財は天保一〇年には約三八万両余りにおよんでいたため、天明三年以来の「人別扶持」を導入していたが、当年からは御手伝引を復活するとある。

このように、定信没後の松平家は、彼の功績により歴代の当主が溜詰となったものの、代を追うごとに短命になり、ついに〝常溜〟昇格は実現していない。しかも財政はより悪化し、御内用達や大坂商人らに対する調達金や献金の賦課により、ようやく賄っている。

天保改革と真田幸貫

さて、幕府では内憂と外患による危機が本格化するなかで、水野忠邦が享保改革および寛政改革を理想としつつ、天保改革に着手している。その際、定信の子で藩政に尽力していた真田幸貫を、外様大名ながら抜擢して老中に加えたものの、改革は完全に失敗している。

定敬

桑名藩では、猷の子息である定教が幼少であったため、長女の婿養子として美濃高須藩主の松平家から定敬《さだあき》が入って相続したが、彼の兄である容保《かたもり》も会津藩主の松平家を養子相続している。そして、幕末・維新期には皮肉なことに、会津藩とともに徳川家に対して強い忠誠心を抱きつつ、島津重豪の子孫を擁する薩摩藩などを主体とする新政府軍と戦って敗れている。

定教

しかし、降伏したために定教が家督相続を許され、明治二年（一八六九）に桑名藩知事となったものの、六万石に減封されて廃藩置県を迎えている。その際、定教は旧臣たちに対して定信の遺徳を伝え、民の模範にしたいとして「守国公伝記」の編集を命じている。それは「羽林源公伝」など先行の伝記にもとづいて明治六年に完成しているが、辛酸を舐めた定教主従にとって、定信の存在は心の支えだったのであろう。なお、御宮はのちに鎮国守国神社と称し、明治一三年（一八八〇）に県社に列しているが、定信の狩衣姿の木像は今もここで神体として祀られている。これに対して、東円院内の感応殿に置かれていた鎧直垂姿の木像は、のちに霊巌寺に移され、関東大震災により失われてしまった。

明治時代の評価

明治二〇年代半ばになると、同二三年には忠孝を重視した国家主義的な内容である教育勅語が制定されている。翌年には歴史学者である三上参次氏が、日本人が尊敬し模範とすべき偉人と評し、『白河楽翁公と徳川時代』を著している。次いで同二六年には、旧桑名藩士の江間政発氏により定信の著述を収載した『楽翁公遺書』が刊行されるなど、この時期には定信に関する多くの書籍や記事が現れている。

日露戦争後、政府が積極的に儒教道徳を利用するなかで、定信の評価が高まり、同四一年には戊申詔書が発布される直前に正三位が贈られている。この間、定信の拠点であった福島県においても、学校教育のために明治二七年刊行の『福島県郷土史談』にはじまる諸書が彼を郷土の偉人として扱っている。

また、実業家である渋沢栄一氏は、七分金積立の一部を用いて設立され、窮民対策を行った東京養育院の院長を勤めていた。そこで、明治四三年以来、命日には記念講演会を催している。さらに、地方改良運動が推進されるなかで、定信は、倹約を実践したうえ、南湖公園を造成し、史蹟保存にも努めたとして讃えられている。大正一一年（一九二二）には彼を祭神とする南湖神社が竣工し、県社に列せられている。

大正時代と『田沼時代』

しかし大正デモクラシーの時期になると、大正四年に辻善之助氏が『田沼時代』を著し、〝悪徳政治家〟として扱われてきた田沼意次が幕政を動かした時期を再評価している。このなかで、定信が田沼に対して贈賄していたことを告白した史料を引用したことは画期的といえる。

昭和戦前の評価

次いで昭和となり、昭和四年（一九二九）が定信の死後一〇〇年にあたるうえ、国際的緊張が強まるなかで、彼に対する評価が再び高まっている。松平家では昭和三年に楽翁公百年祭の記念として「宇下人言《うげのひとこと》」を限定出版し、同書は昭和一七年に岩波文庫としても出版されている。

『楽翁公伝』の刊行

昭和四年には七分金積立による資金が、東京市による種々の事業に寄与したことにより、楽翁公遺徳顕彰会が組織されている。同会からは彼の遺品や著作物を収録し、業績を讃えた『楽翁公余影』が出版され、昭和六年からは東京市が毎年墓前祭に参加している。さらに昭和一二年には『楽翁公伝』が刊行されている。本書はまず三上氏が史料と稿本を提供し、平泉澄氏がこれを編纂したものの外遊した。そこで、それを中村孝也氏が修訂し、さらに三上氏と渋沢栄一氏らが校閲して訂正し、渋沢氏の死後に同氏の著書として出版されたものである。ここでは、定信に対する従来の研究を集大成したうえ、理想的政治家として讃えつつ、都合の悪い史料は無視している。次いで同一六年には深谷賢太郎氏が『松平定信公と敬神尊皇の教育』を著している。

こうして、定信は自身または家臣などの手になる著作や伝記、さらには肖像の作成により、自身のイメージを作りあげた。死後は、これにもとづき、ほとんどの時期に、さまざまな立場の人々から讃えられてきたのである。

戦後の評価

ところが、第二次大戦後になり民主主義が浸透するなかで、彼は反動的な改革の推進者と評価されるようになっていった。近年では、内憂と外患とが結合しかねないという幕藩制国家の危機のなかで、彼が講じた諸政策、とりわけ外交や朝廷政策が、幕末維新の政局に対して大きな影響をおよぼしたことが指摘されている。

久松松平氏略系図

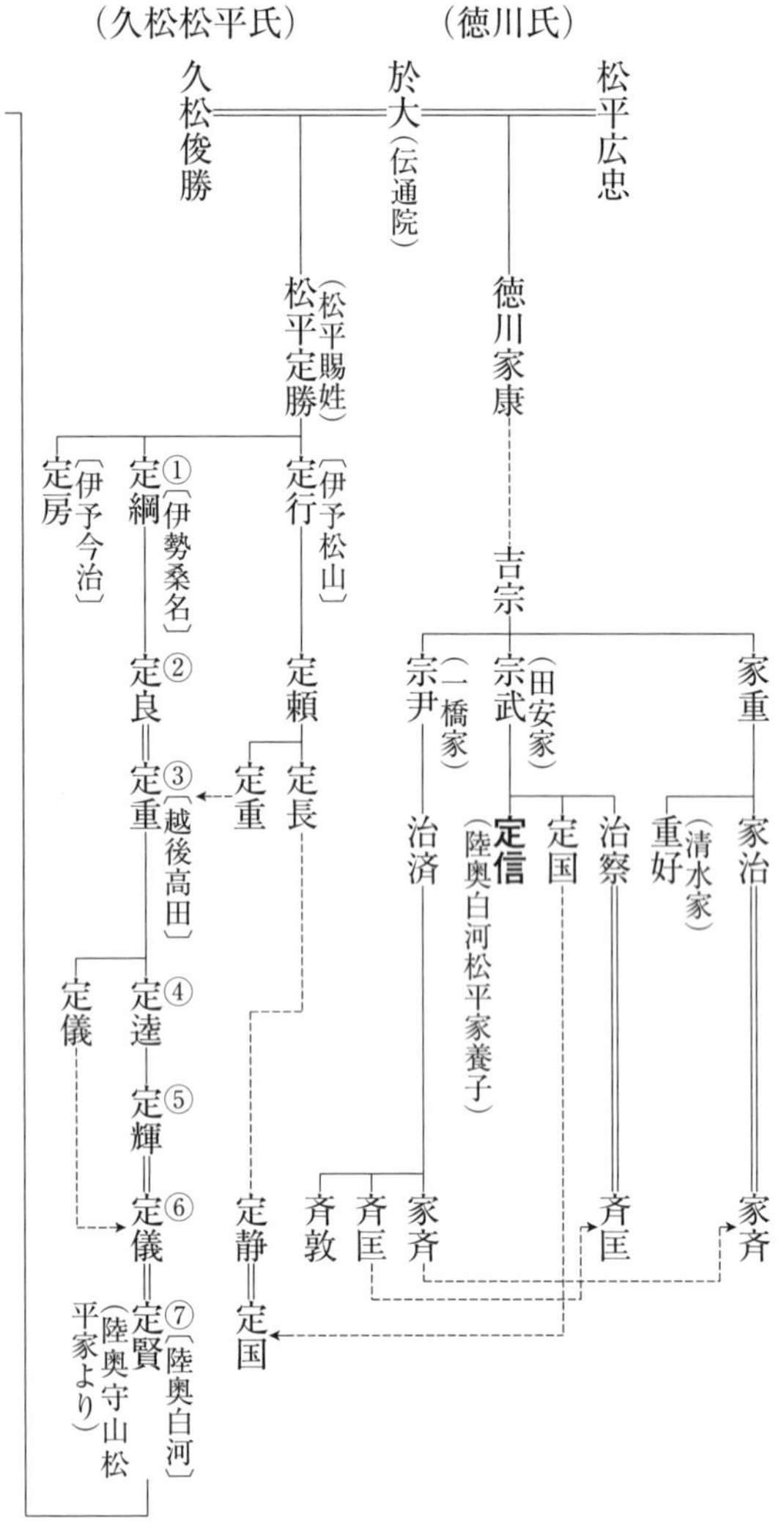

（徳川氏）
（久松松平氏）
松平広忠
於大（伝通院）
久松俊勝
徳川家康
松平定勝（松平賜姓）
吉宗
家重
宗武（田安家）
宗尹（一橋家）
家治
重好（清水家）
治察
定国
定信（陸奥白河松平家養子）
治済
家斉
斉匡
家斉
斉匡
斉敦
定行（伊予松山）
定頼
定長
定重
定静
定国
定綱①（伊勢桑名）
定良②
定重③（越後高田）
定逵④
定輝⑤
定儀⑥
定賢⑦（陸奥白河）
定儀
定房（伊予今治）
（陸奥守山松平家より）

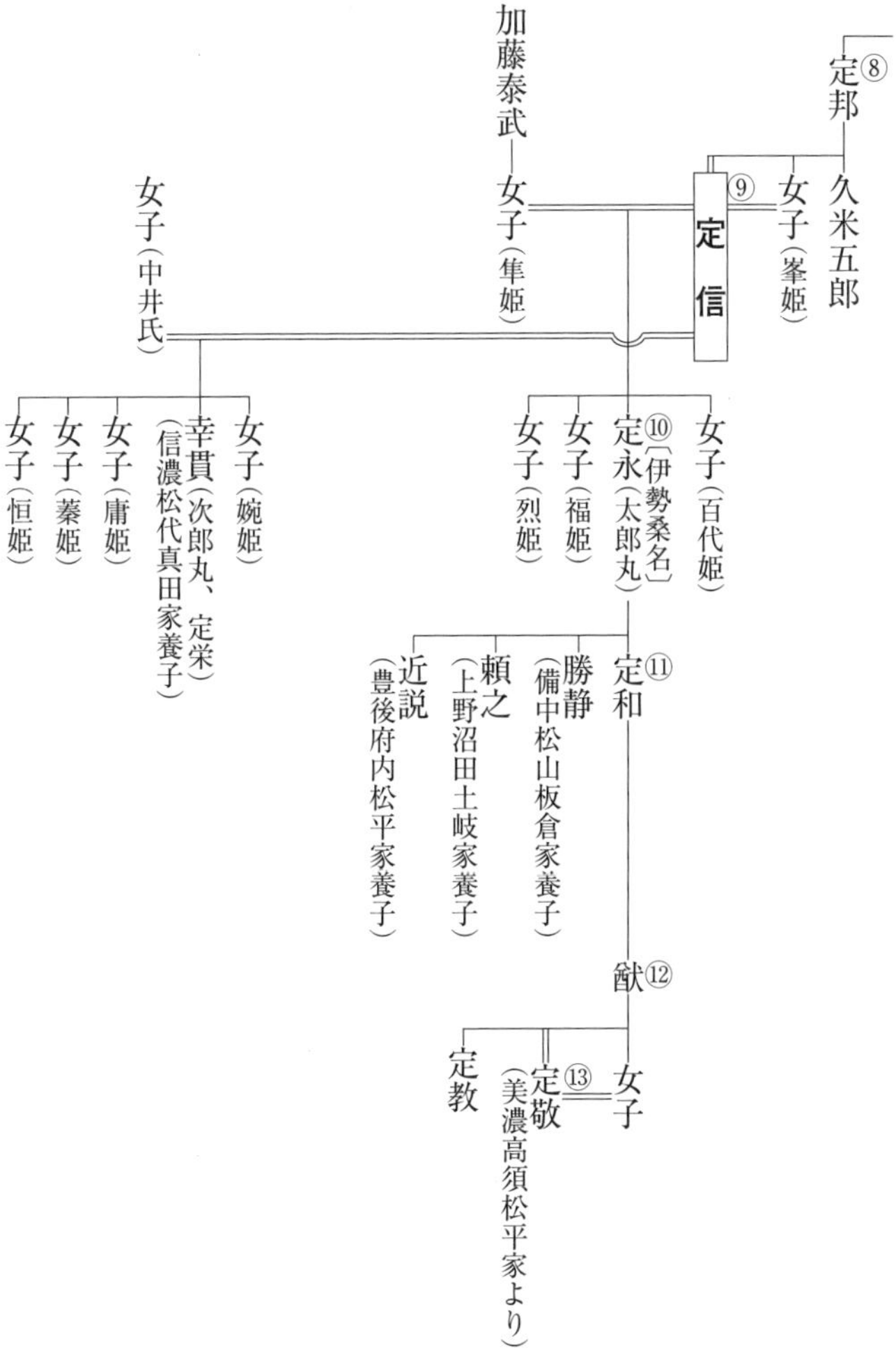

定邦⑧
久米五郎
女子（峯姫）
⑨定信
加藤泰武
女子（隼姫）
女子（中井氏）
女子（百代姫）
⑩定永（伊勢桑名）（太郎丸）
女子（福姫）
女子（烈姫）
女子（婉姫）
幸貫（次郎丸、定栄）（信濃松代真田家養子）
女子（庸姫）
女子（蓁姫）
女子（恒姫）
⑪定和
勝静（備中松山板倉家養子）
頼之（上野沼田土岐家養子）
近説（豊後府内松平家養子）
猷⑫
女子
⑬定敬（美濃高須松平家より）
定教

老中・大老一覧表

（『国史大辞典』をもとに作成）

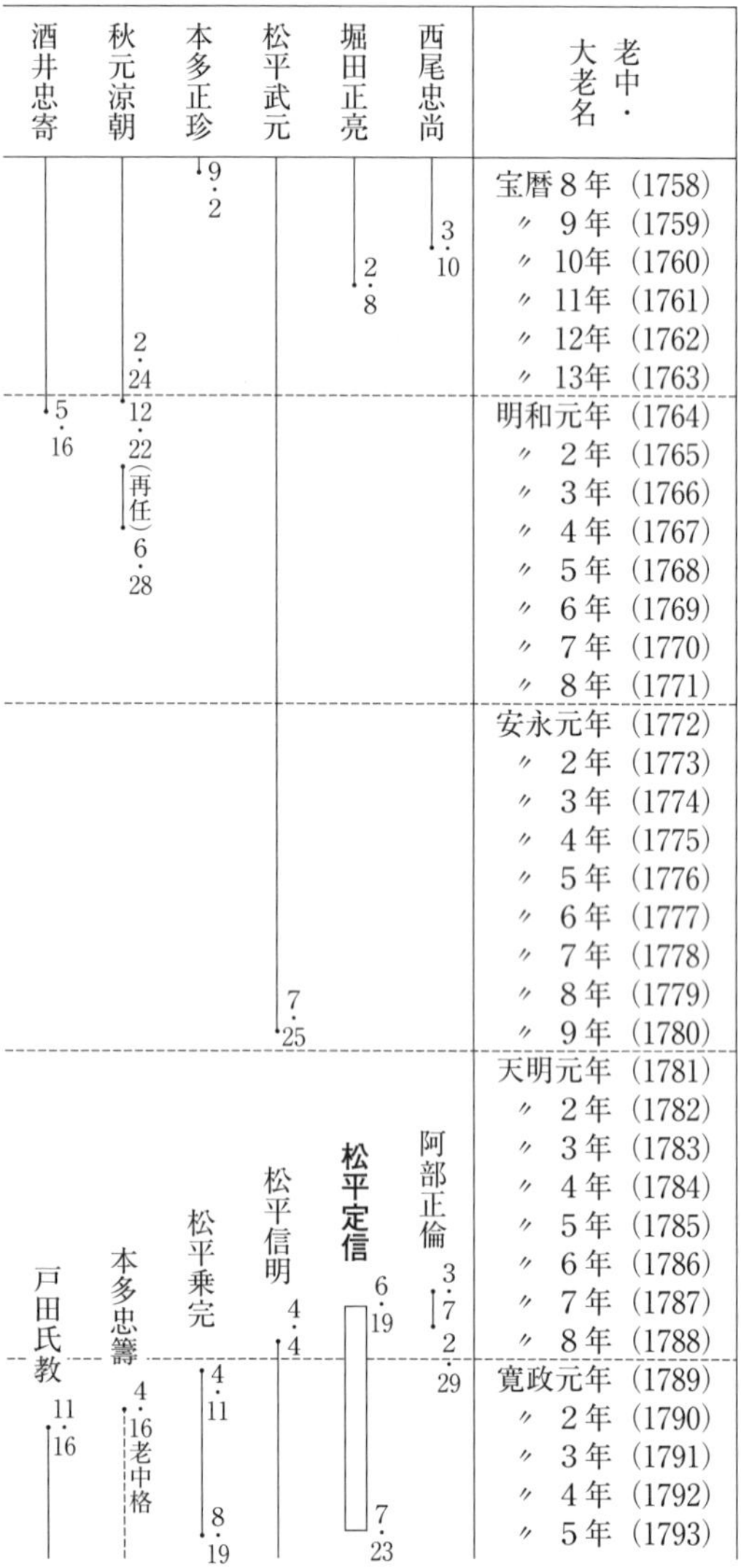

老中・大老名
西尾忠尚
堀田正亮
松平武元
本多正珍
秋元涼朝
酒井忠寄
宝暦8年（1758）
〃 9年（1759）
〃 10年（1760）
〃 11年（1761）
〃 12年（1762）
〃 13年（1763）
明和元年（1764）
〃 2年（1765）
〃 3年（1766）
〃 4年（1767）
〃 5年（1768）
〃 6年（1769）
〃 7年（1770）
〃 8年（1771）
安永元年（1772）
〃 2年（1773）
〃 3年（1774）
〃 4年（1775）
〃 5年（1776）
〃 6年（1777）
〃 7年（1778）
〃 8年（1779）
〃 9年（1780）
天明元年（1781）
〃 2年（1782）
〃 3年（1783）
〃 4年（1784）
〃 5年（1785）
〃 6年（1786）
〃 7年（1787）
〃 8年（1788）
寛政元年（1789）
〃 2年（1790）
〃 3年（1791）
〃 4年（1792）
〃 5年（1793）
3・10
2・8
9・2
2・24
12・22
（再任）
6・28
5・16
7・25
阿部正倫
3・7
2・29
松平定信
6・19
7・23
松平信明
4・4
松平乗完
4・11
8・19
本多忠籌
4・16老中格
戸田氏教
11・16

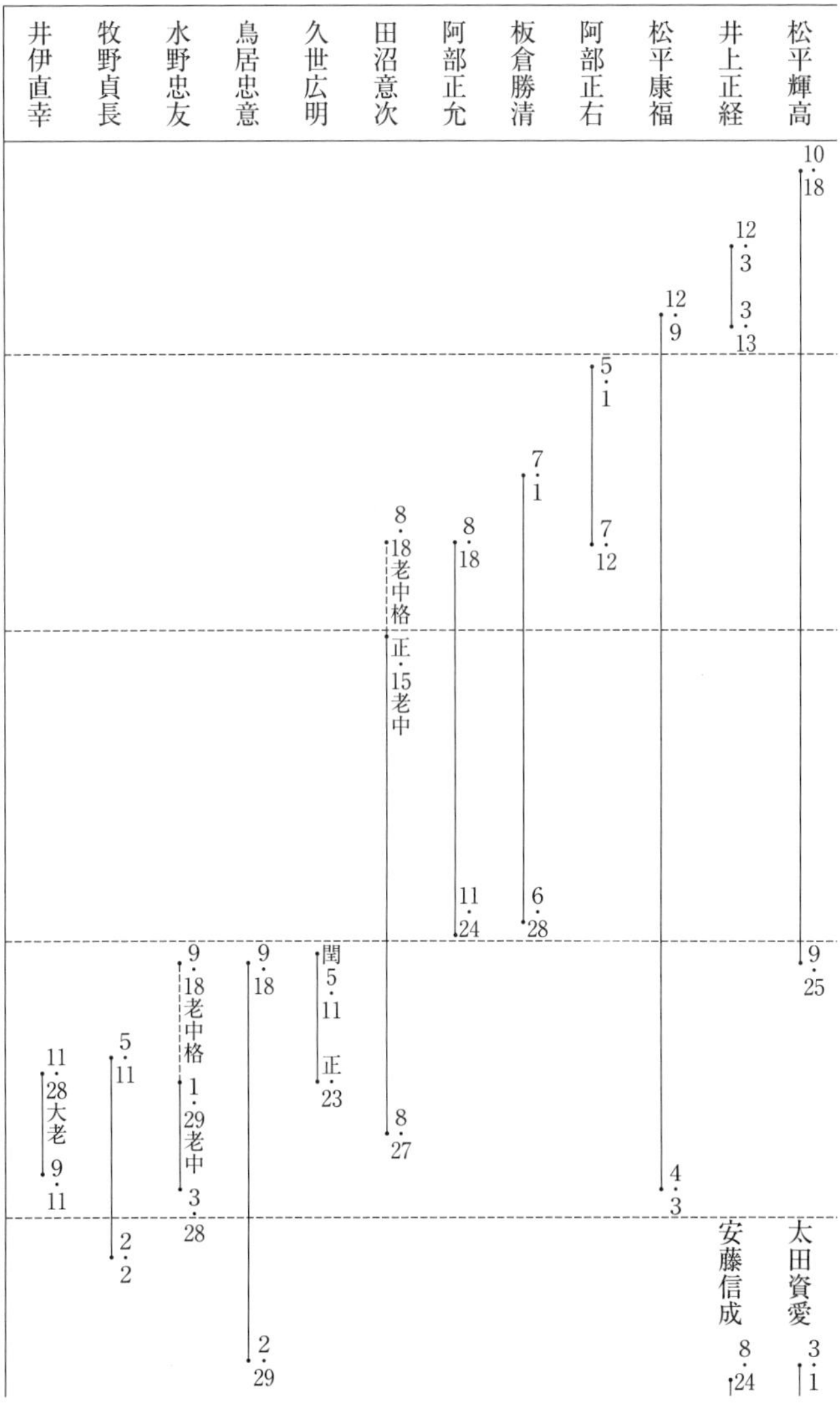

松平輝高
10・18
9・25
井上正経
12・3
3・13
松平康福
12・9
4・3
阿部正右
5・1
7・12
板倉勝清
7・1
6・28
阿部正允
8・18
11・24
田沼意次
8・18老中格
正・15老中
8・27
久世広明
閏5・11
正・23
鳥居忠意
9・18
2・29
水野忠友
9・18老中格
1・29老中
3・28
牧野貞長
5・11
2・2
井伊直幸
11・28大老
9・11
太田資愛
3・1
安藤信成
8・24

老中・大老一覧表（続き）

老中・大老名	松平信明	本多忠籌	戸田氏教	植村家長	松平康任	水野忠邦
寛政6年（1794）						
〃 7年（1795）						
〃 8年（1796）						
〃 9年（1797）						
〃 10年（1798）		10・26				
〃 11年（1799）						
〃 12年（1800）						
享和元年（1801）						
〃 2年（1802）						
〃 3年（1803）	12・22		4・26			
文化元年（1804）						
〃 2年（1805）						
〃 3年（1806）	5・25（再任）					
〃 4年（1807）						
〃 5年（1808）						
〃 6年（1809）						
〃 7年（1810）						
〃 8年（1811）						
〃 9年（1812）						
〃 10年（1813）						
〃 11年（1814）						
〃 12年（1815）						
〃 13年（1816）						
〃 14年（1817）	8・29					
文政元年（1818）						
〃 2年（1819）						
〃 3年（1820）						
〃 4年（1821）						
〃 5年（1822）						
〃 6年（1823）						
〃 7年（1824）						
〃 8年（1825）				4・18		
〃 9年（1826）					11・23	
〃 10年（1827）						
〃 11年（1828）				10・12		11・22
〃 12年（1829）						

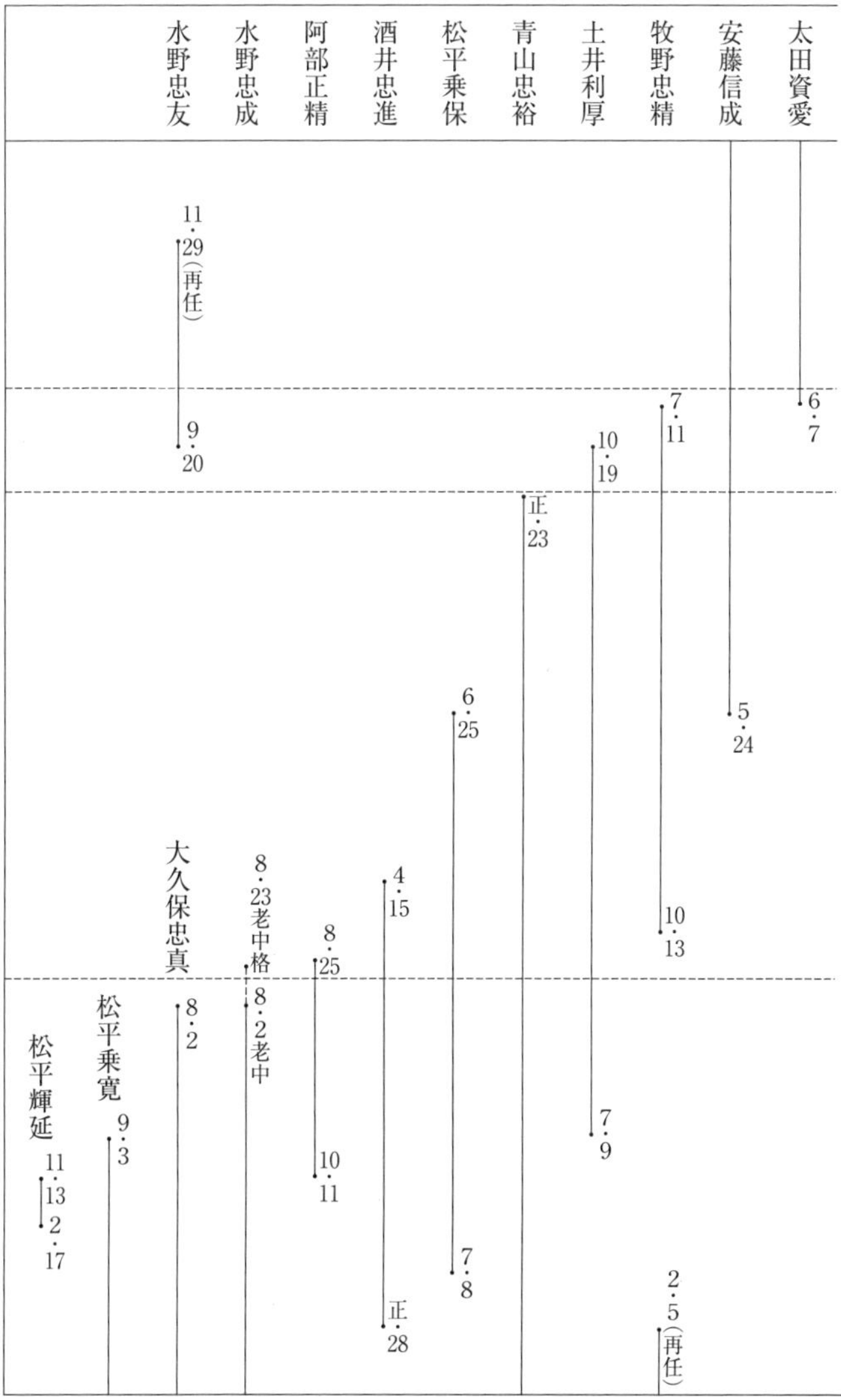

太田資愛
6・7
安藤信成
5・24
牧野忠精
7・11
10・13
2・5(再任)
土井利厚
10・19
7・9
青山忠裕
正・23
松平乗保
6・25
7・8
酒井忠進
4・15
正・28
阿部正精
8・25
10・11
水野忠成
8・23老中格
8・2老中
水野忠友
11・29(再任)
9・20
大久保忠真
8・2
松平乗寛
9・3
松平輝延
11・13
2・17

略年譜

年次	西暦	年齢	事績	参考事項
宝暦八	一七五八	一	一二月二六日、亥の半刻に誕生する（「守国公御伝記」、なお田安徳川家「系譜」は一二月二七日、「田藩事実」は一二月二八日とする）	七月、宝暦事件が発生する○九月、御側御用取次の田沼意次が大名となり評定所に出座する
九	一七五九	二	正月九日、賢丸と命名される	
一〇	一七六〇	三		九月、家治が将軍に就任する
一一	一七六一	四		
一二	一七六二	五	二月一二日、田安邸が焼失したため一時本丸に仮寓する	
一三	一七六三	六	この年、田安領箱訴事件が決着する	
明和元	一七六四	七	この年、田安家家臣の大塚孝綽に学問を学ぶ	閏一二月、伝馬騒動が発生する
二	一七六五	八		
三	一七六六	九		
四	一七六七	一〇		七月、田沼意次が側用人に昇進する○八月、明和事件が発生する
五	一七六八	一一	一〇月二七日、次兄の豊丸（定国）が伊予松山藩主の松平定静の婿養子となる	

六	一七六九	一二	この年、猿楽を観世元清に学ぶ	二月、幕府が尼崎藩から西宮・兵庫などを収公する
七	一七七〇	一三	この年、「自教鑑」を著す	
八	一七七一	一四	六月四日、父の宗武が死去したため兄の治察が相続する	
安永 元	一七七二	一五		正月、田沼意次が老中に昇進する○九月、幕府が南鐐二朱判を発行する
二	一七七三	一六		
三	一七七四	一七	三月一五日、幕命により陸奥白河藩主松平定邦の婿養子に決定する○四月二五日、定信と改名する○八月二八日、兄の治察が死去する	
四	一七七五	一八	一一月朔日、妹の種姫が将軍家治の養女となる○一一月二〇日、田安家家臣水野為長らが付人に任命される○閏一二月朔日、はじめて将軍徳川家治に拝謁する○閏一二月一五日、従五位下上総介に叙任する	
五	一七七六	一九	三月、将軍の日光東照宮参詣にともなう警固のためはじめて白河に赴く○五月一九日、元服する○五月二三日、定邦の娘である峯姫と結婚し「難波江」を著して贈る	四月、将軍家治が日光東照宮を参詣する
六	一七七七	二〇		

安永 七	一七七八	二一		
八	一七七九	二二	正月、「求言録」を著す	二月、将軍世子の家基が死去○八月、松前藩がロシア船の通商要求を拒否する
九	一七八〇	二三	この年、側室を置く	
天明 元	一七八一	二四	正月、松平定綱著「牧民後判」を読んで感動する○三月、家中から「天明元年由緒書」を提出させる○八月、「国本論」と「国本論付録」を著す○一一月一六日、峯姫が死去する	閏五月、一橋豊千代（家斉）が将軍世子に決定する○八月、上州絹一揆が発生する
二	一七八二	二五	八月頃、起倒流柔術を学ぶため幕臣の鈴木清兵衛に入門する○この年、「修身録」と「政事録」を著す	八月、和泉の一橋領において千原騒動が発生する
三	一七八三	二六	八月二二日、飢饉により白河で打ちこわしが発生する○九月六日、米の確保について会津藩の協力をえる○一〇月一一日、家中に「人別扶持」の導入を通達する○一〇月一六日、定邦が隠居し、定信が襲封する○一〇月一九日、越中守に官名を改める○一二月一四日、服部半蔵を正式に月番に任命する○一二月一八日、特命により従四位下に昇進する○一二月、「白河家政録」を月番に与える	七月、浅間山が噴火する
四	一七八四	二七	七月朔日、白河に初入部する○八月、江戸屋敷・	三月、旗本の佐野政言が若年寄の田

			白河城内・柏崎陣屋に目安箱を設置する○一二月、竣工した霊廟を御霊屋と命名する○この年、番頭や物頭を城中に宿衛させる・藩立の学問所を設置する・「大名かたぎ」を執筆する・塩竈明神へ代参の派遣をはじめる	沼意知を刃傷する
五	一七八五	二八	六月四日、家臣の水野清左衛門に対して、田沼意次への政治工作を命じる○六月二九日、伊予大洲藩主加藤泰候の叔母である隼姫と再婚する○六月、家中に着服の制限や質素倹約を命じる・反田沼派の大名たちとの会合がはじまる○一二月朔日、一代限り溜間への祗候を許可される	
六	一七八六	二九	正月一二日、嫡母である宝蓮院が死去○八月九日、白河藩を含む帝鑑間席一〇万石以上の藩の留守居組合が貸金会所令への抵抗を申し合わせる○一一月二八日、白河における大火の鎮火に努める○一二月一五日、御三家が幕閣に対して定信を老中に推挙する○この年の暮、将軍宛ての意見書案を作成する（～翌年はじめ）	六月二九日、幕府が貸金会所令を発する○八月二四日、幕府が貸金会所令を撤回する○八月二五日、将軍家治が死去する○閏一〇月五日、幕府が田沼意次を処罰する
七	一七八七	三〇	五月一五日、会津藩などとともに城詰米の江戸廻送を拝命する（九月に完了）○五月二〇日、江戸で打ちこわしが発生し藩邸周辺も襲撃される（～	四月、家斉が将軍に就任する○五月、大坂で打ちこわしが起き全国に波及する○六月七日頃から京都で御所千

			二七日頃まで）○六月一九日、老中首座と奥勤めを拝命する○八月四日、三年間の厳格な倹約令を発する○一〇月二日、田沼意次に対する追罰を実施する	度参りがはじまる○六月一三日、一橋慶之丞が田安家を相続する
天明 八	一七八八	三一	正月朔日、自画像を小峰城での年頭儀礼に使用しはじめる○三月四日、将軍補佐を拝命する○三月二二日、御所の造営総督を拝命する○四月、家中に上洛の際の心得を達する○五月九日、江戸を出発する○六月二七日、江戸に帰着する○一〇月、勘定所御用達を設置する・「御心得之箇条」と「老中心得」を作成する○この年、「政語」を著す	正月晦日、京都で大火により御所が焼失する○七月、田沼意次が死去する
寛政 元	一七八九	三二	三月、孝行や奇特者の書き出しを命じる○五月一一日、本多忠籌が御三家に対して改革路線を批判する○九月、翌年から五カ年間の倹約延長を発する・棄捐令を発する・大名に囲籾を命じる○一二月二六日、勝手掛を拝命する○この年、「物価論」を著す・領内で植林をはじめる	五月、クナシリ・メナシ騒動が発生する
二	一七九〇	三三	正月、藩の財政改革を命じる○二月、物価引下げ令を発する・石川島に人足寄場を設置する○三月、目付の町方掛を設置する○四月、領内への赤子養育手当の導入を指示する○五月二四日、異学の禁	

			を発する○五月二八日、将軍から松平家の〝飛溜〟昇格の内約を拝命する○五月、出版統制令を発する・家中に年末からの本知復活を通達する○六月七日、定邦が死去する○一一月、旧里帰農（奨励）令を発する（一回目）	
三	一七九一	三四	正月、幕臣に日光東照宮参詣を奨励する○四月、江戸の「町法改正」を命じる○五月、旗本に対して先祖書提出を命じる○九月二日、大名に異国船漂流時の対処を通達する・側室中井氏が次郎丸（定栄）を生む○九月一三日、正室が太郎丸（定永）を生む○一〇月、立教館が竣工する○一一月、白河で大筒を鋳造させる○この年、広瀬典（台八・蒙斎）を湯島聖堂付属学問所に入学させる	三月、〝盗妖騒動〟が発生する（～四月）
四	一七九二	三五	正月、江戸に町会所を設置する○五月、林子平を処罰する・家中に軍役人数規定を発表する○八月二二日、大奥女中たちを処罰する○八月晦日、将軍補佐と勝手掛の辞任を慰留され馬具を拝領する○九月一八日、御式掛に触書類の調査を命じる○九月、学問吟味を実施する○一〇月三日、老中の松平信明とともに奥勤めを辞任する○一一月一七日、海辺御備向御用掛を拝命する○この年、定綱	九月三日、ロシア使節のラクスマンが根室に来航する

寛政	五	一七九三	三六	に鎮国を贈号する○三月、公家の中山愛親と正親町公明を処罰する○三月一八日に江戸を出発し相模・伊豆の海岸を視察する（四月七日、江戸に帰着）○五月一七日、将軍から尊号一件の処置を賞される○六月二一日、宣諭使の石川忠房らにラクスマンに対して「御国法書」を伝達させる○七月二三日、依願辞任の形で老中と将軍補佐を解任され、溜詰に昇格し少将に昇進、家格を〝飛溜〟に昇格され、御用部屋への出入りを許可される○七月、空気ポンプを製造させ実験する（～翌寛政六年春）○八月、柏崎勤番を設置する○九月一八日、将軍の大黒屋光太夫親覧に侍座する	七月一六日、ラクスマンが離日する○この年、和学講談所が完成する
	六	一七九四	三七	三月二四日、尾張・水戸両家が松平信明と本多忠籌に定信の帰国免除を願うが拒否される○四月五日、将軍への拝謁などについての内願が許可される○五月、「茶事掟」を著す○六月一六日、七年ぶりに帰国する○一一月、立教館で考試をはじめる○閏一一月一一日、服部半蔵を処罰する○この年、築地の下屋敷を造園して浴恩園と命名する・小峰城内に三郭四園の造園をはじめる（寛政一〇	一二月、北国郡代の設置計画が放棄される

			年まで）・瓦師の小林覚左衛門を京都で修業させる・妹種姫（徳川治宝室）が死去	
七	一七九五	三八	三月、「茶道訓」を著す○六月、心学者の北条玄養に領内を巡講させる（同一〇年まで）○一〇月一九日、一損引の規定を改定する○この年、菅田天神社所蔵の楯無鎧の複製品を白河の鹿島神社に奉納する	四月、江戸湾防備計画が縮小され、のち立ち消えとなる
八	一七九六	三九	この年、尾張・水戸両家が定信の若君教育係への推挙を検討する・西丸下屋敷を収公され八丁堀屋敷へ移居する	八月、イギリス船プロヴィデンス号が絵鞆（室蘭）に来航する
九	一七九七	四〇	正月、定綱に対して「鎮国大明神」の神号をえて御霊屋を御宮と改称し社殿を拡張する○二月、「立教館童蒙訓」を作成する○六月七日、文武の師範や遊学者に手当を支給する○この年、赤子養育手当を増額する	八月、老中の松平信明が勝手掛を専管する
一〇	一七九八	四一	正月二六日、越後高田藩分領で浅川騒動が発生したため援兵を派遣する○この年、五節句に御宮への演武の奉納をはじめる・広瀬典を立教館の教授に任命する	一〇月、老中格の本多忠籌が病免する
一一	一七九九	四二	正月、「御百姓心得方申聞書」を各村に通達する○五月、白河に敷教舎、須賀川に敷教第二舎を設	二月、東蝦夷地を松前藩から仮上知する

寛政一二	一八〇〇	四三	置し「敷教条約」を出版する○この年、伊勢の外宮に湯釜を奉納する 八月、信達分領を巡見しつつ飯坂温泉で湯治する○九月、定綱の一五〇年遠忌を挙行する○この年、白河関址に「古関蹟」碑を建碑する・側室の中井氏が死去する・南北両須釜村に製鉄を行わせる・広瀬典が「集古十種」の序文を書く	
享和元	一八〇一	四四	四月、「集古十種」の幕府への献上を拝命する・大沼を浚渫して南湖を造園する○八月、刊本の「孝義録」を将軍から拝領する	七月、京都所司代の牧野忠精が老中に昇進する
二	一八〇二	四五	○五月、下城の際に幕臣に仕える足軽に暴言を吐かれる○この年、立教館を拡張する・「甲乙流組合之書」を著す	七月、東蝦夷地を松前藩から上知する
三	一八〇三	四六	六月、阿武隈川が大洪水を起こし白河が被災（同年八月も）	一二月、老中の松平信明が病免する
文化元	一八〇四	四七	六月、松平定国が死去○七月一二日、松平定国の遺言により、幕府に対して後嗣立丸の葵紋使用を願うが却下される○この年、「天満宮略伝絵巻」を作成させて北野天満宮に奉納する・「輿車図考」を著す	九月、ロシア使節のレザノフが長崎に来航
二	一八〇五	四八	八月一六日、越後の幕領五万石余りを預けられる	三月、幕府がレザノフの通商要求を

			○九月、娘の婉姫と牧野忠鎮が結婚する○この年、「白河風土記」の編纂が完了する・「楽亭筆記」を著す・七月二三日を「御家格御祝日」と定める	拒否する
三	一八〇六	四九	五月二五日、定信の尽力により松平信明が老中に復職する	九月から、ロシア人が蝦夷地を襲撃する（文化四年五月まで）
四	一八〇七	五〇	二月一七日、養母が死去する○四月、広瀬典を風土記御調方に任じて越後領分を廻村させる○六月～八月の間、幕府からの諮問に対して四回にわたり意見書を提出する○六月、堀田正敦の依頼により仙台藩主を後見する（～一〇月）○七月家中に非常時の備えの必要性を通達する○この年、海浜御備掛を設置する・白河城址の磨崖碑に「感忠銘」の題字を揮毫する	三月、幕府が西蝦夷地も直轄化する○六月、若年寄の堀田正敦を蝦夷地に派遣する（～一〇月）
五	一八〇八	五一	二月、柏崎陣屋に異国船来航時の対処法を指示する○四月、「秘録大要」を著す○この年、江戸大塚に六園を造園する	八月、フェートン号事件が発生する○一二月、幕府が弘前、盛岡両藩に恒久的な蝦夷地警備を命じる
六	一八〇九	五二	二月二五日、白河の大火により小峰城が類焼する○七月、柏崎勤番に代えて柏崎定詰を設置する○八月二九日、隠居の内願を幕府が却下する○この年、「家流火術之書」を著す、立教館を再建して「立教館令条」を著す	

文化七	一八一〇	三三	二月二六日、会津藩とともに江戸湾の防備を拝命する○五月、房総が白河藩、相模が会津藩の防備担当と決まる○一〇月、房総定詰の任命がはじまる○この年、「家流兵学之書」を著す・「受苦図」を用いて領民を教化させる（～同九年）	三月、亜欧堂田善の銅版による「新訂万国全図」が完成する
八	一八一一	三四	五月、対馬での易地聘礼に際して林述斎に絵師の巨野泉祐を随行させる○六月、賄料として房総に三万石余りを与えられ、陸奥と越後の一部は収公のうえ預けられる○一〇月一九日、将軍から易地聘礼実現の功労を賞される○一〇月～一一月、房総の御備場を巡見する○この年、「平家物語絵巻」を作成させる	六月、ゴロウニン事件が発生する
九	一八一二	三五	四月六日、隠居し定永が相続、将軍への謝礼に際して拝謁する家老を三名に増員する○四月、浴恩園に移居し「花月日記」を記しはじめる○一二月四日、生母のとやが死去する	一一月、「寛政重修諸家譜」が完成する○一二月、本多忠籌が死去する
一〇	一八一三	三六	六月二日、トランペットを模造させる	
一一	一八一四	三七	五月、定永が帝鑑間席から溜詰に昇格する・越後領分と預所における打ちこわしに対して派兵する○この年、「函底秘説」を完成する	
一二	一八一五	三八	四月、前年の預地における打ちこわしへの対処を	

			幕府から賞される○八月、越後の預所のうち沿海地域を内陸地域と最寄替させられる	
一三	一八一六	五九	正月、異国船の伊豆下田への漂着に対して房総の両陣屋から派兵する○二月一一日、文化四年以来延期してきた五〇歳の年賀を挙行する○九月中旬、白河をへて塩竈明神を参詣する（～一〇月末）○この年、江戸の深川に海荘を造園する	一〇月、老中の牧野忠精が病免する
一四	一八一七	六〇	八月、北畠顕家の遺跡に建碑し「霊山」と揮毫する	八月、老中の松平信明が死去する
文政元	一八一八	六一	四月、家中で騒動が発生する○五月、イギリス人ゴルドンの来航への対処を幕府から咎められる○七月、先の対処を幕府から一転して賞される	二月、老中格の水野忠成が勝手掛となる○四月、幕府が真文二分判を鋳造する
二	一八一九	六二	この年、寺泊の近くに台場を築造する	
三	一八二〇	六三	八月二五日、「自書略伝」を著す○この年、松平定通の求めで広瀬典に松山藩邸で講義させる（文政六年にも）	一二月、会津藩が海防を免除される
四	一八二一	六四	二月、財政窮乏のため殿中儀礼や御殿講釈などの削減を命じる○九月二八日、富津と竹ケ岡において異国船を抑止することを拝命する	一二月、幕府が東西両蝦夷地を松前藩に返す
五	一八二二	六五	七月、イギリスの捕鯨船サラセン号への対処を幕府から賞される○この年、加賀藩主前田斉泰の依	

文政 六	一八二三	六六	頼に応じて同氏の庭園を兼六園と命名する 三月二四日、伊勢桑名藩主松平（奥平）忠堯が武蔵忍、忍藩主阿部正権が陸奥白河、白河の松平定永が伊勢桑名に移り、定永は房総の防備を免除される○八月、伊勢桑名で打ちこわしが発生○九月、白河城を引き渡す・御備場の大筒や軍船を引き渡す代償として幕府から二〇〇〇両を拝領する	七月、西丸若年寄の田沼意正が旧領の遠江相良に転封する
七	一八二四	六七	二月、「白河風土記」・「白河古事考」を幕府に献上する○七月一〇日、財政逼迫につき家中に対して禄を削減する御手伝金の導入を通達する○この年、服部半蔵が死去する	五月、イギリス捕鯨船員が常陸の大津浦に上陸する
八	一八二五	六八	この年、南合彦左衛門が死去する	二月、幕府が異国船打払令を発する
九	一八二六	六九	四月、嫡孫の定和が島津重豪（栄翁）の娘である孝姫と結婚する○七月、「花月亭筆記」を著して定和に与える○この年、水野為長が死去する	
一〇	一八二七	七〇	正月一五日、古稀の祝いを催す○閏六月、定永が京都への上使を勤めたため少将に昇進する○九月、頼山陽に対して「日本外史」の献上を許可する○一〇月、「婆心録」を著して定和に与える○この年、「三草集」を出版する	二月、一橋治済が死去する○三月、将軍家斉が太政大臣に昇進する
一一	一八二八	七一	五月、「陶化之記」を著す○一一月、「体口伝」を	八月、シーボルト事件が発生する

			著す○一二月三一日、この日で成稿した「花月日記」を終了する
一二	一八二九	七二	正月下旬、風邪を機に病床に就く○二月一〇日、広瀬典が死去する○二月一六日、六園が焼失する○三月二一日、神田佐久間町から発生した大火により上・中・下（＝浴恩園）屋敷が類焼し松山藩邸に仮寓する○三月、田安斉匡から幕府に対して〝常溜〟昇格を請願させるが却下される○五月一三日、申の刻に死去する○六月五日、葬儀が挙行される
天保　四	一八三三		一一月六日、守国霊神の神号を受ける
五	一八三四		四月二五日、神号を守国明神と改められる
安政　二	一八五五		一二月一〇日、神号を守国大明神と改められる
明治四一	一九〇八		九月九日、正三位を追贈される
大正一一	一九二二		この年、白河に南湖神社が建立されて祀られる
昭和　四	一九二九		五月、楽翁公遺徳顕彰会が設立され記念式典が挙行される
昭和一二	一九三七		渋沢栄一著『楽翁公伝』が刊行される

主要参考文献

一 史料

「世々之姿」 天理大学附属天理図書館蔵
「幼君ニ奉仕いたし候心得之事」 天理大学附属天理図書館蔵
「双鯉集」 天理大学附属天理図書館蔵
「広瀬台八上書」 天理大学附属天理図書館蔵
「守国公御伝記」 東京大学史料編纂所蔵
「松平定信藩政関係書簡集」 東京大学史料編纂所蔵
「松平楽翁公御書下書類」 東京大学史料編纂所蔵
「蒲堂叢書」 東京大学史料編纂所蔵
「江戸幕府日記」 国立公文書館内閣文庫蔵
「鶯宿雑記」 国立国会図書館蔵
「寛政明典録」 神宮文庫蔵
「寛政五丑年七月廿三日松平越中守殿御役御免」 桑名市立図書館蔵

「御式調御触書取締御用留」（新見記録）　東北大学附属図書館狩野文庫蔵
江間政発編『楽翁公遺書』上・中・下巻　八尾書店　一八九三年
「羽林源公伝」（『岩磐史料叢書』上巻）　岩磐史料刊行会　一九一六年
「御行状記料」・「蚊遺火」（『日本偉人言行資料』）　国史研究会　一九一七年
『東京市史稿』市街編第三〇巻　東京市　一九三八年
『宇下人言・修行録』　岩波書店　一九四二年
『白河市史資料集』第四集・第六集　白河市史編さん委員会　一九六四・六六年
「植崎九八郎上書」・「贱策雑収」（『日本経済大典』第二〇巻）　明治文献　一九六八年
「天明大政録」（『日本経済大典』第二二巻）　明治文献　一九六九年
「よしの冊子（上）（下）」（『随筆百花苑』第八巻・第九巻）　中央公論社　一九八〇・八一年
『編年百姓一揆史料集成』第七巻・第九巻　三一書房　一九八一・八二年
木村三四吾校訂『花月日記文化九年・十年』　私家版　一九八六年
『桑名藩史料集成』　桑名市教育委員会　一九九〇年
岡田照子「翻刻「白河家政録」」（『岐阜女子大学紀要』第二六号）　一九九七年
岡嶌偉久子・山根陸宏ほか「翻刻「花月日記　松平定信自筆」（一）～」（『ビブリア』第一一一号～）　一九九九年～
「会津藩第七代藩主松平容衆年譜　付文化五年会津藩蝦夷地出陣関係史料」（『会津若松市史』

史料編Ⅳ）　会津若松市　二〇〇六年

二　著書

辻　善之助『田沼時代』　日本学術普及会　一九一五年
徳富猪一郎『近世日本国民史　松平定信時代』　民友社　一九二七年
『春の心―楽翁公御著作集―』　楽翁公一百年記念大祭協賛会　一九二八年
『楽翁公余影』　楽翁公遺徳顕彰会　一九二九年
大口喜六『国史上より観たる豊橋地方』　豊橋史談刊行会　一九三七年
渋沢栄一『楽翁公伝』　岩波書店　一九三七年
天理図書館編『善本写真集三三　松平楽翁』　天理大学出版部　一九六九年
新沢佳大編著『柏崎編年史』上巻　柏崎市　一九七〇年
中井信彦『転換期幕藩制の研究―宝暦・天明期の経済政策と商品流通―』　塙書房　一九七一年
山本敏夫『松平定信―その人と生涯―』　私家版　一九八三年
菊池勇夫『幕藩体制と蝦夷地』　雄山閣出版　一九八四年
柏村哲博『寛政改革と代官行政』　国書刊行会　一九八五年
三宅英利『近世日朝関係史の研究』　文献出版　一九八六年

深井雅海『徳川将軍政治権力の研究』吉川弘文館　一九九一年
美和信夫『江戸幕府職制の基礎的研究』広池学園出版部　一九九一年
福島県立博物館編集・発行『定信と文晁―松平定信と周辺の画人たち―』一九九二年
橋本昭彦『江戸幕府試験制度史の研究』風間書房　一九九三年
藤田覚『松平定信―政治改革に挑んだ老中―』中央公論社　一九九三年
辻達也『江戸幕府政治史研究』続群書類従完成会　一九九六年
西沢淳男『幕領陣屋と代官支配』岩田書院　一九九八年
藤田覚『近世政治史と天皇』吉川弘文館　一九九九年
今橋理子『江戸絵画と文学―〈描写〉と〈ことば〉の江戸文化史―』東京大学出版会　一九九九年
根岸茂夫『近世武家社会の形成と構造』吉川弘文館　二〇〇〇年
安藤優一郎『寛政改革の都市政策―江戸の米価安定と飯米確保―』校倉書房　二〇〇〇年
福島県立博物館編集・発行『集古十種―あるく・うつす・あつめる　松平定信の古文化財調査―』二〇〇〇年
白河市歴史民俗資料館編『定信と庭園―南湖と大名庭園―』白河市都市整備公社　二〇〇一年
国文学研究資料館編『田安徳川家蔵書と高乗勲文庫―二つの典籍コレクション―』臨川書店　二〇〇三年
藤田覚編『近代の胎動　日本の時代史一七』吉川弘文館　二〇〇三年

飯島千秋『江戸幕府財政の研究』吉川弘文館　二〇〇四年
高塩博『江戸時代の法とその周縁―吉宗と重賢と定信と―』汲古書院　二〇〇四年
朝倉治彦監修・高倉一紀解題『松平定信蔵書目録』第二巻　ゆまに書房　二〇〇五年
藤田覚『近世後期政治史と対外関係』東京大学出版会　二〇〇五年
藤田覚編『近世法の再検討―歴史学と法史学の対話―』山川出版社　二〇〇五年
岡田千昭『本居宣長の研究』吉川弘文館　二〇〇六年
山崎善弘『近世後期の領主支配と地域社会―「百姓成立」と中間層―』清文堂出版　二〇〇七年
藤田覚『田沼意次―御不審を蒙ること、身に覚えなし―』ミネルヴァ書房　二〇〇七年
藤谷彰編『天明由緒―桑名藩士の来歴―桑名叢書Ⅱ』桑名市教育委員会　二〇〇八年
高澤憲治『松平定信政権と寛政改革』清文堂出版　二〇〇八年
深井雅海『江戸城―本丸御殿と幕府政治―』中央公論新社　二〇〇八年
竹内誠『寛政改革の研究』吉川弘文館　二〇〇九年
磯崎康彦『松平定信の生涯と芸術』ゆまに書房　二〇一〇年
淺川道夫『江戸湾海防史』錦正社　二〇一〇年
上白石実『幕末の海防戦略―異国船を隔離せよ―』吉川弘文館　二〇一〇年
藤田覚『田沼時代　日本近世の歴史四』吉川弘文館　二〇一二年

『福島県史』第八巻資料編3・第三巻通史編近世2　福島県　一九六五・七〇年
『須賀川市史』第三巻近世　須賀川市教育委員会　一九八〇年
『鏡石町史』第一巻通史編　鏡石町　一九八五年
『新潟県史』通史編4近世二　新潟県　一九八八年
『東員町史』上巻　東員町教育委員会　一九八九年
『柏崎市史』中巻　柏崎市史編さん室　一九九〇年
『寺泊町史』通史編上巻　寺泊町　一九九二年
『白河市史』第一〇巻各論編2・第七巻資料編4近世Ⅱ・第二巻通史編2近世
白河市　一九九二・一九九三・二〇〇六年
『三重県史』資料編近世2　三重県　二〇〇三年

三　論文

若林泰「神戸の船持俵屋松屋のことども」（『兵庫史学』第二五号）　一九六〇年
山田忠雄「田沼意次の失脚と天明末年の政治状況」（『史学』第四三巻第一・二合併号）　一九七〇年
寺田登「甲府勝手小普請について」（『国史談話会雑誌』第一九号）　一九七八年
滝沢博「田安領宝暦箱訴事件―多摩人の抵抗の心をさぐって―」（『青梅市史史料

集』第一二号）　一九七八年
今田洋三「江戸の災害情報」（西山松之助編『江戸町人の研究』第五巻）　吉川弘文館　一九七八年
本間修平「寛政改革期における町方取締りと目付の「町方掛り」について」（『法学』第四二巻第三号）　一九七八年
松尾美恵子「近世後期における大名上納金―公儀普請役の変容―」（徳川林政史研究所『研究紀要』昭和五三年度）　一九七九年
竹川重男「寛政改革期における松平定信の思想と徂徠学」（『国史談話会雑誌』第二二号）　一九八一年
山下武「和学講談所の実態」（温故学会編『塙保己一研究』）　ぺりかん社　一九八一年
竹川重男「松平定信の「物価論」に関する一考察―寛政改革期における幕閣の現状認識の素材として―（上）」（『福大史学』第三三号）　一九八二年
深井雅海「天明末年における将軍実父一橋治済の政治的役割―御側御用取次小笠原信喜宛書簡の分析を中心に―」（徳川林政史研究所『研究紀要』昭和五六年度）　一九八二年
松野陽一「幕府歌学方北村季文について―楽翁文人圏の人々（一）―」（『東北大学教養部紀要』第三九号）　一九八三年

岩崎はる子「戯作者としての松平定信」(『歴史と人物』昭和五八年一一月号)　一九八三年
竹内　誠「老中松平定信の解任事情」(『東京学芸大学紀要』第三部門、社会科学第三五集)　一九八三年
児玉幸多「松平定信の上洛記」(『地誌と歴史』第三七号)　一九八六年
野崎健二郎「白河藩の寛政改革」(『福島の研究』第三巻近世篇)　清文堂出版　一九八六年
佐藤賢次「松平越中守家と越後五郡支配」(『寺泊町史研究』第三号)　一九八七年
山田忠雄「天明期幕政の新段階—田沼政権の政策と評価をめぐって—」(山田忠雄・松本四郎編『宝暦・天明期の政治と社会　講座日本近世史五』)　有斐閣　一九八八年
筑紫敏夫「白河藩の江戸湾警衛と分領支配(上)」(『三浦古文化』第四六号)　一九八九年
西　羽晃「桑名藩財政難の一端」(『桑名市博物館紀要』第四号)　一九九〇年
田中暁龍「「尊号一件」風説書の成立事情」(東京学芸大学『近世史研究』第四号)　一九九〇年
菊本智之「松平定信の武芸思想に関する一考察—新甲乙流への道程—」(『武道学研究』第二三巻第三号)　一九九一年
渡辺達三「松平定信におけるハスの事績」(『造園雑誌』第五六巻第三号)　一九九二年
鶴岡明美「谷文晁筆「公余探勝図」とその周辺」(『古美術』第一〇五号)　一九九三年
針谷武志「佐倉藩と房総の海防」(吉田伸之・渡辺尚志編『近世房総地域史研究』)

東京大学出版会　一九九三年
高澤憲治「老中松平信明の辞職と復職―寛政末〜文化期の幕政運営―」(『南紀徳川史研究』第五号)　一九九四年
白井哲哉「江戸幕府の書物編纂と寛政改革」(『日本歴史』第五六三号)　一九九五年
見城悌治「近代日本における「偉人」松平定信の表象」(『千葉大学留学生センター紀要』第三号)　一九九六年
岡嶌偉久子「松平定信自筆『今波恋』(一)(二)」(『ビブリア』第一〇七号・第一〇八号)　一九九七年
岡嶌偉久子「松平定信「日記」攷―「花月日記」を中心に―」(『ビブリア』第一一〇号)　一九九八年
佐藤洋一「『集古十種』印章類の資料的性格について」(『国立歴史民俗博物館研究報告』第七九集)　一九九九年
岡宏三「林子平処罰事件と風聞」(『日蘭学会会誌』第四六号)　一九九九年
幸田正孝「『遠西医方名物考補遺』の空気ポンプ―松平定信と蘭学―」(『豊田工業高等専門学校研究紀要』第三三号)　二〇〇〇年
野田浩子「大名殿席「溜詰」の基礎的考察」(彦根城博物館『研究紀要』第一二号)　二〇〇一年
西沢淳男「寛政改革期における手付制導入と運用の諸問題」(『日本歴史』第六三八

号）　二〇〇一年
三村晃功「松平定信編『独看和歌集』の成立」（『光華日本文学』第一三号）　二〇〇五年
筑紫敏夫「近世後期の上総国富津陣屋について」（『千葉史学』第四六号）　二〇〇五年
「《特集》松平定信の文学圏」（『文学』第七巻第一号）　二〇〇六年
深井雅海「将軍権威と殿中儀礼」（『風俗史学』第三五号）　二〇〇七年
菊本智之「近世後期の海防問題と為政者の武芸思想に関する研究—松平定信の政策と武芸実践及び武芸流派開発を中心に—」（『健康プロデュース雑誌』（浜松大学）創刊号）　二〇〇七年
佐藤雄介「近世後期の朝廷財政と江戸幕府—寛政〜文化期を中心に—」（朝幕研究会編『近世の天皇・朝廷研究—第一回大会成果報告集—』）学習院大学人文科学研究所　二〇〇八年
鎌田純子「賢聖障子の研究—寛政度を中心に—」（『金鯱叢書』第三五輯）　二〇〇九年
長澤慎二「近世後期における朝廷の意思決定過程—尊号一件を事例として—」（『地方史研究』第三三七号）　二〇〇九年
橋本佐保「「よしの冊子」における寛政改革の考察」（『史苑』第七〇巻第二号）　二〇一〇年
川延安直「松平定信の肖像画について」（『国華』第一三八六号）　二〇一一年

著者略歴

一九五一年生まれ

一九七九年学習院大学大学院人文科学研究科史学専攻修士課程修了

現在　國學院大學文学部非常勤講師、博士（歴史学）

主要著書

『松平定信政権と寛政改革』（清文堂出版、二〇〇八年）

人物叢書　新装版

松平定信

二〇一二年（平成二十四）十月十日　第一版第一刷発行

著者　高澤《たかざわ》憲治《のりはる》

編集者　日本歴史学会
代表者　笹山晴生

発行者　前田求恭

発行所　株式会社　吉川弘文館

東京都文京区本郷七丁目二番八号

郵便番号一一三―〇〇三三

電話〇三―三八一三―九一五一〈代表〉

振替口座〇〇一〇〇―五―二四四

http://www.yoshikawa-k.co.jp/

印刷＝株式会社 平文社

製本＝ナショナル製本協同組合

ISBN978-4-642-05263-4

『人物叢書』(新装版)刊行のことば

人物叢書は、個人が埋没された歴史書が盛行した時代に、「歴史を動かすものは人間である。個人の伝記が明らかにされないで、歴史の叙述は完全であり得ない」という信念のもとに、専門学者に執筆を依頼し、日本歴史学会が編集し、吉川弘文館が刊行した一大伝記集である。

幸いに読書界の支持を得て、百冊刊行の折には菊池寛賞を授けられる栄誉に浴した。

しかし発行以来すでに四半世紀を経過し、長期品切れ本が増加し、読書界の要望にそい得ない状態にもなったので、この際既刊本の体裁を一新して再編成し、定期的に配本できるような方策をとることにした。既刊本は一八四冊であるが、まだ未刊である重要人物の伝記についても鋭意刊行を進める方針であり、その体裁も新形式をとることとした。

こうして刊行当初の精神に思いを致し、人物叢書を蘇らせようとするのが、今回の企図である。大方のご支援を得ることができれば幸せである。

昭和六十年五月

日本歴史学会

代表者 坂本太郎

慈円　多賀宗隼著
明恵　田中久夫著
藤原定家　村山修一著
北条泰時　上横手雅敬著
道元（新稿版）　竹内道雄著
北条重時　森幸夫著
親鸞　赤松俊秀著
日蓮　大野達之助著
阿仏尼　田渕句美子著
北条時宗　川添昭二著
一遍　大橋俊雄著
叡尊・忍性　和島芳男著
京極為兼　井上宗雄著
金沢貞顕　永井晋著
菊池氏三代　杉本尚雄著
新田義貞　峰岸純夫著
花園天皇　岩橋小弥太著
赤松円心・満祐　高坂好著
卜部兼好　冨倉徳次郎著
覚如　重松明久著
足利直冬　瀬野精一郎著
佐々木導誉　森茂暁著
細川頼之　小川信著
足利義満　臼井信義著
今川了俊　川添昭二著
足利義持　伊藤喜良著
世阿弥　今泉淑夫著
上杉憲実　田辺久子著
山名宗全　川岡勉著
一条兼良　永島福太郎著
蓮如　笠原一男著
宗祇　奥田勲著
万里集九　中川徳之助著
三条西実隆　芳賀幸四郎著
大内義隆　福尾猛市郎著
ザヴィエル　吉田小五郎著
三好長慶　長江正一著
今川義元　有光友學著
武田信玄　奥野高広著
朝倉義景　水藤真著
浅井氏三代　宮島敬一著
明智光秀　高柳光寿著
大友宗麟　外山幹夫著
千利休　芳賀幸四郎著
足利義昭　奥野高広著
前田利家　岩沢愿彦著
長宗我部元親　山本大著
安国寺恵瓊　河合正治著
石田三成　今井林太郎著
真田昌幸　柴辻俊六著
高山右近　海老沢有道著
島井宗室　田中健夫著
淀君　桑田忠親著
片桐且元　曽根勇二著
藤原惺窩　太田青丘著
支倉常長　五野井隆史著
伊達政宗　小林清治著
天草時貞　岡田章雄著
立花宗茂　中野等著
佐倉惣五郎　児玉幸多著
小堀遠州　森蘊著
徳川家光　藤井讓治著
由比正雪　進士慶幹著
林羅山　堀勇雄著
松平信綱　大野瑞男著
国姓爺　石原道博著
野中兼山　横川末吉著
隠元　平久保章著
徳川和子　久保貴子著

酒井忠清　福田千鶴著
朱舜水　石原道博著
池田光政　谷口澄夫著
山鹿素行　堀勇雄著
井原西鶴　森銑三著
松尾芭蕉　阿部喜三男著
三井高利　中田易直著
河村瑞賢　古田良一著
徳川光圀　鈴木暎一著
契沖　久松潜一著
市川団十郎　西山松之助著
伊藤仁斎　石田一良著
徳川綱吉　塚本学著
貝原益軒　井上忠著
前田綱紀　若林喜三郎著
近松門左衛門　河竹繁俊著
新井白石　宮崎道生著
鴻池善右衛門　宮本又次著
石田梅岩　柴田実著
太宰春台　武部善人著
徳川吉宗　辻達也著
大岡忠相　大石学著
賀茂真淵　三枝康高著

平賀源内　城福勇著
与謝蕪村　田中善信著
三浦梅園　田口正治著
毛利重就　小川國治著
本居宣長　城福勇著
山村才助　鮎沢信太郎著
木内石亭　斎藤忠著
小石元俊　山本四郎著
山東京伝　小池藤五郎著
杉田玄白　片桐一男著
塙保己一　太田善麿著
上杉鷹山　横山昭男著
大田南畝　浜田義一郎著
只野真葛　関民子著
小林一茶　小林計一郎著
大黒屋光太夫　亀井高孝著
松平定信　高澤憲治著
菅江真澄　菊池勇夫著
島津重豪　芳即正著
狩谷棭斎　梅谷文夫著
最上徳内　島谷良吉著
渡辺崋山　佐藤昌介著
柳亭種彦　伊狩章著

香川景樹　兼清正徳著
平田篤胤　田原嗣郎著
間宮林蔵　洞富雄著
滝沢馬琴　麻生磯次著
調所広郷　芳即正著
橘守部　鈴木暎一著
黒住宗忠　原敬吾著
水野忠邦　北島正元著
帆足万里　帆足図南次著
江川坦庵　仲田正之著
藤田東湖　鈴木暎一著
広瀬淡窓　井上義巳著
大原幽学　中井信彦著
島津斉彬　芳即正著
月照　友松圓諦著
橋本左内　山口宗之著
井伊直弼　吉田常吉著
吉田東洋　平尾道雄著
佐久間象山　大平喜間多著
高島秋帆　有馬成甫著
真木和泉　山口宗之著
シーボルト　板沢武雄著
高杉晋作　梅溪昇著

川路聖謨　川田貞夫著
横井小楠　圭室諦成著
小松帯刀　高村直助著
山内容堂　平尾道雄著
江藤新平　杉谷　昭著
和宮　武部敏夫著
西郷隆盛　田中惣五郎著
ハリス　坂田精一著
森有礼　犬塚孝明著
松平春嶽　川端太平著
中村敬宇　高橋昌郎著
河竹黙阿弥　河竹繁俊著
寺島宗則　犬塚孝明著
樋口一葉　塩田良平著
ジョセフ＝ヒコ　近盛晴嘉著
勝海舟　石井　孝著
臥雲辰致　村瀬正章著
黒田清隆　井黒弥太郎著
伊藤圭介　杉本　勲著
福沢諭吉　会田倉吉著
星亨　中村菊男著
中江兆民　飛鳥井雅道著
西村茂樹　高橋昌郎著

正岡子規　久保田正文著
清沢満之　吉田久一著
滝廉太郎　小長久子著
副島種臣　安岡昭男著
田口卯吉　田口　親著
福地桜痴　柳田　泉著
陸羯南　有山輝雄著
児島惟謙　田畑　忍著
荒井郁之助　原田　朗著
幸徳秋水　西尾陽太郎著
ヘボン　高谷道男著
石川啄木　岩城之徳著
乃木希典　松下芳男著
岡倉天心　斎藤隆三著
桂太郎　宇野俊一著
加藤弘之　田畑　忍著
山路愛山　坂本多加雄著
伊沢修二　上沼八郎著
秋山真之　田中宏巳著
前島密　山口　修著
成瀬仁蔵　中嶌　邦著
前田正名　祖田　修著
大隈重信　中村尚美著

山県有朋　藤村道生著
大井憲太郎　平野義太郎著
河野広中　長井純市著
富岡鉄斎　小高根太郎著
大正天皇　古川隆久著
津田梅子　山崎孝子著
豊田佐吉　楫西光速著
渋沢栄一　土屋喬雄著
有馬四郎助　三吉　明著
武藤山治　入交好脩著
坪内逍遥　大村弘毅著
山室軍平　三吉　明著
南方熊楠　笠井　清著
山本五十六　田中宏巳著
中野正剛　猪俣敬太郎著
河上肇　住谷悦治著
御木本幸吉　大林日出雄著
尾崎行雄　伊佐秀雄著
緒方竹虎　栗田直樹著

▽以下続刊

日本歴史学会編集

日本歴史叢書 新装版

歴史発展の上に大きな意味を持ち基礎的条件となるテーマを選び、平易に興味深く読めるように編集。

四六判・上製・カバー装／頁数二二四～五〇〇頁
略年表・参考文献付載・挿図多数／二四一五円～三三六〇円

〔既刊の一部〕

日本考古学史―斎藤　忠
奈　良―永島福太郎
延喜式―虎尾俊哉
荘　園―永原慶二
鎌倉時代の交通―新城常三
桃山時代の女性―桑田忠親
朱印船―永積洋子
参勤交代―丸山雍成
津　藩―深谷克己
佐賀藩―藤野　保
ペリー来航―三谷　博
維新政権―松尾正人
日韓併合―森山茂徳
帝国議会改革論―村瀬信一
戦時議会―古川隆久
日本と国際連合―塩崎弘明
肖像画―宮島新一

日本歴史

日本歴史学会編集
月刊雑誌（毎月23日発売）

七八〇円（一年間直接購読料＝八三〇〇円（送料共））
内容豊富で親しみ易い、日本史専門雑誌。割引制度有。

日本歴史学会編

明治維新人名辞典

菊判・上製・函入・一一一四頁／一二六〇〇円

ペリー来航から廃藩置県まで、いわゆる維新変革期に活躍した四三〇〇人を網羅。執筆は一八〇余名の研究者を動員、日本歴史学会が総力をあげて編集した画期的大人名辞典。「略伝」の前段に「基本事項」欄を設け、一目してこれら基本的事項が検索できる記載方式をとった。

日本歴史学会編

日本史研究者辞典

菊判・三六八頁／六三〇〇円

明治から現在までの日本史および関連分野・郷土史家を含めて、学界に業績を残した物故研究者一二三五名を収録。生没年月日・学歴・経歴・主要業績や年譜、著書・論文目録・追悼録を記載したユニークなデータファイル。